a palavra boniteza na leitura de mundo de

PAULO FREIRE

a palavra boniteza na leitura de mundo de

PAULO FREIRE

organização
Ana Maria Araújo Freire

1ª edição

Paz & Terra

RIO DE JANEIRO
2021

© Editora Villa das Letras, 2021

Todos os esforços foram feitos para localizar os fotógrafos das imagens e os autores dos textos reproduzidos neste livro. A editora compromete-se a dar os devidos créditos em uma próxima edição, caso os autores as reconheçam e possam provar sua autoria. Nossa intenção é divulgar o material iconográfico e musical, de maneira a ilustrar as ideias aqui publicadas, sem qualquer intuito de violar direitos de terceiros.

Direitos de edição da obra em língua portuguesa no Brasil adquiridos pela EDITORA PAZ E TERRA. Todos os direitos reservados. Nenhuma parte desta obra pode ser apropriada e estocada em sistema de bancos de dados ou processo similar, em qualquer forma ou meio, seja eletrônico, de fotocópia, gravação etc., sem permissão do detentor do copyright.

EDITORA PAZ & TERRA
Rua Argentina, 171 – Rio de Janeiro, RJ – 20921-380 – Tel.: 2585-2000
http://www.record.com.br

Seja um leitor preferencial Record.
Cadastre-se no site www.record.com.br e receba informações sobre nossos lançamentos e nossas promoções.

Atendimento e venda direta ao leitor:
sac@record.com.br

Texto revisado segundo o novo Acordo Ortográfico da Língua Portuguesa.

CIP-BRASIL. CATALOGAÇÃO NA PUBLICAÇÃO
SINDICATO NACIONAL DOS EDITORES DE LIVROS, RJ

P181   A palavra *boniteza* na leitura de mundo de Paulo Freire /
organização Ana Maria Araújo Freire. – 1. ed. – São Paulo :
Paz e Terra, 2021.

ISBN 978-85-775-3413-5

1. Freire, Paulo, 1921-1997. 2. Educação – Filosofia. 3.
Professores – Formação. I. Freire, Ana Maria Araújo.

CDD: 370.71
20-68335   CDU: 37.02

Meri Gleice Rodrigues de Souza – Bibliotecária – CRB-7/6439

Impresso no Brasil
2021

A Paulo, por ter me estimulado a ver e a me encantar com a boniteza da vida em todos os momentos e lugares, com a boniteza das diferenças das gentes do mundo, mas, sobretudo, com a boniteza de nossa relação de amor.

Ao Papa Francisco, em reconhecimento à maneira extremamente alegre e generosa com a qual me recebeu no Vaticano, mas, sobretudo, pelo Testemunho que está oferecendo ao mundo com a boniteza da sua fé em Cristo e a boniteza de sua crença em Paulo Freire.

Sumário

APRESENTAÇÃO   11

1.   PAULO FREIRE: A BONITEZA
NA MINHA VIDA   15
Ana Maria Araújo Freire (Nita Freire)

2.   ESPERANÇA E RESISTÊNCIA
EM PAULO FREIRE,   25
Lisete Arelaro

3.   *BONITEZA* COMO LINGUAGEM DA
POSSIBILIDADE E DA ESPERANÇA,   51
Donaldo Macedo

4.   A BONITEZA DA EDUCAÇÃO PÚBLICA
PELOS OLHOS DE PAULO FREIRE,   85
Erasto Fortes Mendonça

5.   EXPRESSÃO ÉTICA NO VOCABULÁRIO
PAULOFREIREANO,   103
Frei Betto

6. ESCOLA POPULAR E DEMOCRÁTICA NA
PERIFERIA: QUANDO A BONITEZA ALCANÇA
SUBSTANTIVIDADE, 107
Itamar Mendes da Silva

7. *BONITEZA*: A BELEZA ÉTICA DE
PAULO FREIRE, 143
Alípio Casali

8. OS FUNDAMENTOS LINGUÍSTICOS DA
PALAVRA *BONITEZA* EM PAULO FREIRE, 163
Ramón Flecha

9. *BONITEZA*: ALFABETIZAÇÃO POÉTICA, 183
Lúcia Fabrini de Almeida

10. PAULO FREIRE ENTRE A BONITEZA
DO ATO DE AMAR E A BONITEZA DO ATO
DE EDUCAR, 199
Marcio D'Olne Campos

11. PAULO FREIRE EM DIÁLOGO COM A
FILOSOFIA GREGA ANTIGA: COMPARANDO
BONITEZA E *KALOKAGATHIA*, 237
Maria Nikolakaki

12. SOBRE A BONITEZA DE SER PROFESSOR, 263
Júlio Emílio Diniz-Pereira

13. "EU NUNCA DEIXEI DE PROCURAR A
BONITEZA DA VIDA", 275
Olgair Gomes Garcia

14. FRAGMENTOS DE HAVANA:
    "AL FINAL DE ESTE VIAJE..."
    COM NITA E PAULO FREIRE,   303
    Marcos Reigota

15. A BONITEZA DE PAULO FREIRE EM PRÁTICAS
    DE EDUCAÇÃO POPULAR EM
    AMBIENTES HOSPITALARES,   333
    Ivanilde Apoluceno de Oliveira

APÊNDICE — A BONITEZA NOS LIVROS
    DE PAULO FREIRE,   357
    Ana Maria Araújo Freire (Nita Freire) e
    Becky H. Gonçalves Milano

BIBLIOGRAFIA DE E SOBRE
PAULO FREIRE EM   395
LÍNGUA PORTUGUESA

Apresentação

Em um momento em que o Brasil está vivendo um retrocesso sem precedentes em todas as áreas, a publicação deste *A palavra* boniteza *na leitura de mundo de Paulo Freire* vem nos esperançar, porque é uma celebração do amor, da verdade, da ética e da justiça social. Esses, que são forças motrizes da filosofia e da prática educacional e de vida do Patrono da Educação Brasileira, lembram-nos de que o nosso fazer cotidiano pode, sim, fazer frente aos malefícios de um governo odioso.

Como aprendemos ao longo deste livro, *boniteza* tem dimensão poética, já que é palavra ressignificada – no dicionário, é sinônimo de *bonito*. Mas o termo freireano não tem a ver exclusivamente com a aparência. É intrínseco ao que é bom, verdadeiro, ecoa a definição platônica de *belo*.

Boniteza é conceito que tem a ver com a crença em um mundo mais justo. É posicionamento político. Tem a ver com direitos civis e humanos. Fala do trabalho justamente remunerado, da comida na mesa, da escola popular e democrática de qualidade.

É uma síntese do amor revolucionário. Faz referência à luta antirracista e à feminista. À amorosidade e à gentileza nas relações. À formação do pensamento crítico por meio de leituras e debates em que todos estão na mesma posição. Não é um conceito que tem a ver com disputa de poder. É a afirmação de que todos os seres têm igual valor e que, como humanos, podemos transformar a realidade por meio da práxis.

Por isso, *A palavra* boniteza *na leitura de mundo de Paulo Freire* foi escolhido para iniciar as festividades em torno do centenário de nascimento do Patrono da Educação Brasileira, esse homem que teve a vida norteada por profundo amor e respeito. Organizado por Ana Maria Araújo Freire – conhecida como Nita Freire –, doutora em Educação e viúva do grande educador, o livro reúne quinze artigos de renomados intelectuais nacionais e estrangeiros que discutem o termo *boniteza* na obra de Paulo Freire e em nosso contexto atual.

A importância de Nita Freire ser a organizadora deste volume dá-se por um motivo especial: ela acompanhou de perto o processo de nascimento desse conceito. A palavra primeiro apareceu em escritos amorosos de Paulo para Nita – "Minha boniteza" era o modo como era chamada. E apenas em 1988, ano do casamento, passou figurar na teoria freireana, sendo inaugurada em *Disciplina na escola: autoridade* versus *autoritarismo*, publicado em 1989. E assim temos mais um exemplo de que na filosofia de Paulo Freire não há fronteira entre vida e obra. Afeto e teoria se misturam.

A palavra boniteza *na leitura de mundo de Paulo Freire* é uma luz em tempos sombrios. Afirma a dimensão política--ética-estética e amorosa da filosofia do Patrono da Educação brasileira. É um livro imprescindível para nos mostrar que, imbuídos da potência que a boniteza nos traz, é possível lutar e trabalhar para que a educação libertadora aconteça no cotidiano, em todos os espaços. De forma que, aos poucos, a sociedade e o Estado se transformem e reconheçam que toda vida importa, fazendo valer as condições para que todas as pessoas vivam dignamente.

1.

PAULO FREIRE: A BONITEZA NA MINHA VIDA

*Ana Maria Araújo Freire**
Nita Freire

Desde quando mudamos *a natureza de nossas relações*, de amigos de longa data para a entrega amorosa, nos idos de 1987, Paulo gostava de me dizer, de maneira particular ao telefone, sempre que nos falávamos: "Como vai a *minha boniteza?*"

A vivência dessa palavra foi, assim, uma das maneiras pela qual alimentou sua fascinação por mim, fato que me fazia sentir extremamente amada por ele. Tinha muito de sedução, amor verdadeiro e algo místico, sem explicação, tendo me marcando de tal forma que até os dias de hoje me lembro de Paulo me chamando de *boniteza* como uma saudação que

---

* Nasceu no Recife, em 1933, filha dos educadores Genove e Aluízio Araújo. É formada em Pedagogia, com título de mestre e doutora em Educação pela Pontifícia Universidade Católica de São Paulo. Recebeu diversas honrarias, como os títulos de professora honorária (Universidad de Lanús/Argentina) e de doutora *honoris causa* (Universidade Federal de Mato Grosso do Sul, Campus de Três Lagoas); A Chave do Saber (Ministério da Educação) e a medalha da Unesco, ambos por seu compromisso com a educação e pela divulgação da obra de seu marido Paulo Freire. Publicou diversos livros; dois deles receberam o Prêmio Jabuti: Pedagogia da tolerância (em coautoria com Paulo Freire, categoria Educação, 2º lugar, 2006) e Paulo Freire: uma história de vida (categoria Biografia, 2º lugar, 2007).

me é alvissareira. Com essa palavra, Paulo não queria dizer apenas que me achava bonita, mas, sobretudo queria expor seu agrado com relação a meus gestos, meu andar (desengonçado...), minha escuta, meus carinhos, minha cumplicidade, meu companheirismo.

Na verdade, *boniteza* na nossa relação abrangia diversas dimensões da mundanidade – do que acontecia e existia concretamente e era valorizado por nós – e de transcendentalidade – de utopia, de inéditos viáveis, de sonhos a realizar. De interpretações novas de velhas condições e antigas práticas. A tensão entre esses dois polos propiciou um bem-querer muito profundo, que se concretizou entre nós dois *encharcado* de paixão, de alegria e de uma emoção que só a conjugação vivida entre duas pessoas que se amam é capaz de realizar.

Sempre refletindo enquanto assobiava ou assobiando quando se sentava no sofá de nossa sala, Paulo se concentrava, profundamente, nas suas reflexões, das quais derivaram as suas criações inéditas, a partir das realidades conhecidas. Acredito que foi num desses momentos de extrema lucidez que Paulo deu o salto qualitativo ao criar uma nova significação para *boniteza*, de caráter científico, filosófico, político, ético-estético e antropológico.

Boniteza na obra de Paulo não é, pois, uma simples palavra, mas a palavra que primeiramente sedimentou sentimentos, emoções e valores entre nós dois, substantivou o nosso amor. Em segunda instância, ela é também a substantivação intrínseca dela mesma como conceito freireano, pois Paulo elevou-a ao patamar mais alto do conhecimento.

Boniteza era para mim uma palavra nova, e me tomou de surpresa, pois jamais a tinha ouvido na linguagem do dia a dia, nos diálogos do cotidiano, embora conste dos dicionários[1] da língua portuguesa. Os textos de Paulo aguçaram em mim a curiosidade epistemológica para penetrar no mais profundo no significado de *boniteza* – que ele, com sua nova criação, nos disponibilizou –, de irmos ao cerne de sua natureza, como ética, como estética ou como política.

Boniteza tanto quanto *denúncia, anúncio, molhados, encharcados* denotam a postura de criatividade, o espírito de inovação, a invenção e a curiosidade epistemológica por parte de Paulo ao atribuir novos significados aos das palavras que constam dos dicionários e que falamos, cotidianamente, em nosso país.

Como Paulo sempre refletiu e escreveu a partir dos fatos reais, da sua realidade concreta, das suas experiências de vida ou da prática de seu trabalho, ele nos oportunizou saber sobre sua compreensão de *boniteza* como um conceito amplo e profundo na sua literatura científica, pedagógica e filosófica. Assim, quando Paulo deu o salto qualitativo ao criar uma nova significação para *boniteza*, colocando-a na cena da rigorosidade metódica e abrindo perspectivas em sua literatura de mais poeticidade e mais criticidade.

Com outras palavras, *boniteza* – até então apenas falada ou escrita nos pequenos bilhetes e cartas de amor de Paulo para mim, sorrateiramente deixados sobre minha mesa de trabalho ou, em outras vezes, entregado diretamente a mim, com *indisfarçável brilho nos olhos* – passou a ser um novo conceito, uma nova categoria de rara beleza e importância, na sua obra.

---

1 No *Dicionário Aurélio, boniteza* significa: "Qualidade de bonito", p. 274. No *Dicionário Houassis, boniteza* significa: "1) qualidade ou virtude do que é bonito. 2) coisa ou ser bonito; sinônimo de beleza. Antagônico de fealdade", p. 312.

Ao ressignificar *boniteza* como uma palavra-conceito, historicamente, Paulo possibilitou que ela fosse ganhando cada dia mais radicalidade e amplitude na sua filosofia crítica da educação. A procura, a busca da ideia certa, que tantas vezes recai em seus textos na *boniteza*, diz da necessidade e da essência dessa palavra na composição das ideias crítico-radicais e de sua linguagem extremamente poética, mesmo quando está narrando e criticando a realidade perversa, opressiva ou o sofrimento dos oprimidos e oprimidas.

Portanto, *boniteza* é algo mais do que uma palavra ou categoria epistemo-antropológica sob o ponto de vista linguístico, pedagógico, político, artístico, filosófico ou científico. Entendo *boniteza* como uma categoria, um conceito freireano de profunda beleza, emblemática do momento em que Paulo começava uma nova vida e assim, a fazer uma nova leitura do mundo de enorme criatividade. Enquanto ele escrevia um livro atrás do outro, *boniteza* foi ganhando profundidade, largura, ondulação, poesia e radicalidade. Ganhou historicidade e história na sua epistemologia.

E Paulo nunca mais deixou de usar *boniteza* como metáfora de sublimação, no sentido de engrandecer, de exaltar o bonito e o sério. Metáfora do elegante, do louvável no processo civilizatório, do poético, do *fazer* com responsabilidade, eficiência e amorosidade. Assim, a palavra *boniteza* reúne nela mesma compreensões além do bonito, da beleza e da ética, carrega signos, significados, significações, contemplação, compaixão, desopressão, interesses legítimos, precisão (no sentido de carência), para plenificar-se no templo da grandeza humana, do sublime, do nirvana, do ato de qualificar o que, temporariamente, a história e a ciência permitem criar.

Relembrando nossos primeiros tempos, meu e de Paulo, senti o quanto a palavra me impactava emocionalmente, quando ele a pronunciava com a suavidade e sonoridade muito peculiares dele. Ela tomava todo o meu corpo consciente. Resolvi, então, procurar em todos os seus livros essa palavra-conceito, para ter a certeza definitiva do que eu estava suspeitando: *boniteza* tinha sido, inicialmente, a palavra usada por Paulo, exclusivamente, para me chamar nos nossos momentos de mais aconchego e amorosidade. E pude constatar que era verdadeira a minha hipótese: não encontrei esse verbete em nenhum dos livros de Paulo publicados até 1988, ano no qual nos casamos.

Então abandonei a ideia de escrever um livro sobre palavras que Paulo tirava do senso comum e às quais dava novas conceituações em sua teoria. Entendi que deveria focar meu esforço em apenas uma dessas palavras, *boniteza*. Analisando-a sob o ponto de vista afetivo, mas indo para além dele, e observando-a sob as perspectivas filosófica, ética, antropológica, pedagógica, educacional, artística e política, entendi o quanto ela é bonita, rica, adequada e embelezadora. Cabe dentro de uma moldura, que abarca como tela principal as coisas da vida conhecidas ou em sua versão inédita, bela, genuinamente humana.

Creio ser de bom senso notificar como fato histórico[2] – tendo em vista o estudo do processo evolutivo – o momento em que Paulo utilizou a palavra *boniteza* pela primeira vez, como uma categoria que expressa o *pensar certo* sobre o amor,

---

2 Conferir em "Dialogando sobre disciplina com Paulo Freire" – no livro-falado com professoras da PUC-SP, *Disciplina na escola: autoridade versus autoritarismo*, sob a organização de Arlete D'Antola –, em "À guisa de introdução", p. 4, gravado em 24 de junho de 1988.

a beleza e a ética. Portanto, como uma palavra que carrega nela mesma a eticidade, a esteticidade e a politicidade.[3]

Nesse momento, ele superou o exclusivo uso que até então fazia de *boniteza* em caráter subjetivo e a incorporou definitivamente, como uma categoria rigorosa e objetiva na sua teoria educacional. Como uma de suas categorias fundamentais de análise ético-estético-político-pedagógico-filosófico-antropológica da sua epistemologia.

Assim, a genealogia da palavra *boniteza* se expressa na vida existencial com os primeiros bilhetes e cartas que Paulo[4] me escreveu, comunicando seu amor por mim. E agora eu posso, por minha vez, com esta obra, expressar a minha inteligibilidade de *boniteza*. As outras acepções de *boniteza*, transformadas em um novo conceito de sua teoria educacional, estão abordadas neste livro, de formas singulares por amigos, amigas, admiradores e admiradoras de meu marido, convidados por mim a fazerem isso.

> Quero concluir, Paulo, falando com você. Já falei aos nossos leitores e leitoras sobre você, sobre mim mesma, sobre nossa relação. Agora quero finalizar este meu

---

3 Quero com este livro – o primeiro entre os três com que em 2021 farei tributos ao meu marido, Paulo Freire, no ano de seu centenário de nascimento –, marcar o que ele tinha de maior: a sua dignidade, honorabilidade e inteireza. Sua genialidade indiscutível. Sua tolerância e humildade. Seu caráter autenticamente democrático. Sua compaixão com os pobres e oprimidos. Sua capacidade de tirar do cotidiano, de suas experiências, de suas intuições, de sua leitura de mundo o que explica a realidade. Quero delegar a Paulo o título de político-educador amante do amor, da beleza e da ética, não só o de Patrono da Educação Brasileira.
4 Necessário foi fazer um caderno de imagens para respeitar a qualidade das transcrições e de algumas fotografias nas quais Paulo impregna sua práxis de boniteza.

20 | PAULO FREIRE

trabalho lhe dizendo, ou melhor redizendo, pois tenho certeza de que você adivinhou intuitivamente, como foi receber esse presente de você, essa palavra que se tornou um ente tão íntimo meu, que me deu tantas alegrias, que me deu tantas bonitezas, que eternamente está ligando nós dois.

REFERÊNCIAS BIBLIOGRÁFICAS

FREIRE, Paulo. *A importância do ato de ler em três artigos que se completam*. Prefácio de Antônio Joaquim Severino. São Paulo: Cortez: Autores Associados, 1982.

_____ et al. *Disciplina na escola: autoridade versus autoritarismo*. Organização de Arlete D'Antola. São Paulo: EPU, 1989.

_____ e HORTON, Myles. *O caminho se faz caminhando: conversas sobre educação e mudança social*. Trad. Vera Lúcia Mello Josceline. Prefácio e notas de Ana Maria Araújo Freire. Petrópolis: Vozes, 2002.

_____. *Extensão ou comunicação?* 15ª ed. Prefácio de Jacques Chanchol. Tradução de Rosisca Darcy de Oliveira. São Paulo: Paz e Terra, 2011.

_____. *Ação cultural para a liberdade e outros escritos*. 14ª ed. São Paulo: Paz e Terra, 2011.

_____ e FAUNDEZ, Antônio. *Por uma pedagogia da pergunta*. 7ª ed. rev. e ampl. São Paulo: Paz e Terra, 2011.

_____ e SHOR, Ira. *Medo e ousadia: o cotidiano do professor*. 13ª ed. São Paulo: Paz e Terra, 2011.

_____. *Cartas a Cristina: reflexões sobre minha vida e minha práxis*. 3ª ed. Organização e notas de Ana Maria Araújo

Freire. Prefácio de Adriano S. Nogueira. São Paulo: Paz e Terra, 2013.

_____ e MACEDO, Donaldo. *Alfabetização: leitura do mundo, leitura da palavra*. 6ª ed. Trad. Lólio Lourenço de Oliveira. Prefácio de Ann E. Berthoff. Introdução de Henry A. Giroux. Rio de São Paulo: Paz e Terra, 2013.

_____ ; FREIRE, Nita e OLIVEIRA, Walter Ferreira de. *Pedagogia da solidariedade*. Prefácio de Henri A. Giroux. Posfácio de Donaldo Macedo. São Paulo: Paz e Terra, 2014.

_____. *Pedagogia da indignação: cartas pedagógicas e outros escritos*. 3ª ed. Organização de Ana Maria Araújo Freire. Carta-prefácio de Balduíno A. Andreola. São Paulo: Paz e Terra, 2016.

_____. *Pedagogia do compromisso: América Latina e educação popular*. Organização e notas de Ana Maria Araújo Freire. Prefácio de Pedro Pontual. São Paulo: Paz e Terra, 2018.

_____. *À sombra desta mangueira*. 12ª ed. Prefácio de Ladislau Dowbor. São Paulo: Paz e Terra, 2019.

_____. *Direitos humanos e educação libertadora: gestão democrática da educação pública na cidade de São Paulo*. 2ª ed. Organização e notas de Ana Maria Araújo Freire e Erasto Fortes Mendonça. São Paulo: Paz e Terra, 2020.

_____. *Pedagogia da autonomia: saberes necessários à prática educativa*. 66ª ed. Prefácio de Edna Castro de Oliveira. São Paulo: Paz e Terra, 2020.

_____. *Pedagogia da esperança: um reencontro com a Pedagogia do oprimido*. 27ª ed. Notas de Ana Maria Araújo Freire. Prefácio de Leonardo Boff. São Paulo: Paz e Terra, 2020.

_____. *Política e educação*. 5ª ed. Notas de Ana Maria Araújo Freire. Prefácio de Venício A. de Lima. São Paulo: Paz e Terra, 2020.

_____. *Professora, sim; tia não: cartas a quem ousa ensinar.* 30ª edição. Organização de Ana Maria Araújo Freire. Prefácio de Jefferson Ildefonso da Silva. São Paulo: Paz e Terra, 2020.

_____. *Pedagogia dos sonhos possíveis.* 3ª ed. Organização, apresentação e notas de Ana Maria Araújo Freire. Prefácio de Ana Lúcia Souza de Freitas. Posfácio de Olgair Gomes Garcia. São Paulo: Paz e Terra, 2020.

_____. *Pedagogia da tolerância.* 7ª ed. Organização e notas de Ana Maria Araújo Freire. Prefácio de Lisete R. G. Arelaro. São Paulo: Paz e Terra, 2020.

2.

ESPERANÇA E RESISTÊNCIA EM PAULO FREIRE

Lisete Arelaro[*]

CONSIDERAÇÕES INICIAIS

É SABIDO QUE O PROFESSOR Paulo Freire foi um dos educadores que mais inventou palavras. Quando achava que a língua portuguesa não dava conta daquilo que queria expressar, ele criava um vocábulo. Ou dava sentidos diferentes àquelas que escolhia e que melhor refletiam aquilo que queria expressar. Uma das palavras que criou nos seus textos foi *boniteza*. Com esse termo, criou um conceito novo, uma nova categoria de análise da transformação social ligada à ideia da humanização dos homens e das mulheres. *Boniteza* é um conceito que carrega reflexões importantes dentro do pensamento freireano e que nos leva a outros entendimentos da obra de Freire, do próprio Freire e do mundo.

Neste texto analisaremos os sentidos políticos que o Patrono da Educação Brasileira deu para essa palavra e para o contexto em que a empregava. Serão três vertentes de

---

[*] Professora titular sênior da Faculdade de Educação da Universidade de São Paulo e membra da equipe do professor Paulo Freire na Secretaria de Educação da cidade de São Paulo (gestão 1989-1992). E-mail: <liselaro@usp.br>.

reflexão, oportunas e ricas pelo momento em que vivemos e nas quais a luta por um mundo mais justo se faz pela: 1) possibilidade de transformação pela práxis social; 2) educação e cultura na luta pela conscientização libertadora; e 3) luta por melhores condições de trabalho.

Neste momento histórico e dramático, em que o mundo vive uma pandemia com mais de 1,5 milhão de pessoas mortas pelo vírus Covid-19, no nosso país vemos o enfrentamento desigual dessa questão, apesar de o vírus não escolher entre ricos e pobres. O isolamento social necessário, impossível para os mais pobres, explicita a sociedade de classes organizada entre os que pedem comida pela internet e os que oferecem trabalho em troca de comida, ao lado dos setores privilegiados que podem cumprir todas as exigências da atual crise sanitária. Observe-se que no Brasil cerca de 14% de trabalhadores já perderam seu posto de trabalho neste período de pandemia, o que agrava sobremaneira a situação de fome existente no país.

Essas são complexidades da feiura de nossa sociedade patriarcal, que valoriza o lucro acima da vida. Mas, nesta pandemia, grupos de pessoas também estão começando a refletir sobre novos aspectos da vida. Perguntam-se se realmente precisamos consumir tudo o que temos consumido — da comida à compra indiscriminada de objetos e coisas — e se a vida é realmente mais importante do que isso. Por outro lado, os pobres também começam a ter consciência de que não sobreviverão sem a solidariedade entre eles. Portanto, assumir que lutar pela vida é responsabilidade de todos nós é uma prioridade que vai se estabelecendo no mundo.

POSSIBILIDADE DE TRANSFORMAÇÃO PELA PRÁXIS SOCIAL

Paulo Freire deixa explícito que a luta por um mundo mais justo pode ter muitas frentes e formatos e que algumas batalhas são perdidas, enquanto outras encontram brechas e sobrevivem. Para ele, cada um de nós pode e deve contribuir para a transformação do mundo. É o coletivo, sobretudo, que vai garantir a construção desse novo mundo, este que queremos e pelo qual lutamos.

A luta por um mundo mais justo depende diretamente do entendimento de que a luta de um tem impacto no todo. E que, portanto, quanto mais forem compreendidos os contextos que possibilitam ter melhores ou piores condições de vida, mais se terá disponibilidade para ser sujeito da transformação social. É importante lembrar também que as classes dominantes, desde sempre, lutam com competência para manipular, desvalorizar, calar e dominar, e, principalmente, convencer de que não há boniteza para além do que proclamam.

> Os colonizados jamais poderiam ser vistos e perfilados pelos colonizadores como povos cultos, capazes, inteligentes, imaginativos, dignos de sua liberdade, produtores de uma linguagem que, por ser linguagem, marcha e muda e cresce histórico-socialmente. Pelo contrário, os colonizados são bárbaros, incultos, "a-históricos", até a chegada dos colonizadores que lhes "trazem" a história. Falam dialetos fadados a jamais expressar a "verdade da ciência", "os mistérios da transcendência" e a "boniteza do mundo".[1]

---

1 Paulo Freire, *Pedagogia da esperança: um reencontro com a Pedagogia do oprimido*, São Paulo, Paz e Terra, 2011a, p. 151.

A luta pela efetivação da justiça social exige compromisso e paciência histórica, pois esse é o maior enfrentamento da humanidade. Exige entrega ao processo coletivo, compromisso com a realidade global — portanto, um desapego ao desenvolvimento apenas pessoal — e uma relação ética com a luta pela qualidade de vida de todos e todas. Essa luta só será menos intensa quando o mundo tiver optado por uma redistribuição de renda que diminua a distância entre ricos e pobres.

Estaremos mais próximos do mundo de boniteza proposto por Paulo Freire quando todas as crianças frequentarem a escola; quando mulheres, negros e negras, indígenas, pessoas com deficiência e pessoas com opções sexuais dissidentes tiverem os mesmos direitos que homens brancos; quando o cotidiano de todos e todas for voltar para casa ao fim de um dia de trabalho e ter uma moradia digna de ser habitada, com comida na mesa e saneamento básico; quando idosos puderem gozar de uma velhice segura e saudável; quando todos os cidadãos e cidadãs tiverem acesso à educação em todos os níveis; quando a cultura e a arte forem realidades partilhadas no cotidiano; quando as pessoas puderem ter a oportunidade de escolher seus próprios caminhos, pautando suas decisões no pensamento crítico libertador; enfim, somente quando todas as pessoas do planeta tiverem conseguido esses direitos básicos.

A luta por um mundo mais justo é a luta pela humanização. É a luta contra a coisificação das pessoas e da naturalização das desigualdades. É a luta contra o monopólio do capital, que faz cada vez mais escravizados modernos e que pune e desatende os esfarrapados que ousam lutar. Mas essa luta contra o projeto neoliberal é a única possível, se quisermos criar um mundo de boniteza para todos.

Freire traz a luta de militantes africanos:

> A longa e trágica experiência, dignamente humanizada pela luta de seu povo, pela boniteza da luta, lhes deixou, porém, no corpo inteiro, uma espécie daquele mesmo cansaço existencial a que me referi e que surpreendi nos trabalhadores imigrantes na Europa. É como se o momento histórico de hoje cobrasse dos homens e das mulheres de seu país uma luta totalmente diferente da anterior, uma luta em que o técnico substituísse por completo a formação política das gentes.[2]

No momento em que estamos vivendo essa pandemia no Brasil e no mundo, os movimentos de lutas sociais vêm perdendo muitas batalhas em função da política econômica estabelecida, que tem tirado direitos dos trabalhadores. No Brasil, as novas leis trabalhistas e previdenciárias, em especial, retiraram dos trabalhadores e das trabalhadoras direitos consagrados há mais de oitenta anos. Isso em nome de uma falsa crise financeira, de forma que a política econômica beneficie mais uma vez os banqueiros e os grandes empresários.

Esta realidade dura impacta a forma como a luta se faz, uma vez que o medo, a fome e o desemprego paralisam e até desfazem grupos antes organizados. Mesmo assim, há um outro movimento presente, de grupos cuja solidariedade traz esperança e resistência. É nesse florescer que surgem novas lideranças orgânicas e críticas às ações políticas e econômicas que vivenciamos. Esse movimento desperta novas participações e coletivos. E mesmo com grandes dificuldades de reunião e

---

2 *Ibidem*, p. 185.

comunicação, além da restrição gradativa à participação nos espaços institucionais, conseguem atuar contra a opressão atual.

Freire não acreditava no fim da História, mas, ao contrário, defendia que o presente e o futuro são os homens e mulheres que os constroem — é célebre sua afirmação de que "o mundo não é. O mundo está sendo". Para ele, a possibilidade da transformação social é fruto da luta permanente pela humanização, que, se não existisse, não teria nos trazido ao desenvolvimento atual da luta pela implementação dos direitos humanos para todos.

Dizia ele que:

> É neste sentido que o pensamento profético não apenas fala do que pode vir, mas, falando de como está sendo a realidade, *denunciando-a, anuncia* um mundo melhor. Para mim, uma das bonitezas do anúncio profético está em que não anuncia o que virá necessariamente, mas o que pode vir ou não.[3]

A EDUCAÇÃO E A CULTURA NA LUTA PELA CONSCIENTIZAÇÃO LIBERTADORA

Paulo Freire propõe que a educação e a cultura estejam a serviço da luta e da transformação social. Ambas se fundem — da mesma forma que a ética e estética se fortalecem — para que, cada vez mais, melhorias sociais possam acontecer. Estas são

---

3 *Idem, Pedagogia da indignação: cartas pedagógicas e outros escritos*, São Paulo, Editora Unesp, 2000, p. 119.

fruto da responsabilidade de cada um e dos diferentes grupos que assumem o compromisso histórico de transformação social concreta.

Não é por acaso que a obra de Paulo Freire tem sido desqualificada por grupos de extrema direita, pois, apesar de ser Patrono da Educação Brasileira, ele demonstrou que a neutralidade da escola e da educação é uma falácia, já que todo ato pedagógico é político. Não político-partidário, mas um ato que implica cotidianamente escolhas e opções e que traduz a visão de mundo de quem atua na educação e na cultura.

> O respeito aos educandos não pode fundar-se no escamoteamento da verdade — a da politicidade da educação e na afirmação de uma mentira: a sua neutralidade. Uma das bonitezas da prática educativa está exatamente no reconhecimento e na assunção de sua politicidade, que nos leva a viver o respeito real aos educandos ao não tratar, de forma sub-reptícia ou de forma grosseira, de impor-lhes nossos pontos de vista.[4]

Aliás, a admissão da não neutralidade da escola e do processo educativo permite perceber que a conscientização — ver a realidade como ela é na sua complexidade — e a conscientização libertadora — que exigirá ações práticas (práxis) — são a razão de existir da educação voltada à formação humana.

Paulo Freire nos alerta, inclusive, que se não existir um objetivo educacional na escola ou em outros espaços de formação não haveria razão para sua existência. Radicalizando, ele nos diz:

---

4 *Idem*, *Política e educação*, Indaiatuba, Villa das Letras, 2007, p. 40.

Se os seres humanos [...] não se tivessem tornado capazes de valorar, de dedicar-se até ao sacrifício ao sonho por que lutam, de cantar e decantar o mundo, de admirar a boniteza, não havia por que falar da impossibilidade da neutralidade da educação. Mas não havia também por que falar em educação. Falamos em educação porque podemos, ao praticá-la, até mesmo negá-la.[5]

O movimento Escola sem Partido, entre outras iniciativas, fez de Freire seu adversário principal, uma vez que toda sua obra enfatiza o significado da escola democrática. Nesta, o respeito à história de vida dos alunos e seus saberes são considerados, da mesma forma que o diálogo, a condição da relação de ensino-aprendizagem. Ou seja, é uma escola que proporciona um processo de conscientização libertadora, onde as pessoas constroem a autonomia intelectual a partir da compreensão de sua realidade social.

Como já salientei antes, uma preocupação [...] que me engaja, desde faz muito, é a luta em favor de uma escola democrática. De uma escola que, continuando a ser tempo-espaço de produção de conhecimento, em que se ensina e em que se aprende, entende, contudo, ensinar e aprender de forma diferente. Em que ensinar já não pode ser este esforço de transmissão do chamado saber acumulado que faz uma geração à outra e aprender a pura recepção do objeto ou do conteúdo transferido. Pelo contrário, girando em torno da compreensão do

---

5 *Ibidem*, p. 22.

mundo, dos objetos da boniteza, da exatidão científica, do senso comum, ensinar e aprender giram também em torno da produção daquela compreensão, tão social quanto a produção da linguagem, que é também conhecimento.[6]

No Brasil, esse país continental, em pleno 2018 foi aprovada uma Base Nacional Comum Curricular (BNCC) para a educação infantil e o ensino fundamental. Essa BNCC detalha objetivos e conteúdos disciplinares a serem atingidos em cada um dos anos escolares, independentemente de se estar na região Norte ou na região Sul, com sua especificidade, cultura, história e herança completamente distintas. Quando estávamos iniciando um processo de conhecer, aceitar e respeitar diversidades, foi proposto e aprovado pelo governo guias curriculares que levam à homogeneização de conteúdos e de programas. Por sinal, essas propostas foram subdivididas em competências e habilidades, como se as metodologias de ensino se resumissem a elas.

Paulo Freire foi o mais arguto educador que se manifestou sobre essa questão, ao criticar de forma veemente o que chamou de "educação bancária". Nela, educandos e educandas não tinham participação direta no processo de ensino-aprendizagem; mantêm-se passivos durante toda a formação escolar. Defensor do direito e do dever de as escolas proporem seus próprios projetos político-pedagógicos, Freire estabelecia a gestão democrática como condição de uma nova qualidade de ensino, a ser construída com a participação dos diferentes sujeitos da escola e da comunidade.

---

6 *Idem, Professora, sim; tia, não*, Rio de Janeiro, Civilização Brasileira, 2012a, p. 52.

Evidentemente, essas propostas curriculares homogeneizadoras interessam aos governos para o processo de avaliação da aprendizagem, nos termos do modelo gerencialista em vigor na educação. A criação do Índice de Desenvolvimento da Educação Básica (Ideb) foi a estratégia adotada para se conseguir que os sistemas municipais e estaduais de ensino mostrassem que alunos e alunas estavam, supostamente, aprendendo mais. Essa foi a saída para o fato de o próprio Ministério da Educação ter definido os índices que cada município e estado deveriam atingir. Como não estava obtendo os resultados esperados com a prova nacional (única para todo o país), que avaliava somente os conteúdos das disciplinas de Português e Matemática, o governo radicalizou, propondo a homogeneização curricular. Assim, poderia comparar o que deveria ser ensinado e o desempenho dos alunos e alunas nas provas.

Isso interessa, em particular, aos empresários, que vêm fazendo vantajosos contratos e convênios com os sistemas públicos de ensino. Como o processo de municipalização foi acelerado no país, muitas tarefas foram transferidas aos municípios sem que tivessem condições materiais e financeiras de assumi-las — atingir os índices propostos no Ideb foi uma dessas responsabilidades. O recebimento de recursos federais foi então vinculado aos índices atingidos, por isso a parceria com os empresários se apresentou como solução possível, a curto prazo. O "sucesso" da subida dos pontos do Ideb durou pouco tempo, mas o mal já estava feito: os dirigentes estavam convencidos de que se conseguiria chegar à melhoria dos índices somente com a uniformização dos conteúdos e materiais didáticos. Em 2020 já é comum encontrar municípios de pequeno ou médio porte, de acordo com os critérios de classificação do IBGE,[7] que adotam o mesmo livro didático e paradidático em toda a rede.

Isso não significa, evidentemente, que a escola, como instituição, seja invalidada se não se propuser a esse processo de conscientização libertadora, mas que:

> Como processo de conhecimento, formação política, manifestação ética, procura da boniteza, capacitação científica e técnica, a educação é prática indispensável aos seres humanos e deles específica na História como movimento, como luta. A História como possibilidade não prescinde da controvérsia, dos conflitos que, em si mesmos, já engendrariam a necessidade da educação.[8]

Ao mesmo tempo, a arte, que é também movimento político de luta por um mundo mais justo e uma das manifestações populares mais bonitas, faz um anúncio e uma denúncia dessa realidade. Acompanhando movimentos artísticos fundamentalmente nas e das periferias, temos reconhecido a força dessas atividades na formação política de jovens, de educadores e da comunidade. Dialogando cada vez mais com o povo, e sendo povo, vimos se ampliar o debate e a atenção em torno das condições sociais da comunidade.

> Vindo em direção à República Dominicana, fizemos uma parada em Porto Príncipe [...]. Me impactou a pequena cidade. Sobretudo a presença de artistas populares, espalhando em recantos das praças seus qua-

---

7 2018.

8 Paulo Freire, *Política e educação*, op. cit., p. 17.

dros, cheios de cor, falando da vida de seu povo, da dor de seu povo, de sua alegria. Era a primeira vez que, diante de tamanha boniteza, de tamanha criatividade artística, de uma tal quantidade de cores, eu me sentia como se estivesse, e de fato estava, em frente a uma multiplicidade de discursos do povo. Era como se as classes populares haitianas, proibidas de ser, proibidas de ler, de escrever, falassem ou fizessem o seu discurso de protesto, de denúncia e de anúncio, através da arte, única forma de discurso que lhes era permitida.[9]

Essa formação popular tem possibilitado que, cada vez mais, as comunidades se organizem e participem dos movimentos sociais, fortalecendo e ampliando o processo de conscientização e diálogo entre os diferentes grupos, sejam eles da escola ou de movimentos artísticos locais. É nessa condição que temos que analisar como o processo de desumanização também se faz.

É preciso deixar claro que a transgressão da eticidade jamais pode ser vista ou entendida como virtude, mas como ruptura com a decência. O que quero dizer é o seguinte: que alguém se torne machista, racista, classista, sei lá o quê, mas se assuma como transgressor da natureza humana. Não me venha com justificativas genéticas, sociológicas ou históricas ou filosóficas para explicar a superioridade da branquitude sobre a negritude, dos homens sobre as mulheres, dos patrões sobre

---

9 Idem, *Pedagogia da autonomia: saberes necessários à prática educativa*, São Paulo, Paz e Terra, 2011b, p. 220.

os empregados. Qualquer discriminação é imoral e lutar contra ela é um dever, por mais que se reconheça a força dos condicionamentos a enfrentar. A boniteza de ser gente se acha, entre outras coisas, nessa possibilidade e nesse dever de brigar. Saber que devo respeito à autonomia e à identidade do educando exige de mim uma prática em tudo coerente com este saber.[10]

Nesse contexto, a educação e a cultura têm tido papel especialmente importante. A formação ética se faz nesse cotidiano de fragilidades, mas também de conscientização. E, cada vez mais, desvelam a realidade abissal de desigualdades que estamos experimentando.

A necessária promoção da ingenuidade à criticidade não pode ou não deve ser feita à distância de uma rigorosa formação ética ao lado sempre da estética. Decência e boniteza de mãos dadas. Cada vez me convenço mais de que, desperta com relação à possibilidade de enveredar-se no descaminho do puritanismo, a prática educativa tem de ser, em si, um testemunho rigoroso de decência e de pureza.[11]

É por conta disso que a cultura e a arte são elementos fundamentais para a luta social, para que cidadãos e cidadãs entendam que eles e elas são parte da sociedade e que sua voz ecoa e interfere na história.

---

10 Idem, *Pedagogia da autonomia, op. cit.*, p. 84.
11 *Ibidem*, p. 45.

Este esforço de desocultar verdades e sublinhar bonitezas une, em lugar de afastar, como antagônicas, a formação científica com a artística. O estético, o ético, o político não podem estar ausentes nem da formação nem da prática científica.[12]

Portanto, discutir e lutar pelos direitos humanos, pelos direitos da criança e do adolescente, pelo direito de professores e professoras e para que o ensino público tenha mais qualidade é o processo para a construção da boniteza. Boniteza que se traduza numa qualidade de escola pública que se embeba no social e seja libertadora para todas as crianças e para todos os jovens e adultos do Brasil.

A LUTA POR MELHORES CONDIÇÕES DE TRABALHO

Paulo Freire também enfatizava que a luta pelos direitos sociais — individuais ou coletivos — e pela sobrevivência digna dos trabalhadores e trabalhadoras que lutam por um mundo mais justo faz parte desse aspecto político da boniteza. É através desse processo que homens e mulheres também vão adquirindo consciência daquilo que deve ser um mundo de boniteza, um mundo livre, solidário.

A escola sempre foi palco da formação ética. É lá que valores são construídos e discutidos na prática. É também lá que a disputa pela construção do pensamento crítico se faz. Sucessivos boicotes à autonomia da escola são recorrentes em diferentes momentos da história. Eles são realizados por

---

12 *Idem, Política e educação, op. cit.*, p. 120.

diferentes governos, que atuam da mesma forma; ou seja, os boicotes são suprapartidários. Por isso, a luta dos professores e professoras das escolas públicas é também a luta pela liberdade de expressão.

Outro testemunho que não nos deve faltar em nossas relações com os alunos é o de nossa permanente disposição em favor da justiça, da liberdade, do direito de ser. A nossa entrega à defesa dos mais fracos, submetidos à exploração dos mais fortes. É importante, também, neste empenho de todos os dias, mostrar aos alunos como há boniteza na luta ética. Ética e estética se dão as mãos.[13]

Logo que assumiu a Secretaria de Educação da cidade de São Paulo (SMEd/SP) na gestão de Luiza Erundina (1989-1992), Paulo Freire se preocupou em verificar a condição de funcionamento das escolas municipais da cidade mais rica da América Latina. Ficou surpreso ao constatar a falta de mobiliários adequados, em especial para as crianças, bem como a inadequação da alimentação escolar. Pela coerência que sempre orientou sua conduta, adquiriu carteiras, mesas, livros e brinquedos para as crianças e supriu de alimentos saudáveis a merenda escolar. Providenciou que a pintura e pequenas reformas das escolas fossem também realizadas, para que a boniteza do início da gestão não se perdesse nas feiuras dos muros caídos e das paredes descascadas.

Isso não significava que Paulo Freire não defendesse a educação e a formação humana em qualquer espaço disponível

---

13 *Idem, Professora, sim; tia, não, op. cit.*, p. 150.

— sua prática de ensinar e aprender embaixo das árvores é bastante conhecida. Mas ele também defendia que a cidade mais rica do país tinha que priorizar a educação também embelezando os espaços escolares já disponíveis, onde a maioria dos alunos (pobres) da rede municipal de ensino estudam. Se por um lado a boniteza da escola pressupunha, para Freire, um projeto político-pedagógico instigante, por outro exigia que as condições materiais de trabalho dos profissionais da educação estivessem garantidas.

> O ético está muito ligado ao estético. Não podemos falar aos alunos da boniteza do processo de conhecer se sua sala de aula está invadida de água, se o vento frio entra decidido e malvado sala adentro e corta seus corpos pouco abrigados.[14]

No Brasil, em 2020, o salário mínimo corresponde a R$ 1.045, valor insuficiente para o pagamento das necessidades básicas de uma família, seja em relação ao aluguel, à alimentação e ao transporte. Não há previsão de que o salário mínimo seja aumentado em valor superior proporcionalmente à inflação nos próximos anos.

Tivemos a aprovação da Emenda Constitucional nº 95/2016 (EC 95), que institui um novo regime fiscal, conhecido como "teto dos gastos públicos". A EC 95 congela, pelo período de vinte anos, o investimento nas áreas sociais, em especial na educação e na saúde. Apesar de o governo ter justificado que a aprovação da emenda era condição para o desenvolvimento do país, é evidente que ela consistia numa montagem para

---

14 *Idem, A educação na cidade*, São Paulo, Cortez, 2001, p. 34.

beneficiar poucos brasileiros — os mais ricos —, estimular a privatização das empresas públicas e reduzir a ação do Estado.

Qualquer especialista em economia sabe que o congelamento dos gastos sociais significa retrocesso na qualidade de vida de brasileiros e brasileiras, uma vez que elimina parte significativa do acesso da população à oferta de serviços públicos, que tem o mínimo de qualidade. Só na área da educação, entre 2015 (quando começaram as medidas de austeridade) e 2019 estima-se uma perda de cerca de R$ 99,5 bilhões — os maiores cortes aconteceram após a aprovação da EC 95.[15] Isso implica o congelamento de investimentos diversos, bem como o de salários dos profissionais dessa área social. É importante destacar que não existe nenhuma experiência no mundo ocidental que tenha optado por essa norma, pela certeza de que o congelamento de investimento nas áreas sociais significa, na prática, retrocesso do país na formação e na qualidade de vida de seus trabalhadores.

A quem interessava a aprovação da EC 95? Seus resultados, que são a deterioração e a decadência dos serviços públicos colocados à disposição da população, são visíveis. Ainda em 2020, o atual presidente da República está propondo o congelamento salarial dos professores no Brasil, mesmo que a pandemia tenha levado a um aumento substantivo da inflação.

Paulo Freire se surpreendia com a reação violenta dos governos em cada manifestação pública de reivindicação salarial, fosse dos profissionais da saúde, da educação, da cultura ou do conjunto da administração direta. E um dos aspectos que mais o sensibilizava e preocupava era a má re-

---

15 <www.diplomatique.org.br/a-educacao-perdeu-r-326-bi-para-a-ec-95-do--teto-de-gastos/>

muneração dos professores e professoras da educação básica. Conforme dados disponíveis nas pesquisas de financiamento da educação,[16] ainda hoje esses profissionais ganham cerca de 60% em relação ao conjunto de profissionais da prefeitura com a mesma escolaridade. Freire tinha clareza de que a dedicação desses profissionais ao trabalho não estava relacionada diretamente ao salário que recebiam. Porém, reconhecia que somente a valorização verbal desses profissionais não era suficiente para mantê-los nas escolas em período integral.

Em função disso, Paulo Freire priorizou a elaboração de um Estatuto do Magistério quando foi informado de que a rede de ensino da cidade de São Paulo, uma das mais antigas do país, nunca havia tido um estatuto que orientasse e formalizasse os direitos e deveres dos profissionais da educação. Uma de suas principais preocupações em relação a esse documento dizia respeito ao estabelecimento de jornadas dignas de trabalho, bem como de uma remuneração que representasse parte significativa da dedicação desses profissionais.

Não por acaso a jornada de tempo integral (JTI) foi estabelecida em 30 horas semanais, sendo 20 horas com os educandos e 10 horas para o exercício de atividades extraclasses. Quem optasse, naquele momento histórico, pela JTI, receberia 100% de aumento no salário. Foi uma revolução nos critérios de aumento salarial do magistério. No entanto, o estatuto também propunha, de forma pioneira, que os conselhos de escola fossem deliberativos em relação ao projeto proposto pela escola e tivessem a participação dos pais ou responsáveis, não só como membros, mas inclusive presidindo o referido conselho escolar.

---

16 R. Camargo, "Remuneração docente na educação básica de São Paulo", in *Fineduca: revista de Financiamento da educação*, v.9, p. 1-20, 2019.

Outro aspecto que demonstra a seriedade e a coerência da gestão de Freire na SMEd/SP foi a garantia de transferência de recursos financeiros a todas as escolas que decidissem desenvolver projetos próprios que estimulassem crianças, jovens ou adultos na ampliação de sua curiosidade científica, artística ou literária. Com isso, no final de sua gestão, mais de trezentas escolas de ensino fundamental possuíam algum projeto político-pedagógico próprio.

Paulo Freire havia proposto como uma das diretrizes curriculares que os projetos tivessem a interdisciplinaridade como inspiração. Os e as profissionais da educação também puderam propor e aprender, no processo, a trabalhar com os temas geradores que facilitariam a incorporação da interdisciplinaridade. Nem sempre as propostas das escolas traduziam fielmente a concepção e a metodologia dos temas geradores. Mas Freire não se irritava com isso; pelo contrário, estimulava os e as profissionais, em nome da paciência histórica, para que a própria escola tivesse condições de se autoavaliar e de elaborar propostas e projetos mais consistentes.

O educador recifense preferia que professores e professoras acusassem os governos de não oferecer condições de trabalho dignas a que eles desconhecessem as precárias condições de vida e de trabalho dos seus alunos e alunas. Enfim, para Freire, a luta por melhores condições — fosse ela salarial ou em relação ao ambiente de trabalho — era justa, pois a exploração da mais-valia era evidente e exagerada em um país desigual como o Brasil, onde os sindicatos raramente defendem de forma vigorosa e autônoma os interesses de seus associados.

A PALAVRA *BONITEZA* NA LEITURA DE MUNDO | 43

Considerações finais

Essas reflexões demonstram a importância do conceito que a boniteza traz. Outros aspectos poderiam ter sido ressaltados, mas, sem dúvida, os três escolhidos traduzem a condição política dos ensinamentos pedagógicos de Paulo Freire.

Não é fácil ser freireano, pois essa opção implica luta pela melhoria das condições de vida de todos e todas, coerência com os princípios democráticos e decência na atuação profissional.

Não por acaso, Freire nos lembra que:

> Uma sociedade se acha verdadeiramente em desenvolvimento quando ou na medida em que os indicadores de miséria, de pobreza, de analfabetismo começam a diminuir, em que a escolaridade cresce e a saúde do povo melhora. Estou certo de que há na prática sobretudo quem trabalhe contra isto. Minha afirmação implica, portanto, que, estando a favor de algo e de alguém, me acho necessariamente contra alguém.[17]

> Ou seja, ele previa que a luta por justiça social sempre implicaria alguma forma de atrito com os poderosos, que se acostumaram com a ciranda financeira da Bolsa de Valores do país, onde ganham muito, sem fazerem esforço ou gerarem empregos para o povo brasileiro.

É uma agressão vergonhosa sabermos que, enquanto 1,5 milhão de pessoas morriam na pandemia, os mais ricos do

---

17 Paulo Freire, *À sombra desta mangueira*, Rio de Janeiro, Civilização Brasileira, 2012b, p. 43.

mundo enriqueceram ainda mais no mesmo período. Os dados da Oxfam Brasil[18] diziam que 1% da população global detém a mesma riqueza dos 99% restantes. No nosso país, a ironia é que um assalariado que recebe dois salários mínimos (R$ 2.090,00) tem 12% de contribuição descontados de sua renda — 8% referentes ao Imposto de Renda e 4% ao Instituto Nacional do Seguro Social (INSS) e, em compensação, os donos de iates, helicópteros e grandes fortunas não pagam nenhuma contribuição ao governo.

Isso reforça a importância da luta para reverter essas contradições políticas e econômicas.

Nenhum de nós pode abrir mão da luta pela boniteza da vida, que Paulo Freire propõe. A não ser quando atingirmos uma redistribuição de bens e serviços que possibilite a todos e todas terem acesso aos direitos sociais, conforme previsto no artigo 6º da Constituição Federal de 1988:

> Art. 6º São direitos sociais a educação, a saúde, a alimentação, o trabalho, a moradia, o transporte, o lazer, a segurança, a previdência social, a proteção à maternidade e à infância, a assistência aos desamparados, na forma desta Constituição.[19]

Não haverá transformação social de fato nem esses direitos serão implementados se não acontecer um processo real de conscientização, que incorpore a luta dos trabalhadores e trabalhadoras por melhores condições de vida e de dignida-

---

18 <www.bbc.com/portuguese/noticias/2016/01/160118_riqueza_estudo_oxfam_fn>

19 <www2.senado.leg.br/bdsf/bitstream/handle/id/518231/CF88>

de profissional. O processo de humanização exige atenção e dedicação constantes, para que a nossa prática seja coerente com nosso discurso e para que benefícios já alcançados não se percam em função de humores de governos de plantão.

Para Freire, a boniteza não é uma simples contemplação estética, mas uma defesa dos princípios éticos que devem alavancar a transformação social. Sem um processo de conscientização libertador, homens e mulheres podem se perder no delírio da sociedade de consumo, onde "ter mais" substitui com vantagem o "ser mais".

Temos que ter consciência de que o capitalismo selvagem presente no nosso país exige, cada vez mais, consumidores cegos pelo desejo de ter mais sempre. As propagandas na grande mídia têm como objetivo exclusivo estimular o prazer e o charme desse pecado considerado elegante. Mesmo entre os pobres nem sempre há consciência de ter sido arrebanhado pela sociedade de consumo. Tanto é verdade que vemos frequentemente jovens pobres roubando um estabelecimento ou uma pessoa pelo desafio de ter um tênis ou um celular novo.

Optamos pelas três vertentes apresentadas, pois elas reúnem os elementos principais da concepção de *boniteza* de Freire. Pelas citações escolhidas, fica explícita a riqueza do conceito freireano, que nos possibilita unir importantes discussões teóricas sobre a mudança social e a vida em sociedade e o prazer que vida e sociedade devem nos trazer, os quais nos permitem ver, sentir e ouvir a boniteza da Vida.

Mas isso não se obtém de forma gratuita. É importante a ação consciente e educativa em todos os espaços, sejam eles clubes, igrejas, associações, escolas, praças e bares. Se não existir essa ação de forma permanente, o mesmo Paulo Freire já nos preveniu, a transformação social tão desejada não acontecerá.

O homem não pode participar ativamente na história, na sociedade, na transformação da realidade se não for ajudado a tomar consciência da realidade e da sua própria capacidade para transformar [...]. Ninguém luta contra forças que não entende [...]. A realidade não pode ser modificada senão quando o homem descobre que é modificável e que ele o pode fazer.[20]

E é por isso que sempre dizemos que a luta continua. Ela continua sempre, até que uma sociedade de iguais possa ser estabelecida. Então, vamos à luta! Com humor e coerência, para que a boniteza de Freire, nos seus diferentes aspectos, possa estar presente em todos nós, como esperança e utopia!

REFERÊNCIAS BIBLIOGRÁFICAS

BRASIL. "Constituição Federal de 1988". Disponível em: <www2.senado.leg.br/bdsf/bitstream/handle/id/518231/CF88>. Acesso em: 22 nov. 2020.

BRASIL. "Emenda Constitucional 95". Disponível em: <www.planalto.gov.br/ccivil_03/constituicao/emendas/emc/emc95.htm>. Acesso em: 20 nov. 2020.

BRASIL, MEC/CNE/CP. "Resolução CNE/CP n: 2, que institui e orienta a implantação da Base Nacional Comum Curricular (BNCC)". Disponível em: <basenacionalcomum.mec.gov.br>. Acesso em: 20 nov. 2020.

BRASIL, MEC/IDEB. "Índice aponta evolução na qualidade do ensino fundamental e médio". Disponível em: <portal.

---

20 Paulo Freire, *Política e educação*, p. 48.

mec.gov.br/component/tags/tag/31969-ideb>. Acesso em: 27 nov. 2020.

CAMARGO, R. B.; QUIBAO NETO, J. ; IMBO, K. . Remuneração Docente na Educação Básica da Cidade de São Paulo. Fineduca: Revista de financiamento da educação, v. 9, p. 1-20, 2019. Disponível em: <fineduca.org.br/wp-content/uploads/2020/12/Eixo-Planos-de-Carreira-e-Remuneracao-de-Professores-1.pdf>. Acesso em 20 de nov. de 2020.

FINEDUCA, 2020. Disponível em: <fineduca.org.br/wp-content/uploads/2020/03/Pedido-urgente-suspens%c3%a3o--EC95.pdf>. Acesso em 20 de nov. de 2020.

FREIRE, Paulo. *A educação na cidade*. São Paulo: Cortez, 2001.

_____. *À sombra desta mangueira*. Rio de Janeiro: Civilização Brasileira, 2012b.

_____. *Pedagogia da autonomia: saberes necessários à prática educativa*. São Paulo: Paz e Terra, 2011b.

_____. *Pedagogia da esperança: um reencontro com a Pedagogia do oprimido*. São Paulo: Paz e Terra, 2011a.

_____. *Pedagogia da indignação: cartas pedagógicas e outros escritos*. São Paulo: Editora Unesp, 2000.

_____. *Política e educação*. Indaiatuba: Villa das Letras, 2007.

_____. *Professora, sim; tia, não*. Rio de Janeiro: Civilização Brasileira, 2012a.

IBGE (Instituto Brasileiro de Geografia e Estatística). "Projeções e estimativas da população do Brasil e das Unidades da Federação". Brasília, 2015. Disponível em: <www.ibge.gov.br/apps/populacao/projecao/>. Acesso em: 25 jul. 2020.

OXFAM BRASIL. "A distância que nos une: um retrato da desigualdades brasileiras.", 2017. Disponível em: <oxfam.org.

br/um-retrato-das-desigualdades-brasileiras/a-distancia-
-que-nos-une /? _ Ga = 2.67975761.131402092.1609389017-
1134007413.1609389017 & fbclid = IwAR0gzuTyliKj-
3Ca9882wHIJ_yiuFbVawCMrRhVquVxKVhzqXYA-
Wp09dTcb8>. Acesso em 25 nov. de 2020.

REUBEN, Anthony. "1% da população global detém mesma
riqueza dos 99% restantes, diz estudo". *BBC News Brasil*, 18
jan. 2016. Disponível em: <www.bbc.com/portuguese/
noticias/2016/01/160118_riqueza_estudo_oxfam_fn>.
Acesso em: 25 nov. 2020.

3.

BONITEZA COMO LINGUAGEM DA POSSIBILIDADE E DA ESPERANÇA*

*Donaldo Macedo***

"É uma pena! O velho está ficando gagá.
Agora ele só sabe falar de amor."
Um professor titular de cálculo de Harvard

NA DÉCADA DE 1990, LILIA Bartolomé, Shirley Zinn, estudante de pós-graduação da África do Sul, e eu organizamos uma conferência de Paulo Freire na Escola de Pós-Graduação em Educação de Harvard. A resposta foi eufórica a ponto de a universidade ter tido que preparar instalações extras para acomodar o excesso de pessoas que queriam ouvir e abraçar a educação como justiça social e a educação como prática de

---

* Tradução de Thiago Ponce de Moraes.
** Professor emérito e distinto catedrático em Belas-Artes e Pedagogia na University of Massachusetts, Boston, onde fundou o Departamento de Linguística Aplicada. Psicolinguista de inestimável valor, tem se dedicado com maior intensidade aos estudos de aquisição de línguas crioulas, pedagogia crítica e análise crítica do discurso.

liberdade. Além da conferência principal proferida por Freire, vários pequenos encontros foram organizados nos dias que se seguiram, tamanho era o interesse em suas ideias e em seus ideais, especialmente entre os estudantes não brancos e estrangeiros à época. Durante um desses encontros menores, Freire passou grande parte do tempo falando sobre amor como condição *sine qua non* para educadores que ousam desafiar as classes dominantes de líderes da educação e os professores que estão sempre predispostos a utilizar "justificativas genéticas, sociológicas ou históricas para provar a superioridade da branquitude sobre a negritude".[1] Nessa ocasião, percebi que Freire tinha, à época, superado com êxito um quadro depressivo crônico decorrente da morte de sua primeira esposa, Elza, aprendendo que a vida sem amor não fazia sentido, o que se tornou evidentemente claro após se apaixonar por Nita Freire. Em várias conversas que costumávamos ter sempre que havia oportunidade, Freire compartilhava comigo francamente que Nita o havia ensinado que é possível amar outra vez, um conhecimento que ele sempre compreendeu intelectualmente, dada sua proposta multifacetada aos educadores para sempre considerarem a história como uma linguagem da possibilidade. Ele defendia que uma linguagem da possibilidade evitaria que educadores caíssem no cinismo e no fatalismo — armadilhas utilizadas de forma eficiente pelas forças ideológicas dominantes para garantir o consentimento do oprimido.

Embora Freire entendesse profundamente a importância de considerar a história como linguagem da possibilidade, tinha

---

1 Paulo Freire, *Pedagogia da autonomia: saberes necessários à prática educativa*, São Paulo, Paz e Terra, 2011, p. 84.

dificuldade de compreender a mesma possibilidade emocionalmente. Foi apenas com a sua nova convivência, imersa em conivência, com Nita, que lentamente começou a perceber que estava se apaixonando por ela a ponto de, durante a última conversa que tive com ele pessoalmente, ele calma e amorosamente me dizer: "Nita não só me ensinou que é possível amar outra vez, mas que esses últimos dez anos foram os mais felizes da minha vida." Então, não foi surpresa nenhuma para mim que Freire quisesse falar sobre amor aos educadores em Harvard.

Esse é um tema que não cai bem com educadores que cegamente aderiram à escola positivista, na qual a busca pela verdade e pela beleza é em geral sacrificada no altar do empirismo e do cálculo numérico — um processo que exalta a fragmentação de corpos de conhecimento, de modo a sufocar um entendimento mais abrangente da realidade. Por exemplo, são raramente levadas em conta como variáveis importantes nesses estudos empíricos as assimetrias de poder que governam a desigualdade profundamente enraizada nas estruturas racistas na maior parte dos países do mundo — de modo especial nos poderes coloniais antigos e atuais e nas estruturas de classe que determinam e moldam a qualidade das escolas para as quais os estudantes não brancos de classes econômicas mais baixas vão. É por isso que os educadores, de modo geral, e, em particular, os que estão em instituições de nível superior, tiveram pouco a dizer quanto à insurgência que ocorreu mundo afora para denunciar o racismo sistêmico que gera e sustenta o *éthos* da maior parte das instituições, inclusive os empreendimentos educacionais e religiosos. Ao contrário, instituições de nível superior permanecem estruturalmente racistas enquanto falam da boca para fora sobre inclusão, com seus panfletos coloridos da Benetton e sua representação distorcida da diversidade, tanto no corpo discente quanto particularmente na seleção do corpo docente. Isso ficou óbvio para mim quando fui selecionado para um comitê de seleção do novo vice-reitor e um grupo de colegas meus tentou persuadir nosso chanceler à época, para que contratasse o candidato que tinha recebido a maior parte dos votos do comitê, pois ele estava inclinado a escolher uma candidata com menor número de votos. A resposta foi rápida e inesperada: "Nós já temos um desses", o que significava que a universidade já tinha um reitor que era porto-riquenho. Ou seja, instituições de nível superior não podem, ou não devem, ter dois ou mais reitores que sejam não brancos. Haveria uma tremenda reação branca se em qualquer universidade uma chanceler negra declarasse que não contrataria mais de um reitor irlandês ou que ela não empregaria mais do que uma reitora.

No entanto, líderes dessas instituições, graças à *noblesse oblige** durante a revolta geral desencadeada pelo assassinato obsceno de George Floyd, um homem negro desarmado, foram obrigados a entrar na onda para defender seu comprometimento à pauta antirracista, ainda que o grupo de professores e de administradores de nível superior continuem sendo, em sua maioria, brancos. A justificada indignação demonstrada por pessoas de todas as raças, etnias e classes que corajosamente denunciaram o racismo pública e forçosamente manteve a esperança viva. Ao abraçar a "fúria poética gloriosa" do movimento — inspirado pelo Black Lives Matter,[2] fez nascer, deu combustível e sustentou a fúria justificada das bases po-

---

* Literalmente, "a nobreza obriga", expressão utilizada quando se pretende dizer que alguém tem que agir de maneira condizente a seu nome ou linhagem. [N. do T.]

2 Jenna Wortham, "A 'Glorious Poetic Rage'" [Fúria Poética Gloriosa], *The New York Times*, 7 jun. 2020, p. 3.

pulares. Estadunidenses de todas as categorias corajosamente e em uníssono disseram *já basta* enquanto mobilizavam milhões de pessoas "para protestar contra a violência gratuita do Estado contra pessoas negras", conforme testemunhado na morte selvagem e cruel de George Floyd em Mineápolis, nos Estados Unidos, cujo último suspiro foi extinto pelo joelho de um oficial de polícia branco sobre seu pescoço. Para quem estava por perto e testemunhou o assassinato absurdo de um homem negro desarmado, "a dor era palpável, a indiferença no rosto de Derek Chauvin [o assassino], assustador... [enquanto esse oficial de polícia branco] continuava olhando para a câmera conforme acabava com a vida"[3] de um homem negro desarmado e algemado. A justificada indignação — que tomou conta como um incêndio florestal e rapidamente se espalhou pelo mundo — nunca poderia ser captada pelo professor titular de cálculo de Harvard que, a fim de mostrar que o trabalho na Escola de Pós-Graduação em Educação de Harvard é "científico", fez o comentário detestável: "É uma pena! O velho está ficando gagá. Agora ele só sabe falar de amor", após participar de um grupo de diálogo com Freire.

A seguir, há uma discussão crítica do uso que Freire faz de *boniteza* como uma expressão de amor, estética, mas também como um ato político para denunciar todo e qualquer ato opressivo projetado para negar o direito a vivenciar o que significa plenamente ser humano àqueles que foram definidos como o *Outro*. Em sua preocupação costumeira por criar espaços pedagógicos para aumentar a *conscientização*, Freire utilizou *feiura*, o antônimo de *boniteza*, para, por um lado, destacar da Natureza o dom da humanidade: *boniteza*. Por

---

3 *Ibidem*, p. 3.

outro lado, ele brilhantemente usou seu antônimo, *feiura*, termo diametralmente oposto, cujo papel é o esvaziamento da humanidade. Como tal, a *feiura* deve invariavelmente disparar sua denúncia agressiva que, em si, constitui *a boniteza*. Assim, *boniteza* e *feiura* estão em uma relação dialética que Freire manipula de maneira genial para facilitar a necessária clareza política que deve ser alcançada no processo de *conscientização*. Como ele defendia, "[o]bjeto no processo de conhecimento que o educando faz; quer dizer, no fundo é um ciclo de conhecer, que inclusive confirma o conhecimento. Esse processo é de uma indiscutível *boniteza*".[4] Essa consciência crítica adquirida através da *boniteza* também pode ser obtida através de seu oposto, a *feiura*, se usada como um estímulo para denunciar a opressão que é, em si, *feiura*, e sua denúncia constitui um ato de conhecer que é, simultaneamente, *boniteza* e, como tal, tem também "uma moralidade indispensável".[5] A tarefa de denunciar atos de *feiura*, no fim, constitui também a *boniteza* como um ato moral e político, e como um ato de saber. Nesse caso, a *boniteza* transcende a mera estética conforme ganha relevância política.

ESVAZIAMENTO DA EMOÇÃO EM CÁLCULO NUMÉRICO EMPÍRICO

Freire sempre denunciou toda e qualquer forma de fundamentalismo metodológico enquanto desafiava os educadores a rejeitarem a certeza prometida por metodolo-

---

4 Paulo Freire, *Pedagogia da tolerância*, São Paulo, Editora Unesp, 2005, p. 216.
5 *Ibidem*, p. 183.

gias pseudocientíficas, especialmente nos estudos sociais e educacionais, que frequentemente separam cognição de emoção. Ele ousou dizer que os educadores deveriam ter a "coragem de falar sobre amor, no sentido puro da palavra, de falar sobre amor sem medo de ser chamado de não cientificista, ou até de anticientificista".[6] Seguindo essa linha de pensamento, apenas fundamentalistas metodológicos acreditam no que eles chamam de objetividade "científica", que visa a salvaguardar a busca pela verdade. Entretanto, o que esses fundamentalistas objetivistas deixam de perceber é a subjetividade inerente à própria defesa da objetividade científica absoluta. A própria defesa já é subjetiva. Dessa forma, objetividade e subjetividade estão sempre em relação dialética. O desafio não é fazer uma defesa absoluta da objetividade científica — uma inviabilidade conhecida pela maioria dos cientistas rigorosos. O desafio real é sempre trabalhar rigorosa e zelosamente buscando maior objetividade. Além disso, o processo utilizado por pseudopesquisadores e educadores (principalmente em ciências sociais e educação) para expulsar o amor da pesquisa científica revela, simultaneamente, uma forma de autoritarismo e de desumanidade. Consequentemente, pesquisas que ignoram o impacto emocional e psicológico de ser estereotipado através do processo de *outrar* seres humanos mostram suas formas de desumanização inerentes. Ou seja, "alguém [que] se torne machista [mulheres também podem ser machistas], racista, classista, sei lá o quê, mas se assuma como transgressor da

---

6 *Apud* Donaldo Macedo e Lilia I. Bartolomé, *Dancing with Bigotry: The Poisoning of Cutural and Ethnic Identities* [Dançando com fanatismo: o envenenamento de identidades étnicas e culturais], Nova York, Palgrave, 2000.

natureza humana".[7] Pior ainda é quando, com frequência, educadores que ousam falar sobre amor em suas salas de aula são estereotipados pelos educadores puritanos reacionários, que veem a si mesmos como os guardiões do *status quo*. Como resultado disso, uma conversa aberta sobre amor no contexto de sala de aula é geralmente rotulada como subjetiva demais para ser "científica" ou permissiva demais, de modo que pode levar à sexualização da sala de aula. Para muitos desses educadores puritanos ou liberais, que estão mais próximos do puritanismo (quando é conveniente) e que querem agradar os conservadores, de modo a colher os benefícios carreiristas do sistema, frequentemente se unem ao reacionarismo puritano quando caracterizam uma discussão aberta sobre o corpo humano ou o drama do amor humano no contexto de sala de aula como sexualização da educação. Isso se parece com o discurso de educadores conservadores que defendem que a educação é neutra e rotulam discussões sobre políticas educacionais como politização das escolas. Esses educadores puritanos conservadores ou liberais puritanos enrustidos também censurariam a leitura de alguns clássicos da literatura que envolvam o drama do amor com sua necessária interconectividade sexual, uma vez que eles enxergam isso como sexualização da sala de aula e algo que, por sua vez, requer censura, como é o caso de muitos comitês escolares públicos pelos Estados Unidos.

No passado recente, distritos escolares tiveram que litigar com pais e educadores puritanos para decidir o que seria permitido e aberto à discussão na sala de aula.[8] Mesmo em

---

7 Paulo Freire, *Pedagogia da autonomia*, op. cit.

8 Ver David Martin Davis, *The Texas Sex Ed Question*, Tezas Public Radio, San

muitos programas de pós-graduação, há sempre indivíduos (tanto professores quanto estudantes) que se ressentem de perder sua zona de conforto e fazem um grande esforço para violar o direito dos seus pares ao acesso a múltiplos pontos de vista e perspectivas através do diálogo em sala de aula quando envolve sexo no currículo. Entretanto, o próprio fato de que estudantes ou professores exijam uma zona de conforto absoluta por meio de uma forma de censura não é apenas epistemologicamente contraditório, senão hipócrita. Além disso, a exigência em si para que se proteja a sua zona de conforto em discussões na sala de aula já aponta para certo nível de privilégio. Também, esses educadores puritanos conservadores e liberais puritanos enrustidos confundem sexualidade com sexualização. Em outras palavras, a sexualidade é parte fundamental de quem somos como humanos e a educação é um veículo através do qual podemos descobrir quem nós somos como humanos em todas as dimensões. Assim, a censura da discussão interdisciplinar sobre sexualidade nas salas de aula constitui uma forma de falso moralismo a um ponto tal que a maior parte dos liberais carreiristas não tem problema algum em utilizar a sua sexualidade para subir na carreira.

Freire corretamente afirma que vê "a sexualidade como *boniteza*, e não só isso; vejo-a como um direito [...]. A sexualidade precisa ser profundamente respeitada, profundamente vivida e ser também uma espécie de expressão artística — por isso falei da sexualidade como boniteza, como direito e, diria também,

---

Antonio, 25 nov. 2019. <www.tpr.org/show/the-source/2019-11-24/the-texas--sex-ed-question>

como dever".[9] Desse modo, os rótulos dados por puritanos conservadores e liberais puritanos enrustidos para discussões sérias sobre sexualidade em sala de aula, que surgem em meio aos conteúdos das disciplinas, não é apenas hipócrita e banal, mas também restritivo e redutivo a ponto de, por exemplo, estudantes de direito e estudantes de medicina e professores serem proibidos de usar estudos de caso variados que tenham a ver com sexualidade para entender a própria sexualidade humana profundamente e suas ramificações sociais, políticas e psicológicas.

Na mesma linha da censura ao currículo em todos os níveis educacionais, uma discussão profunda e crítica sobre racismo desencadeia contestações de muitos estudantes brancos que alegam que tópicos concernentes a conflitos sociais desrespeitam sua zona de conforto. Essa postura sugere que os colonialistas de esquerda, ao tentarem evitar perder sua própria posição de privilégio cultural e econômico ao longo da luta por independência de muitas colônias africanas, se viram pegos numa contradição inevitável. Essa contradição vem à tona frequentemente quando vários liberais brancos se sentem ameaçados pela legitimidade da luta de grupos subordinados — uma luta que não só não pode incluí-los, mas que também demanda que seu tratamento liberal de opressão concebido de maneira abstrata seja traduzido em ação política concreta que leve à mudança e à transformação. Isso quer dizer que apenas a reflexão crítica é insuficiente para a criação de uma sociedade mais justa e igualitária. A reflexão crítica que gera mais e mais consciência através da *conscientização* deve sempre ser seguida de uma ação. É por isso que liberais declarados que denunciam,

---

9 Paulo Freire, *Pedagogia da tolerância, op. cit.*, pp. 262-3.

por exemplo, o racismo no nível discursivo ou a intelectualização do racismo frequentemente evitam tomar qualquer ação que possa retirar benefícios que eles colhem do racismo sistêmico. Em outras palavras, enquanto eles publicamente se opõem ao uso da palavra com "n",* eles em geral permanecem inativos e em silêncio sobre o racismo sistêmico que aumenta a demissão de indivíduos não brancos em todos os níveis institucionais, especialmente no nível docente na academia. De fato, quando liberais carreiristas brancos tendem a se beneficiar do racismo sistêmico, eles geralmente se tornam partícipes na reprodução desse mesmo racismo sistêmico ao sempre negar tanto a existência quanto a sua defesa paternalista de que não é tão mau como já foi no passado, ainda que a maior parte dos cargos de liderança nas universidades sejam ocupados por brancos, com uma pitada de administradores não brancos. Ao mesmo tempo, as universidades não têm mais do que um professor minoritário simbólico em cada departamento. Se, por acidente, dois ou mais professores não brancos forem contratados, o que é raro, a microagressão dispensada contra membros não brancos é constante e, às vezes, o racismo flagrante é usado para forçar o membro não branco a sair. Tome o caso em que o reitor branco escreveu um e-mail para uma conselheira de departamento branco dizendo a ela que não se preocupasse pelo fato de os dois professores titulares não brancos mais produtivos do departamento terem entrado com um processo por discriminação racial contra a

---

* Em inglês, "n-word". Autor se refere à palavra *nigger*, palavra indigna de ser dita. É um termo extremamente pejorativo para se referir a pessoas negras e cujo sentido de desumanização não tem correspondente em português. [N. do T.]

conselheira e os administradores da universidade, alegando que "eles vão sair no final do semestre", como se a titularidade e o registro de excelência não importassem.

Quando foi acusado de racismo por dezenas de professores e professoras não brancos (a maior parte latina e negra), ele se mostrou surpreso e chocado, dadas as suas credenciais liberais que, talvez, fizessem-no acreditar que não era racista, uma argumentação que por si só já é uma forma de racismo: "não racista não é algo que exista. Você não pode ser 'não racista' e continuar perpetuando e se beneficiando dos privilégios de ser branco neste país. Então a escolha que você tem é ser antirracista".[10]

Para as vítimas de racismo sistêmico, isso sempre foi e continua a ser bárbaro, desumano e espantosamente obsceno. Dessa maneira, a exigência de estudantes brancos para que tenham um nível garantido de zona de conforto quando analisam o racismo sistêmico já aponta para seu privilégio sistêmico de gerir e controlar a discussão. O que eles não conseguem entender é que a questão não é a manutenção de uma zona de conforto. A questão real é a disponibilização de zonas de conforto que garantam tolerância racial, respeito e solidariedade.

Um exemplo que vem à cabeça foi uma troca que ocorreu enquanto discutia racismo sistêmico com estudantes da pós-graduação em Harvard: uma mulher branca de classe média impacientemente me perguntou se eu estava sugerindo que ela abrisse mão do seu emprego. Eu disse que a resposta é intricada e que é por isso que precisamos expandir as fronteiras da natureza complexa do racismo institucional nos Estados Unidos,

---

10 Kirsten Grenidge, "Eyeing an anti-racist future for theater" [De olho em um futuro antirracista para o teatro], *The Boston Globe*, 5 jul. 2020, p. N4.

onde o debate geralmente é feito sobre a estrutura superficial do racismo através de uma limpeza da linguagem (por exemplo, eliminar o uso da palavra com "n" ou se certificar de que haja uma representação negra numa pesquisa de trabalho), deixando inalteradas as estruturas insidiosas do racismo sistêmico. Ainda que o objetivo de engajar estudantes de pós-graduação na desconstrução do racismo sistêmico não seja o de privar os brancos do mercado de trabalho, em alguns casos abrir mão de seu trabalho pode ser necessário para que os negros conquistem não apenas as estruturas, mas também igualdade. Pontuei para aquela estudante que, como uma estudante branca de classe média numa pós-graduação em Harvard, ela tinha infinitamente mais oportunidades em assegurar seu emprego do que mulheres das minorias com quem ela trabalha na comunidade. Em outras palavras, sua ocupação continuada de um cargo de liderança em um arranjo comunitário subordinado significava que ela podia estar gerindo a pobreza e os pobres enquanto uma mulher minoritária muito provavelmente nunca iria ocupar a mesma posição de liderança.

Dei como exemplo para a estudante o Programa de Treinamento de Tutores para Corpo de Letramento, que foi desenvolvido para treinar tutores de alfabetização em várias comunidades oprimidas. Embora tenha havido avanços, na época dessa discussão em sala de aula, mais de 86% dos coordenadores desse programa para pobres eram mulheres brancas de classe média. Consequentemente, isso significava que, se todas elas permanecessem em suas posições de coordenação, mulheres e homens das minorias teriam pouquíssima chance de ocupar mais de 86% desses mesmos espaços de liderança. Também chamei sua atenção para o fato de que mulheres e homens pertencentes a minorias têm expressivamente menos oportunidades fora de seu contexto racial para competir por posições de liderança. Ou seja, é difícil para eles competirem com tutores brancos numa comunidade branca de classe média ou alta.

Como o recente protesto mundial contra o racismo sistêmico, quanto mais as coisas mudam, mais elas continuam as mesmas ou ainda pior. As pessoas negras estão agora sob extrema vigilância. E, assim como testemunhamos ao vivo e em cores, elas, por exemplo, vão patrioticamente para o exterior lutar as guerras criadas pelos EUA para buscar liberdade e democracia, enquanto que, na volta para casa, não têm liberdade nem para caminhar ou fazer observação de pássaros no Central Park, em Nova York, sem a intervenção de uma mulher branca que se sente ameaçada por sua presença e chama a polícia. Ou mesmo quando são acertados por um tiro de policiais brancos, como é o caso quase corriqueiramente.

Como a discussão nessa turma de pós-graduação ficou um pouco tensa, outra mulher branca de classe média citou um episódio que ajudou a discussão da turma a chegar a uma conclusão. Ela contou que uma amiga sua tinha aberto mão de uma carreira de sucesso no mundo corporativo para trabalhar na comunidade com mulheres vítimas de violência. Entusiasmada em seu altruísmo acrítico, ela foi para um centro comunitário, onde explicou para a equipe de lá quão mais recompensador seria trabalhar ajudando as pessoas com necessidades do que apenas trabalhar por dinheiro. Uma integrante afro-americana da equipe respondeu: "Senhora, se quer mesmo nos ajudar, volte para sua gente e diga a eles para que derrubem a barreira do racismo que nos esmaga." Essa metáfora trouxe à baila uma perspectiva que eu não tinha conseguido elaborar durante a discussão: a questão não é abrir ou não abrir mão de um emprego. A questão real é entender criticamente sua própria posição de privilégio no processo de auxílio, de modo a não, por um lado, tornar a ajuda um tipo de paternalismo missionário e, por outro lado, limitar as possibilidades para criação de acesso a estruturas igualitárias que levem à igualdade autêntica e ao empoderamento. Além disso, a metáfora também aponta para a responsabilidade de os educadores brancos denunciarem a opressão racial na sua própria fonte sistêmica, que está invariavelmente ligada à supremacia branca. As questões, portanto, não são necessariamente a discussão do racismo quanto à representação e à limpeza da linguagem que proíbe o uso da palavra com "n". A questão real é desconstruir a supremacia branca de modo a desnudar as atitudes de ódio desse grupo, com as quais todas as outras pessoas não brancas são medidas. Além do mais, não podemos ter uma discussão honesta sobre relação racial fora da estrutura capitalista a partir da qual a supremacia branca prosperou desde a escravidão até o presente. Sem a habilidade e a coragem para destruir a supremacia branca sistêmica, o desejo romântico de empoderar pessoas pertencentes a minorias, professado pela maior parte dos liberais brancos, leva ao paternalismo nauseante que provocou uma estudante de graduação nigeriana inscrita em um programa de treinamento de tutores de letramento a dizer para sua professora branca, enquanto discutiam questões de opressão: "Estou cansada de ver os opressores sempre lembrando os oprimidos de sua condição."[11] O desafio é para que a academia admita que o

---

11 Donaldo Macedo, "Foreword", in Paulo Freire, *Pedagogy of Freedom: Ethics, Democracy, and Civic Courage*, Boulder, Colorado, Rowman & Littlefield, 1998. [Ed. bras.: *Pedagogia da autonomia*, São Paulo, Paz e Terra, 2020.]

racismo, em especial o racismo sistêmico, constitui a própria tessitura da educação superior, uma vez que faz parte de todas as instituições nascidas através do genocídio das populações nativas, da escravidão e do colonialismo. É muito mais honesto admitir o racismo obsceno que os atores negros que estão trabalhando para criar um teatro antirracista em Boston seguem denunciando. Não se pode conquistar muita coisa, a não ser que primeiro se admita o que Kirsten Greenidge tão sucintamente assinala a partir daquele teatro em Boston (ouso dizer teatro de toda parte),

> [o racismo] está muito disseminado. No teatro convencional, nossas plateias acabam sendo predominantemente de brancos. Então, várias vezes peças no teatro convencional são escritas para o olhar do branco [...]. Acho que muitas vezes os atores se sentem pressionados a atuar para os Estados Unidos brancos.[12]

O mesmo pode ser dito sobre outras instituições dominantes, especialmente as de educação superior, cujo papel principal é reproduzir

> a pirâmide de castas mutante, velada, baseada em raças nos Estados Unidos [...] [que] depende de estigmatizar aqueles que são considerados inferiores para justificar a desumanização necessária para manter as pessoas com

---

12 Stephen Landrigan, "Frederick Douglas Had Issues with the Emancipation Monument too" [Frederick Douglas também teve problemas com a Estátua da Emancipação], *The Boston Globe*, 20 jun. 2020, p. A9.

classificação mais baixa no fundo e para racionalizar os protocolos de execução da lei.[13]

Inclusive pode-se falar do assassinato deliberado de negros por policiais brancos. Enquanto esses últimos representam a *feiura*, que está diametralmente oposta à *boniteza*, sua presença pode e disparar a denúncia à violência desmedida perpetrada por brancos contra não brancos — uma denúncia justificada do sistema de castas criado pelos brancos, que "usa limites rígidos, frequentemente arbitrários, para manter os níveis separados [por exemplo, guetos, reservas indígenas, comunidades de classe média e alta], distintos uns dos outros em seus lugares determinados".[14] O desvelamento e a subsequente denúncia da *feiura* do sistema de castas racializado não são apenas um ato político, mas também *boniteza*, em todas as suas formas. Todos os seres humanos, com consciência, deveriam lutar por essa boniteza, de forma a reconquistá-la, remoldá-la e refazê-la intrinsecamente para a humanidade, não apenas pela estética que agrada aos olhos, aos gostos e aos sentidos, mas também como um ato moral e político maior.

BONITEZA COMO PARTE INTEGRAL DA CONSCIENTIZAÇÃO

A posição de sujeito adotada pela estudante de graduação nigeriana é o que Freire chama de *boniteza*, na medida em que essa estudante, através da *conscientização*, mudou da posição

---

13 Isabel Wilkerson, "America's Enduring Caste System" [Sistema de castas duradouras dos Estados Unidos], *The New York Times Magazine*, 5 jul. 2020, p. 26.
14 *Ibidem*, p. 26.

de objeto para a posição de sujeito, foi capaz de reconhecer o racismo inerente ao paternalismo branco, mas também teve a habilidade e a coragem para denunciá-lo. Consequentemente, a estudante nigeriana adquiriu consciência crítica o suficiente, consciência que só pode ser adquirida através do processo de *conscientização*, a partir do qual um espaço pedagógico para ação pode ser criado para transformar as assimetrias de poder que geram, moldam e mantêm a opressão. Em outras palavras, uma pedagogia do oprimido deve romper com a natureza assistencialista e paternalista do empoderamento dos oprimidos, como se o poder estivesse sob a posse daqueles que fornecem assistência aos oprimidos. Se fosse um presente a ser dado aos oprimidos no processo de intervenção de comunidades subordinadas, ele poderia ser tomado de volta. Se fosse para ser visto como um presente, aquele que dá também esperaria gratidão de volta, conforme retratado pela estátua de um imponente Abraham Lincoln "erguendo-se sobre um escravizado que quebrou os grilhões em seus punhos, em [um] monumento no Park Square, [Boston,] [...] [que] é uma cópia daquele do Lincoln Park em Washington, D.C.".[15] Ajoelhando-se aos pés de seu Lincoln, temos um retrato que exala paternalismo na doação do presente da liberdade para um escravizado, ainda que a recém-adquirida liberdade não se traduza em ação de um sujeito que toma "a história em suas mãos e a refaz em justiça plena, decência e *boniteza* como um ato de sabedoria e esperança".[16] Ao contrário, como registrado pelo discurso de Frederick Douglas dedicado à

---

15 Stephen Landrigan, "Frederick Douglas Had Issues with the Emancipation Monument too", *op. cit.*

16 *Ibidem*, p. A9.

estátua, o professor John W. Cromwell, da Universidade de Howard, notou que "Douglas foi muito explícito e enfático ao dizer que ele não tinha gostado da atitude; ela mostrava o Negro de joelhos, quando uma atitude mais viril seria mais indicativa de liberdade".[17]

Entretanto, para que se entenda criticamente sua posição histórica e privilegiada, é preciso muita clareza política, que só pode ser conquistada através da *conscientização* (retornarei a esse conceito mais adiante). A clareza política nunca poderá ser conquistada se quem a busca se acomodar em uma posição de ambiguidade intencional destinada para, a um só tempo, suprimir e dissipar suas próprias contradições ideológicas e sustentar a também intencional construção de uma indiferença em relação ao que está vendo. Ou seja, a recusa àquilo que implica um privilégio *a priori*. O processo de supressão e dissipação não é apenas lugar-comum entre os vários educadores liberais brancos que trabalham com estudantes subordinados a eles; é também uma característica que esses liberais brancos herdaram do colonialismo liberal que projetou o sistema de castas raciais:

> Quando ele eventualmente sonha com o amanhã, com um estado social novo em folha, no qual os colonizados deixam de ser colonizados, ele certamente não concebe, de um lado, uma profunda transformação de sua situação e de sua personalidade. Nesse novo estado mais harmonioso, ele continuará sendo aquilo que é, com sua linguagem intacta e com suas tradições culturais exercendo domínio. Através de uma contradição de fato, na qual ele não só não se vê, mas também se recusa a ver, ele espera

---

17 *Ibidem*, p. A9.

A PALAVRA *BONITEZA* NA LEITURA DE MUNDO | 69

continuar sendo europeu por direito divino em um país que, então, não seria mais propriedade da Europa.[18]

Ao situar a desconstrução da distopia cultural dentro da estrutura colonialista de análise, em que o indivíduo é forçado a confrontar a repugnância da *feiura* da opressão, pode-se adquirir as ferramentas críticas necessárias, através da reflexão, para desvelar a ameaça que o discurso do amor apresenta para a necrofilia neocolonial. Esta tenta negar às pessoas que têm determinado estereótipo e são consideradas *"outras e inferiores"* o direito de serem plenamente humanos, o direito ao amor e o direito a vivenciar "a boniteza real: lagos, alpes, campos, paisagens, cidades-postais".[19] Geralmente, educadores acomodados intencional e cegamente se engajam em uma construção social de indiferença em relação ao que estão vendo. Eles frequentemente defendem a separação da cognição da emoção, de modo a nunca ter que apreciar o desafio de Freire, segundo o qual é através da

> *boniteza* que nosso direito de ser plenamente humano é realizado e pela qual nós temos a tarefa moral e ética de lutar [para sempre expandir a nossa humanidade]. O conhecimento que eu tenho a respeito da autonomia e da identidade dos estudantes requer que todas as minhas práticas mantenham sempre coerência com tal conhecimento.[20]

---

18 Albert Memmi, *The Colonizer and the Colonized* [O colonizador e o colonizado], Boston, Beacon Press, 1965, p. 40.
19 Paulo Freire, *Cartas a Cristina: reflexões sobre minha vida e minha práxis*, São Paulo, Paz e Terra, 2013, p. 153.
20 Paulo Freire, *Pedagogia da autonomia, op. cit.*, p. 84.

Como tal, o uso de *boniteza* que Freire faz é, por sua vez, da mesma natureza que sua preocupação e seu comprometimento de "ousar falar sobre amor" em contextos acadêmicos, nos quais o amor é geralmente reduzido à esfera privada, carregado de sentimentalismo. Embora a maior parte das pessoas concorde que o amor é lindo, também concorda que o amor não tem qualquer papel na educação, nas lutas por justiça social e na revolução. E não percebe que justamente o amor alimenta nossa criatividade, nossa curiosidade epistemológica para descobrir e nossa predisposição ontológica para "ser mais".[21]

A dificuldade de imaginar a centralidade do amor tanto na teoria quanto na prática está intimamente ligada ao processo de desumanização que ocorre quando a emoção é negada como parte integrante de tudo o que nos faz humanos. Dessa forma, mesmo educadores progressistas que querem aderir a uma agenda educacional analogamente progressiva, mas não às dimensões emocionais dessa agenda, muitas vezes adotam uma metodologia aparentemente benevolente que recusa se engajar nas teorias que a informam. O resultado disso é que esses educadores liberais, "assim como os colonizadores, não gostam nem da teoria nem dos teóricos. Aquele que sabe que está em uma má posição ideológica ou ética geralmente se gaba de ser um homem de ação, que tira suas lições da experiência".[22] Ao não teorizar a boniteza encontrada na interpenetração entre teoria e prática, muitos educadores liberais se blindam da reflexão autocrítica, que poderia interrogar, entre outras coisas, como a manutenção do privilégio

---

21 *Idem, Pedagogy of the Oppressed*, Londres, Bloomsbury Publishing, 2019. [Ed. bras.: *Pedagogia do oprimido*, São Paulo, Paz e Terra, 2020.]
22 Albert Memmi, *The Colonizer and the Colonized, op. cit.*, p. 40.

branco, por exemplo, invariavelmente torna seu liberalismo confesso cúmplice da ideologia dominante — a qual cria a necessidade para que se engajem de várias maneiras em práticas *assistencialistas* (sempre como líderes) em comunidades oprimidas. Esses educadores liberais pseudoprogressistas não conseguem reconhecer que, quanto mais for necessário que eles liderem os oprimidos em suas comunidades, mais sua presença nessas comunidades representa um fracasso geral da sua intervenção. Esse fracasso, por sua vez, demanda mais um tipo de envolvimento missionário paternalista.

Para Freire, boniteza é o momento mágico no processo de *conscientização*, em que a pessoa percebe a inviabilidade da dicotomia cognição e emoção, quando se experiencia a libertação e o empoderamento verdadeiros. Isso acontece uma vez que a boniteza permite ao coração sentir, por exemplo, a angústia nos gritos de milhões e milhões de crianças que vão para a cama com fome todas as noites, enquanto o governo paga agricultores para não aumentarem a produção, de modo que o mercado possa controlar os preços que garantem a esses mesmos agricultores um lucro substancial no próprio sistema que prega "livre" mercado até que o mercado fracasse. Sem fracasso, o governo está gastando, durante a pandemia de Covid-19, mais de 1 trilhão de dólares para socorrer principalmente agricultores corporativos e brancos outra vez. A boniteza, então, surge no momento exato da descoberta da contradição inerente às camadas de mentiras na proposição sobre "livres" mercados. É livre apenas para ganhos privados, enquanto o governo promulga leis em que perdas coletivas são originadas pela massa de trabalhadores que tem negadas as brechas fiscais aconchegantes. O socorro periódico (um termo errôneo para distribuição) a corporações, bancos e instituições financeiras sempre ocorre durante a quebra dos mercados.

Seguindo a mesma linha, o uso que Freire faz de *boniteza* não apenas implica que a pessoa se abra para amar e ser amada como um direito humano, mas também reforça que *boniteza* é o momento em que as pessoas usam sua justa raiva para denunciar a falsa premissa, por exemplo, de que a população não deve ficar em casa e se abrigar de modo a evitar o contágio por Coronavírus. A boniteza ocorre quando sentimos profundamente a justa raiva contra as piadas mais cruéis embutidas na Ordem de Emergência do Governo da Califórnia, que exige que todos os cidadãos fiquem em casa e se abriguem. Para mais de 100 mil pessoas desabrigadas na Califórnia, a única casa que elas conhecem é a violência das ruas, o abuso da polícia quando buscam refúgio sob as pontes ou quando são enxotadas dos banheiros de hotéis ao tentarem se aliviar. Boniteza é a habilidade de ver criticamente e denunciar a ironia cruel que esses hotéis, para os quais a polícia foi chamada para botar os desabrigados para fora, estão agora colhendo altos lucros ao hospedarem esses mesmos desabrigados, pagos pelo mesmo governo, que alguns meses atrás os considerava mero aborrecimento, descartáveis, sub-humanos. A boniteza surge com força total quando, no processo de *conscientização*, a pessoa reconhece a *feiura* da desumanidade daqueles que consideram outros seres humanos como sub-humanos. Isso indica que alguma forma de desumanização já ocorreu naqueles que usam gênero, etnia, língua, classe e raça como marcadores sociais que truncam a possibilidade de pessoas não brancas e não pertencentes à classe média experimentarem o que significa vivenciar plenamente a boniteza da humanidade.

Embora a boniteza frequentemente esteja ligada à estética, ela não é, entretanto, definida por ela. Em outras palavras, um objeto pode ser esteticamente bonito, mas representar *feiura* obscena. Tome o caso da derrubada da estátua de Cristóvão Colombo no Waterfront Park, em Boston. Esteticamente, ele foi esculpido de maneira bonita em um refinado mármore carrara branco. Independentemente de quão bem executada artisticamente a estátua tenha sido, ela representa a *feiura* do genocídio dos indígenas na ilha de São Domingos, onde, após a chegada de Colombo em 1492, "dos originalmente 300 mil indígenas, um terço foi assassinado entre 1492 e 1496. Em 1508, um cálculo mostrava que apenas 60 mil estavam vivos [...]. Em 1548, Oviedo [...] duvidava de que ainda restassem 500 indígenas".[23] Apesar disso, mesmo com os registros históricos comprovados da carnificina obscena e dos crimes contra a humanidade perpetrados por Colombo na ilha de São Domingos, ele é celebrado mundo afora com estátuas, parques, nomes de rua, nomes de escola, feriado nacional, para mencionar alguns. Essa celebração cega de Colombo é equivalente a construir estátuas de Adolf Hitler daqui a alguns séculos em parques e universidades do mundo inteiro, uma proposição que seria, acertadamente, vista como um ultraje obsceno. Assim, a *boniteza* não seria usada para caracterizar o mármore carrara branco em Boston, dados os crimes horrendos cometidos por Colombo contra a humanidade. A estátua de Colombo foi decapitada durante o levante contra o assassinato perverso de George Floyd, um homem negro desarmado, por policiais brancos. Nesse caso, é a *feiura* da decapitação que captura a *boniteza* da plena consciência das pessoas em relação à sel-

---

23 Howard Zinn e Donaldo Macedo, *Howard Zinn on Democratic Education* [Howard Zinn sobre educação democrática], Boulder, Colorado, Paradigm Publishers, 2005, p. 100.

vageria de Colombo. Desse modo, *boniteza* é muito mais do que mera narrativa descritiva ou mera representação estética bela. A *boniteza* é, acima de tudo, uma postura ética, um ato político que pode ser disparado até pela *feiura*, a ponto de que mesmo aquilo que pareça feio pelos padrões convencionais possa, de fato, ser o gatilho para que a reivindicação humana por justiça seja executada conforme demonstrado pela demanda de remoção da estátua de Colombo de Boston após sua decapitação. Ainda que reacionários possam ver *feiura* nesse protesto contra o racismo mundo afora, às vezes envolvendo violência, isso também aponta para a *boniteza* da consciência crítica pela denúncia a policiais brancos por sua brutalidade, selvageria e supremacia branca. Esse movimento também pede pela unidade entre ética e estética. Em resumo, *boniteza*, nesse caso, nasceu de um ato de *feiura*, em que o joelho de um policial branco asfixiou e tirou a vida de George Floyd, a quem foi negado o direito de respirar, como se o oxigênio no ar, com o qual todos somos agraciados, devesse ser restrito apenas ao privilégio de brancos. A *feiura* no comportamento fascista dos oficiais de polícia brancos em Mineápolis, por sua vez, desencadeou a *boniteza* de uma coalizão multicolorida de justa revolta por parte de brancos, negros e latinos, protestando lado a lado, exigindo justiça, em um processo que funde boniteza a esperança, sem a qual se torna inviável sonhar com um mundo melhor e mais justo.

A BONITEZA PARA ALÉM DA ESTÉTICA

O que é importante ressaltar, como Freire corretamente escreveu, é que "há *boniteza* na luta ética. Ética e estética se dão as mãos".[24] Assim, Freire nunca usaria *boniteza* para falar de estética da mesma maneira como ele nunca falaria sobre amor como mero exagero sentimentalista. Ousar falar sobre amor e sua inerente postura ética que rejeita, por exemplo, o cultivo e a representação da arte pela arte, ainda extremamente comum em muitos departamentos de literatura que continuam a fragmentar corpos de conhecimento e a promover a falsa noção de arte pela arte — um processo que torna muito mais fácil a dissociação da arte de quaisquer preocupações éticas, políticas e sociais. Além disso, vincular a análise literária a questões sociais e políticas é frequentemente visto como uma distração à pessoa que lê em relação à conexão afetiva com a literatura como arte, que deve apenas garantir os caminhos da autorrealização e, talvez, uma experiência prazerosa. O processo através do qual ler literatura ou ver uma peça de arte se torna

> a revivência íntima de perspectivas renovadas da personalidade e da vida implícitas na obra literária; o prazer e a liberação de tensões que podem fluir de tal experiência [...] o aprofundamento e a expansão da sensibilidade na medida da qualidade sensual e com impacto emocional na vida cotidiana.[25]

Essa postura elitista autocentrada é que deve ser caracterizada como "ficar gagá". Não só porque esconde seu

---

24 Paulo Freire, *Professora, sim; tia, não*, São Paulo, Paz e Terra, 2012, p. 150.
25 Louise Michelle Rosenblatt, "The Enriching Values of Reading", in William S. Gray (org.), *Reading in the Age of Mass Communication* [Leitura na era de comunicação de masssa], Nova York: Appleton-Century Crofts, 1949.

privilégio intrínseco, mas também porque é diametralmente oposto à ousadia de Freire quando estimula que os educadores falem sobre a radicalidade do amor que, além de apreciar a "qualidade sensual e o impacto emocional na vida cotidiana", denuncia a miséria humana de morrer de fome e as condições opressoras geradas pela sociedade dentro da qual a literatura como arte pela arte está situada e blindada. A obscenidade inerente à proposição arte pela arte é desvelada quando se diz a homens negros desarmados e a crianças que estão sob risco significativo de serem assassinadas pela polícia que eles podem encontrar justiça e paz em sua experiência de "qualidade sensual e impacto emocional na vida cotidiana".

A abordagem a estudos literários da arte pela arte ainda predomina na maior parte dos departamentos literários, tornando esses departamentos meros clubes de livros institucionalizados para o privilégio de poucos. A análise crítica e a teoria crítica (exceto a análise crítica de texto que é desarticulada da miséria humana vivenciada pelo oprimido) são muito frequentemente desencorajadas, e qualquer vinculação entre literatura e questões sociais e políticas é vista como politização da arte. Isso é extremamente claro na obra de John Willet, um estudioso e tradutor de Bertolt Brecht. Quando ele avalia a contribuição artística de Brecht, ele aponta que:

O Brecht do [período inicial] [...] era diferente do 'cínico implacável de *A ópera dos três vinténs* ou do marxista de anos posteriores'. Ao contrário, ele era entusiasmado, usava as palavras por si mesmas, se preocupando pouco pelos sentimentos ou interesses das pessoas e menos ainda por causas humanitárias.[26]

Isso mostra que sofre artisticamente a arte que, ao denunciar a injusta (des)ordem social e política, usa a *feiura* para acionar a *boniteza* de mostrar uma questão sobre o sofrimento e a miséria humana. Isso também indica que o marxismo automaticamente desautoriza qualquer possibilidade de *boniteza* e a apreciação pela conquista artística. É importante notar que a literatura como arte pela arte não só fracassa em tornar problemático o "impacto emocional da vida cotidiana", no que diz respeito a conflito de classe, desigualdade social ou opressão racial e de gênero, mas também fornece um refúgio para os artistas privilegiados, seus admiradores e leitores, que fingem permanecer neutros e indiferentes no que concerne a injustiças sociais, desigualdades econômicas hercúleas e outras formas de condições opressoras. Por exemplo, John Willet se sentiria muito à vontade com o brilhantismo artístico da fascista Leni Riefenstahl, que foi o alicerce da máquina de propaganda de Hitler. Ela seguidas vezes negou que sua filmografia tivesse qualquer papel no avanço da causa nazista, dizendo que não tinha "nenhum interesse por política".[27] Embora dissesse que via Hitler como uma pessoa importante, "capaz de oferecer trabalho a seis milhões de desempregados",[28] sua insistência em desvincular sua arte da causa e das atrocidades nazistas a habilitou a negar qualquer responsabilidade sobre o fato

---

26 Mell Gusson, "John Willet, Scholar and Translator of Brecht, Dies at 85", *The New York Times*, 24 ago. 2002, p. A13.
27 Steven Erlanger, "At 100, Hitler's Filmmaker Sticks to Her Script" [Aos 100, a cineasta de Hitler segue seu roteiro], *The New York Times*, 24 ago. 2002, p. A4.
28 *Ibidem*, p. A4.

de o emprego de 6 milhões de alemães ter tido um custo de 6 milhões de judeus mortos em câmaras de gás nos campos de concentração, pela causa nazista que ela promoveu artisticamente através de seus filmes. Se Leni Riefenstahl tivesse usado suas habilidades artísticas para denunciar a selvageria que acontecia nas câmaras de gás de Auschwitz e de outros campos de concentração, o resultado histórico da barbaridade de Hitler para "salvar" a civilização e o sistema de castas branco poderia ter sido bem diferente, de fato. Assim, a reivindicada neutralidade em sua arte está impregnada por política e ideologia, determinantes cruciais no assassinato de 6 milhões de judeus, que ela ponderou como tendo sido um preço justo a se pagar pelo emprego de 6 milhões de alemães.

ENTENDENDO A NOÇÃO DE *BONITEZA* DE FREIRE NA CONSCIENTIZAÇÃO

A *boniteza*, do meu ponto de vista, é parte integrante de uma constelação de palavras-chave que Freire rigorosamente escolhe para auxiliar no aumento da consciência crítica das pessoas no processo de *conscientização*. Ou seja, Freire insiste que, para trabalhar em direção à liberdade, a *conscientização* deve ser empregada com conteúdos, vocabulários, objetos e métodos específicos desenvolvidos para nutrir essa libertação. No cerne da *conscientização*, então, está o desejo de dar vida ao direito do estudante a ter uma voz expressa por meio de vocabulários rigorosamente selecionados, que vão possibilitar a criação de estruturas pedagógicas que impulsionariam as vozes submersas dos estudantes a emergirem. Usualmente, isso significa a reconquista, pelos oprimidos, de suas próprias palavras como um processo de recuperar a voz que vai lhes permitir falar as suas palavras, engajar-se em sua própria identidade, tomar as rédeas de seu destino e, como ele dizia frequentemente, "tomar a história em suas próprias mãos". É o direito atrás do qual as forças dominantes percorrem um longo caminho para sufocar, visando a sequestrar as palavras dos oprimidos — palavras que desvelam o mecanismo de opressão e que são distorcidas ou reprimidas em uma sociedade que costuma celebrar uma linguagem esvaziada de qualquer comprometimento com a democracia, a liberdade ou a justiça. E assim, para Freire, desvendar criticamente a linguagem para um fim libertador era essencial ao seu projeto de *conscientização*, uma vez que esse era o único meio através do qual ele poderia ter exposto a complexidade dos vários conceitos de opressão com os quais lidou, e feito justiça a ela. Isso significa que a conscientização leva os indivíduos a questionarem que relações de poder são inerentes às expressões ou palavras que se ensinam, tais como "que definição, contra que, para quem e contra quem" certas expressões implicam. Descobrir as respostas a essas perguntas é *boniteza*, o momento em que a articulação entre eventos históricos é feita e as contradições sistêmicas ocultadas na linguagem são reveladas.

Por exemplo, imagine se, em vez de escrever *Pedagogia do oprimido*, Freire tivesse escrito *Pedagogia do desfavorecido*. Considerando "desfavorecido" através de um processo de *conscientização*, analisando-o através das questões críticas trazidas acima, é possível perceber que o termo é usado ostensivamente, com frequência, pela classe escolarizada e pela mídia para se referirem aos oprimidos que, então, reprimem enquanto ocultam os atores da opressão. O primeiro título utiliza um discurso que nomeia o opressor enquanto o segundo falha em fazê-lo. A *Pedagogia do desfavorecido* retira o agente da ação, deixando dúvidas sobre quem carrega a responsabilidade por ela. Isso deixa o terreno aberto para a culpabilização da vítima de desfavorecimento por seu próprio desfavorecimento. Esse exemplo é um caso claro em que o objeto da opressão pode ser também entendido como o sujeito da opressão. Usar a linguagem dessa forma não só distorce a realidade, mas também é um método destrutivamente poderoso e facilmente ocultável, empregado com frequência pelas forças dominantes para desviar a atenção das questões reais que afligem a sociedade. Consequentemente, o processo de libertação para os oprimidos em uma sociedade envolvida por uma política de distração e mistificação deve incluir a *conscientização*, uma vez que desenvolve a consciência crítica necessária para que os oprimidos reconheçam e atravessem as forças que os subjugam, e resistam a elas.

Em sua obra, Freire ilustra um exemplo maravilhoso dos poderes libertadores da *conscientização* ao contar uma história de quando ele coordenava um Círculo de Cultura durante sua campanha de alfabetização em Guiné-Bissau. Uma vez, durante esse Círculo de Cultura, um camponês, que era parte das massas oprimidas que o colonialismo português proibia de se alfabetizar, levantou subitamente e disse: "Obrigado, professor", antes de sair do círculo. Freire permaneceu perplexo pensando que tivesse talvez dito algo culturalmente inapropriado e tivesse ferido sem querer os sentimentos do camponês, que, ao fim, retornou para o Círculo de Cultura. Quando Freire, diante do retorno do camponês, perguntou o porquê de ele ter ido embora, o camponês, sem hesitar, respondeu: "Professor, agora eu sei que posso saber e não preciso vir todos os dias para saber."

Esse é precisamente o momento pedagógico que a *boniteza* captura. Para Freire, essa história revela a *boniteza* incutida no processo de fraturar o jugo do colonialismo português que por séculos inculcou os nativos de Guiné-Bissau com mitos e crenças sobre seu atraso, sua natureza selvagem, sua incapacidade de ler ou escrever e sua incapacidade de saber — mitos e crenças que foram usados como parâmetros para sempre apresentar a alfabetização como a marca registrada do sistema de castas europeu branco que promove sua superioridade com regras que elas mesmas criaram para proteger a branquitude.

Em um sentido mais corrente, a *conscientização* poderia ser empregada no combate à linguagem opressivamente mistificada, que é agora utilizada com frequência (intencionalmente ou não) por educadores e pela mídia. Por exemplo, muitas narrativas, em vez de se referirem de fato aos indivíduos oprimidos como "oprimidos", chamam-nos de "necessitados", "desfavorecidos", "economicamente marginalizados" ou "minoria", entre outros nomes, que ofuscam as verdadeiras condições históricas que explicam o atual contexto situacional dentro do qual os oprimidos estão vivendo e contra o qual devem intervir para se libertarem. Esse sequestro da linguagem nega às pessoas oprimidas a possibilidade de entenderem a relação dialética entre o opressor e o oprimido. Além disso, é ao se engajar no processo de *conscientização* e ao questionar as motivações e dimensões opressivas de vocabulários específicos como *boniteza* que um indivíduo tem a possibilidade de começar a se libertar — uma libertação que não mais vê exclusividade mútua entre o termo *boniteza* e um texto acadêmico. Em outras palavras,

A razão ética da abertura, seu fundamento político, sua referência pedagógica; a boniteza que há nela como viabilidade de diálogo. A experiência da abertura como experiência fundante do ser inacabado que terminou por se saber inacabado. Seria impossível saber-se inacabado e não se abrir ao mundo e aos outros [e outras] à procura de explicação, de respostas a múltiplas perguntas. O fechamento ao mundo e aos outros [e outras] se torna transgressão ao impulso natural da incompletude.[29]

REFERÊNCIAS BIBLIOGRÁFICAS

DAVIS, David Martin. *The Texas Sex Ed Question,* Tezas Public Radio, San Antonio, 25 nov. 2019. Disponível em: <www.tpr.org/show/the-source/2019-11-24/the-texas-sex-ed-question>. Acesso em: 3 dez. 2020.

ERLANGER, Steven. "At 100, Hitler's Filmmaker Sticks to Her Script" [Aos 100, a cineasta de Hitler segue seu roteiro], *The New York Times*, 24 ago. 2002, p. A4.

FREIRE, Paulo. *Cartas a Cristina: reflexões sobre minha vida e minha práxis.* São Paulo: Paz e Terra, 2013.

_____. *Pedagogia da autonomia: saberes necessários à prática educativa.* São Paulo: Paz e Terra, 2011.

_____. *Pedagogia da tolerância.* São Paulo: Editora Unesp, 2005.

_____. *Pedagogy of Freedom: Ethics, Democracy, and Civic Courage.* Boulder, Colorado: Rowman & Littlefield, 1998.

---

29 Paulo Freire, *Pedagogia da autonomia, op. cit.*, p. 192

_____. *Pedagogy of the Oppressed*. Londres: Bloomsbury Publishing, 2019. [Ed. bras.: *Pedagogia do oprimido*. São Paulo: Paz e Terra, 2020.]

_____. *Professora, sim; tia, não*. São Paulo: Paz e Terra, 2012.

GRENIDGE, Kirsten. "Eyeing an anti-racist future for theater" [De olho em um futuro antirracista para o teatro], *The Boston Globe*, 5 jul. 2020, p. N 4.

GUSSON, Mell. "John Willet, Scholar and Translator of Brecht, Dies at 85", *The New York Times*, 24 ago. 2002, p. A13.

LANDRIGAN, Stephen. "Frederick Douglas had issues with the Emancipation Monument too" [Frederick Douglas também teve problemas com a Estátua da Emancipação], *The Boston Globe*, 20 jun. 2020, p. A9.

MACEDO, Donaldo; BARTOLOMÉ, Lilia I. *Dancing with Bigotry: The Poisoning of Cutural and Ethnic Identities* [Dançando com fanatismo: o envenenamento de identidades étnicas e culturais]. Nova York: Palgrave, 2000.

MEMMI, Albert. *The Colonizer and the Colonized* [O colonizador e o colonizado]. Boston: Beacon Press, 1965.

ROSENBLATT, Louise Michelle. "The Enriching Values of Reading". In: William S. Gray (org.). *Reading in the Age of Mass Communication* [Leitura na era da comunicação de massa]. Nova York: Appleton-Century Crofts, 1949.

WILKERSON, Isabel. "America's Enduring Caste System" [Sistema de castas duradouras dos Estados Unidos], *The New York Times Magazine*, 5 jul. 2020, p. 26.

WORTHAM, Jenna. "A 'Glorious Poetic Rage'" [Fúria Poética Gloriosa], *The New York Times*, 7 jun. 2020, p. 3.

ZINN, Howard; MACEDO, Donaldo. *Howard Zinn on Democratic Education* [Howard Zinn sobre educação democrática]. Boulder: Colorado, Paradigm Publishers, 2005.

4.

A BONITEZA DA EDUCAÇÃO PÚBLICA PELOS OLHOS DE PAULO FREIRE

Erasto Fortes Mendonça[*]

"Ao voltar, antes do almoço, você me ofereceu um cálice de cachaça e, com outro na mão, fez um brinde repetindo: 'Você está tão bonita, Nita, com a mesma boniteza dos tempos de sua juventude.'"

Ana Maria Araújo Freire[1]

O USO DA PALAVRA *BONITEZA* expresso na epígrafe demonstra claramente que Paulo Freire o fazia com inspiração e tomado de afeto. Tal como na declaração de amor e carinho para com sua esposa, ele repete essa expressão, em outras situações, sempre cheio de amor pela sua gente, seu país, sua escola.

---

[*] Doutor em Educação pela Universidade Estadual de Capinas, professor da Universidade de Brasília, onde foi diretor da Faculdade de Educação. Foi conselheiro do Conselho Nacional de Educação, coordenador geral de educação em direitos humanos e diretor de promoção dos direitos humanos na Secretaria de Direitos Humanos da Presidência da República.

[1] Paulo Freire e Ana Maria Araújo Freire, *Nós dois*, São Paulo, Paz e Terra, 2013.

A palavra *boniteza* se espalhou na obra de Paulo Freire, depois de seu casamento com Nita, com diferentes usos, mas sempre demonstrando sua amorosidade transferida da vida privada para seu discurso pedagógico. Ora para referir-se à prática educativa em sentido amplo, ora para enaltecer a linguagem dos meninos e meninas populares, ora para defender que há uma luta necessária para colocar-se contra a discriminação e que a educação popular tem um papel fundamental no seu enfrentamento, não apenas para alcançar uma qualidade que possa ser medida por "palmos de conhecimento", mas pela solidariedade de classes que conseguir construir e pela formação do sujeito social.

Este trabalho propõe-se a desvendar os sentidos e significados no uso da palavra *boniteza* em um período muito particular da vida de Paulo Freire. A fase em que ele aceitou o convite de Luiza Erundina, eleita prefeita do município de São Paulo, em 1988, para exercer o cargo de secretário municipal de Educação.

Mesmo antes de receber o chamado de Luiza Erundina para ser o secretário de Educação do município de São Paulo, Paulo Freire reagia à possibilidade, sobre a qual muitos o alertavam, de que o convite chegaria até ele. Depois de ter casado com Nita, questionava-se sobre essa possibilidade, pois queria, conforme palavras de sua esposa, "viver o amor com você, quero viver e aproveitar momentos de tranquilidade com você, quero voltar a escrever". Mas logo, diante do dever cívico e político que poderia ter diante de si e para com o povo da cidade que o abrigou em sua volta do exílio, dizia que seria "uma oportunidade importante para testar mais uma vez na prática, desta vez nesta imensa rede pública de ensino que é a da cidade de São Paulo, a minha teoria. A minha compreensão de educação".[2]

Desse modo, consequente com a responsabilidade da qual nunca declinou em sua vida, Paulo Freire assumiu a titularidade da Secretaria Municipal de Educação de São Paulo em 1º de janeiro de 1989, nela permanecendo até o dia 27 de maio de 1991. Nesse período, como por ele próprio expressou à Nita, pôde colocar concretamente sua ideias, seus sonhos, sua coragem pedagógica e militante a serviço do povo de São Paulo, mas especialmente das crianças, dos jovens e dos adultos estudantes da rede pública de ensino, seus pais, mães ou responsáveis, seus professores e professoras, diretores e diretoras, funcionários e funcionárias.

Em um dos muitos depoimentos prestados por Paulo Freire nesse período, desta vez à *Revista Leia*, em 19 de fevereiro de 1989, logo após assumir o cargo de secretário de Educação, assim se expressou sobre a concretude de seu trabalho:

> Às vezes não posso deixar de rir, quando certas críticas dizem que não penso "nada de concreto". Haverá muitas coisas mais concretas do que lutar para reparar cinquenta escolas esfaceladas? Haverá algo mais concreto do que pensar teoricamente a reformulação do currículo? Será que é vago e abstrato visitar tanto quanto possível as escolas da Rede e discutir seus problemas concretos com diretoras, professoras, alunos, zeladores?[3]

---

2 Ana Maria Araújo Freire, *Paulo Freire: uma história de vida*, Indaiatuba, Villa das Letras, 2006, p. 288.

3 Ana Maria Araújo Freire e Erasto Fortes Mendonça (orgs.), *Direitos humanos e educação libertadora: gestão democrática da educação pública na cidade de São Paulo*, São Paulo, Paz e Terra, 2019, p. 244.

Nesse belo e intenso período de exercício de gestão democrática da educação, princípio do ensino público brasileiro que acabara de ser incluído na Constituição de 1988, Paulo Freire pôs em prática um projeto que, para além de garantir construção de conhecimento, centrou-se na humanização de todos e todas que se envolveram com as atividades da Secretaria. Ao mesmo tempo, respeitou e induziu o respeito à dignidade humana de cada um e de cada uma, em autêntico trabalho de educação em direitos humanos.

Paulo Freire experimentava voltar à vida, depois de um período de dor pela perda de sua primeira esposa, Elza, ao encontrar o amor de Nita. Esse momento existencial claramente foi determinante para o seu trabalho como secretário de Educação. Afinal, foi ele próprio quem verbalizou, em abril de 1987, em entrevista concedida ao *Jornal da Unicamp*, que havia optado pela vida: "O que prometo mesmo é que assumi a decisão de viver."[4]

Nessas condições, o seu amor pelas gentes, seus sonhos, seu vigor e disposição para assumir a nova tarefa certamente estavam impregnados pela possibilidade de ver a boniteza em manifestações concretas de suas ideias pedagógicas.

Na sua experiência como secretário de educação do município de São Paulo, Paulo Freire defrontou-se com o cotidiano de uma rede pública municipal de ensino com a complexidade da maior cidade brasileira, com suas potencialidades e limites. Burocracia devastadora e emperrada, rede física depauperada pela incúria de governos anteriores, pouca participação para o enfrentamento dos problemas e para a definição das políticas educacionais. Nada disso, no entanto, o impediu de seguir

---

4 Ana Maria Araújo Freire, *Paulo Freire: uma história de vida*, op. cit., p. 551.

em frente, enxergando a boniteza do quefazer pedagógico no cotidiano da gestão educacional.

A *BONITEZA* DA LINGUAGEM DO MENINO POPULAR

Já em sua chegada e no início da gestão à frente da Secretaria Municipal de Educação de São Paulo (SMEd/SP), Paulo Freire se expressa por meio de seu discurso de posse, proferido de improviso para anunciar que não chega como quem assalta, vindo de um mundo de fora da Secretaria, mas querendo dialogar com os que fazem a instituição funcionar no seu dia a dia, querendo sonhar junto com eles, entendendo que a transformação da sociedade passa, necessariamente, pelo sonho. Passa, então, a citar quatro sonhos: que a Secretaria se refaça, dando origem a um espaço de reflexão crítica e pedagógica; que as escolas sejam, também, centros de reflexão, com autonomia; que exista formação permanente do educador e da educadora para descobrir a teoria que está imersa em sua prática; que haja participação direta de todos os que se envolvem na prática educativa, considerando que todos são educadores. A palavra *boniteza* está presente no seu discurso ao referir-se ao terceiro sonho, da formação permanente. E manifesta sua compreensão de que a noção castradora do erro não deve ser colocada no corpo consciente do menino popular, mas que, ao contrário, é importante ter em conta que a linguagem desse menino é igualmente bonita, ainda que não de acordo com o padrão considerado gramaticalmente correto.

> É isso que a gente está querendo, quer dizer, é tratar o menino popular carinhosamente, é mostrar que a sua

linguagem também é bonita, mas que ela não existe sozinha, que há uma outra forma de falar e de escrever e que essa outra forma também tem a sua boniteza. Por exemplo, agorinha mesmo eu estou falando essa outra forma, que é na verdade a que eu domino e não há dúvida sobre isso, eu quando moço era professor de sintaxe mesmo e isso até que eu sei um pouco.[5]

Essa ideia lhe custaria inúmeras críticas na imprensa, ao lhe ser imputada a falsa ideia de que a professora não deveria corrigir o aluno. Consciente da importância de sua luta pela valorização e pelo respeito à identidade cultural das crianças, insistiria nesse assunto outras duas vezes em entrevistas concedidas. Numa delas, para o jornal *O Estado de S. Paulo*, que acabou não sendo publicada, e foi objeto de desgravação pela sua equipe de assessoria, Paulo Freire foi perguntado se, depois de mais de um ano à frente da Secretaria, ainda ameaça brigar com professoras que corrigem os alunos. A pergunta foi feita em função de uma manchete do jornal *Folha de S.Paulo* sobre o tema. Ele afirma que não pode nem pensar na possibilidade de que educadores não devam corrigir. Sua preocupação, no entanto, é a de não massacrar as crianças, o que implica partir de sua educação, de seu mundo e de sua percepção de mundo para, então, ensinar o padrão culto. Para isso, no entanto, é necessário respeitar o padrão chamado de inculto, pois há uma boniteza na linguagem popular que precisa ser respeitada. Porque as crianças aprendem assim, é assim que a mãe, o pai e o vizinho falam.

---

5 Ana Maria Araújo Freire e Erasto Mendonça, *Direitos humanos e educação libertadora*, op. cit., p. 55.

Quer dizer, o fenômeno da linguagem é uma coisa bem mais ampla do que se pensa, às vezes linguagem é entendida como mecanismos instrumentais de pura conversa. Não, a linguagem é mais do que isso. E eu dizia naquela primeira grande entrevista que era preciso ensinar realmente aos meninos, procurar-lhes o chamado padrão culto da língua portuguesa. Mas para ensinar o chamado padrão culto da língua portuguesa era preciso, primeiro, respeitar o chamado inculto, que é o dos meninos populares; portanto, respeitaram a sintaxe, a forma de pensar do menino popular e respeitaram essa linguagem significam respeitar a boniteza que essa linguagem tem, porque a boniteza não é só essa, eu acho que a gente também pode falar bonito e deve, é até obrigação. Eu sempre digo que eu faço tudo para não enfeiar o mundo mais do que às vezes ele já está. E a linguagem gostosa, bonita, a linguagem redonda é uma forma de *bonitozar* o mundo, se eu posso dizer. E foi no contexto dessa conversa que eu falei na sintaxe muito comum dos meninos das áreas populares no "a gente cheguemos".[6]

Depois dessa belíssima reflexão, Paulo Freire chama atenção para o perigo que significa a professora colocar lápis vermelho embaixo de frases como essa, típica da linguagem popular, completando com um zero arredondado para enfeitar o trabalho. Essa atitude, a seu juízo, só serviria para diminuir o menino, minimizá-lo.

A terceira utilização do termo *boniteza*, referenciando-se na linguagem popular, foi utilizada em uma entrevista con-

---

6 *Ibidem*, p. 170.

cedida ao jornal paroquial *Fátima Paulista*, em 9 de março de 1991. Em balanço de como andava a educação no município de São Paulo, Paulo Freire aborda os problemas que levam os meninos e meninas a estarem proibidos de ir à escola, evitando usar a expressão "fora da escola", como se essa fosse uma opção das crianças. As dificuldades impostas às crianças das classes populares são tantas que impedem a permanência delas nas escolas. Algumas, por diferentes razões, rompem a barreira e arrebentam a proibição, forçando o Estado a ampliar o sistema escolar. Em sequência, no entanto, uma quantidade enorme de crianças é reprovada já na primeira série. As razões para isso seriam a dificuldade dos professores, o atraso das escolas de formação de professores no Brasil, o preconceito de classe, a ideologia autoritária e discriminadora contra o menino popular.

> O menino cheira mal, o menino mora num mocambo, o menino está solto, o menino não é educado, não tem jeito, não tem um bom comportamento. Pior ainda: o menino não sabe nada! Quando, na verdade, sabemos que a criança sabe muita coisa: para saber basta estar vivo. Essa discriminação, ou essa ideologia, que discrimina a classe popular, obviamente, se fundamenta numa superioridade das classes dominantes e seu discurso, sua linguagem, sua sintaxe. A boniteza, a certeza, a exatidão da linguagem está na linguagem da gente. Não quer dizer que não se pode corrigir; eu nunca disse isso. Como pensador, como existente, estou convencido de que o fenômeno vital implica correção e autocorreção permanente.[7]

---

7 *Ibidem*, p. 225.

A *BONITEZA* DA ESCOLA COMO ESPAÇO DE EDUCAÇÃO POPULAR E FORMAÇÃO DO SUJEITO SOCIAL

Logo no início de sua gestão, Paulo Freire, distribuiu a toda a rede pública de ensino de São Paulo um documento oficial, fruto de suas reflexões e pretensões de mudança, elaborado por ele e pela equipe que o assessorou depois de ter dado a Erundina o aceite ao seu convite. Nesse documento, afirma estar ciente das dificuldades que terá que enfrentar para realizar a escola que sonhou e que era possível construir junto uma escola bonita, voltada para formação do sujeito social, uma escola crítica, tendo em vista uma sociedade democrática. A ideia de boniteza, nesse texto, está voltada para a construção do sujeito social. Desejoso de imprimir na escola uma fisionomia de alegria, de amorosidade, de solidariedade de classe, declara seu querer bem à liberdade para lutar por uma educação como prática da liberdade, sem imposição de métodos ou teorias. Denuncia a falta de vontade política para assumir um projeto pedagógico emancipador e propõe ousadia, liberdade de expressão e de organização consoante o sonho de uma escola autônoma. Oferece à falta de participação a implantação de conselhos escolares, o fortalecimento de grêmios estudantis, a revisão das Associações de Pais e Mestres e, especialmente, a substituição das Delegacias de Ensino por Núcleos de Ação Educativa, além de conselhos populares que deveriam surgir de assembleias pedagógicas. Além disso, propõe a construção de novo Projeto Pedagógico, a valorização do aluno trabalhador e sugere que a qualidade da escola seja medida pela solidariedade de classes que conseguir alcançar e pelo repúdio ao preconceito e a qualquer tipo de discriminação.

Entendemos que essa escola deva ser um espaço de educação popular e não apenas um lugar de transmissão de alguns conhecimentos, cuja valorização se dá à revelia dos interesses populares, uma escola cuja boniteza se manifesta na possibilidade de formação do sujeito social.[8]

Interessante notar que, na chegada e na saída de Paulo Freire à frente da SMEd/SP, essa conotação dada à palavra *boniteza* vai se repetir. É na carta de despedida, lida aos funcionários, depois de renunciar, em 16 de maio de 1991, que, novamente, ela é repetida com o mesmo significado. Ao afirmar que a ação da Secretaria voltou-se para o compromisso de uma escola bonita, tendo em vista a formação para uma sociedade democrática, expressando-se com as mesmas palavras assinaladas na citação indicada anteriormente, como uma espécie de prestação de contas de suas intenções iniciais ao assumir o cargo de secretário de Educação.

O sentido da palavra *boniteza* ligado à ideia de sujeito social foi também explorado por Paulo Freire em outras obras, especialmente quando se refere à boniteza da luta que deve ser encetada em defesa dos mais fracos.

ÉTICA, ESTÉTICA, PURITANISMO, PUREZA E *BONITEZA*

A relação entre a ética e a estética, entre o puritanismo e a pureza desabrocha um significado especial à palavra *boniteza*. É, mais uma vez, na entrevista concedida ao jornal *O Estado*

---

8 *Ibidem*, p. 60.

de S. Paulo, desgravada por sua assessoria, que se encontra o uso da palavra em meio a uma falsa polêmica que se estabeleceu na imprensa em função da adoção de livros de Paulo Freire na bibliografia de um concurso para professor da rede municipal de ensino de São Paulo. O entrevistador questiona Paulo Freire, afirmando que a *Folha de S.Paulo*, o próprio *Estadão* e os jornais em geral levantaram críticas ao fato de que, das 21 obras constantes na bibliografia do concurso, cerca de 17 estavam afinadas com o seu pensamento, além de dois trabalhos seus e um de sua filha. Qual seria o conteúdo ético desse processo? Na resposta, Paulo Freire inicia afirmando sua preocupação com a ética, vez que seria inviável existir sem ela. Questiona o entrevistador se, por acaso, ele teria perdido a noção do limite da seriedade e da eticidade ao permitir um livro seu num concurso. Teria virado um sem-vergonha? Pelo fato de ser secretário de Educação deveria deixar de ser lido? Lembra ao entrevistador que tem livros editados em 18 idiomas. Esses universos linguísticos poderiam ler Paulo Freire e os brasileiros não? Seria preciso, primeiro, pedir demissão do cargo para, depois, os professores poderem ler seus livros? Ao afirmar que jamais imporia aos professores lerem seus livros ou jamais faria sabatina para avaliar se reconhecem um detalhe de uma determinada página da *Pedagogia do oprimido*, concorda, no entanto, que os professores devam ler seus livros, até para discordarem dele, para criticá-lo, para negar o que diz. Provocativamente, assinala que, se dependesse de um concurso na SMEd/SP para vender um livro seu, desistiria de escrever. E, por fim, declara que, se alguém o ataca para ver se ele se zanga, perde seu tempo, porque não responde, não por desrespeito a quem ataca, mas por gosto de viver.

E, afinal, seus livros são vendidos não por ele ser secretário, nem ele é secretário por causa de seus livros.

> Eu sou um cara muito preocupado com a ética por "n" razões, entre elas a de que para mim é inviável você existir sem ética. Em segundo lugar, e por isso também, é impossível você fazer política sem ética, educação sem política, educação e política sem poder, e poder sem ética. Eu acho que a ética está ligada ao estético, quer dizer, há uma boniteza na vergonha, entendeu? Eu tenho horror ao puritanismo, mas adoro a pureza. E isso é que é ética. Confesso que não fiquei espantado quando vi que na bibliografia havia dois livros meus.[9]

A ideia sobre a contradição entre puritanismo e pureza foi, também, explorada em outras obras, como, por exemplo, em *Política e educação*, ao afirmar que o medo à liberdade e a hipocrisia puritana são formas de ficar com a feiura negando a boniteza da pureza.[10] Ou em *Pedagogia da autonomia: saberes necessários à prática educativa*, ao considerar que uma rigorosa formação ética está sempre ao lado da estética, assim como a boniteza e a decência estão de mãos dadas, para afirmar que a prática educativa não deve adotar o descaminho do puritanismo, mas ser um testemunho de decência e de pureza. Da mesma maneira, ao afirmar que na boniteza da prática docente não há lugar para negação da decência, nem para o puritanismo, só há lugar para a pureza.[11] Em *Professora, sim;*

---

9 *Ibidem*, p. 187.
10 Paulo Freire, *Política e educação*, Indaiatuba, Villa das Letras, 2007.
11 *Idem, Pedagogia da esperança: um reencontro com a Pedagogia do oprimido*, São Paulo, Paz e Terra, 2011.

tia, não, diria que se deveríamos fugir do puritanismo para nos entregarmos à boniteza da pureza.[12]

Em outro momento, em um diálogo de Paulo Freire com as equipes dos Núcleos de Ação Educativa 5 e 6, em um Seminário de Formação realizado no dia 15 de fevereiro de 1990, ao refletir sobre a relação entre autoridade e liberdade, considera que esses ambos os elementos são necessários para compreensão um do outro, não sendo possível querer entender um ou outro em si mesmos, isoladamente. É sempre uma relação contraditória, tensa, carregada de emoções. Não há, portanto, que querer esmagar uma para que tenhamos a outra; elas convivem, se realçam uma à outra.

Nesse contexto, Paulo Freire é perguntado como vê a situação em que a autoridade é contestada. Ele responde que a contestação é válida, uma vez que ela não elimina a autoridade. Se a contestação é feita por uma liberdade fundamentada, o que há é uma proposição de mudança qualitativa na autoridade e não a sua anulação.

O direito à contestação não se reduz a simplesmente contestar: isso porque há uma ética entre pessoas. Há também uma estética, vale dizer, uma boniteza na contestação. Por isso é que eu não acredito nem politicamente nem esteticamente na chamada "porralouquice"; esta é feia do ponto de vista da estética e é estúpida do ponto de vista da política. Confesso a vocês: eu gosto da beleza exercida administrativamente com o povo; uma das negações que são impostas ao povo é essa: impõe-se a ele que viva feiamente. Rouba-se dele muitas condi-

---

12 *Idem, Professora, sim; tia, não*, Rio de Janeiro: Civilização Brasileira, 2012.

ções para embelezar sua vida. E, quando o povo vive em condições de feiura, também o entorno fica feio.[13]

BONITEZA NO ATO DE "MUDAR A CARA DA ESCOLA"

A expressão "mudar a cara da escola" e o que ela significou na experiência de gestão democrática exercida por Paulo Freire à frente da SMEd/SP fizeram parte de diversos momentos em que ele se expressou publicamente. Seu significado é bastante amplo, não se resumindo a uma configuração puramente exterior da escola. Nita Freire, na apresentação de *Direitos humanos e educação libertadora*, livro em que essa experiência está registrada, apontou para a essência dessa expressão, explicitando que os princípios que Paulo Freire adotou na sua administração não visavam apenas a qualificar as escolas no sentido tradicional do termo.

> "Mudar a cara da escola" trazia como substantividade intrínseca nela mesma os princípios democráticos do diálogo, da disciplina e da formação de educadores e das educadoras como *leitmotif* para possível libertação dessa população oprimida que frequentava a escola pública de São Paulo. Não tinha a intenção apenas de atingir objetivos educacionais, válidos e proclamado.[14]

A expressão foi usada, também, para identificar as principais realizações da política pedagógica no período em que

---

13 Ana Maria Araújo Freire e Erasto Mendonça, *Direitos humanos e educação libertadora*, *op. cit.*, p. 259.
14 *Ibidem*, p. 19.

98 | PAULO FREIRE

esteve à frente da SMEd/SP, citando, como uma delas, a reorientação curricular: "Mudar a cara da escola através dos princípios de autonomia, descentralização e participação, na direção de uma educação pública popular e democrática. De boa qualidade."[15] Ou em trechos da entrevista que concedeu à *Revista Nova Escola*, ao afirmar que "mudar a cara da escola" implica ouvir todos como um mecanismo necessário de gestão democrática, ou que é dar-se ao esforço de fazer uma escola popular com mudanças curriculares. Também em uma resposta, dada à *Revista Cláudia*, quando perguntado sobre seus projetos para reerguimento da escola pública do município, sublinha que "mudar a cara da escola" é torná-la mais democrática, menos elitista, menos autoritária, mais aberta, com descentralização de decisões, tornando a escola popular sem ser populista.[16] Paulo Freire usaria essa expressão em muitas outras entrevistas, discursos e depoimentos.

A entrevista à *Nova Escola* teve, inclusive, como título "Nosso quefazer para mudar a cara da escola". Nela, Paulo Freire considera que é necessário respeitar as bases populares, sem imposição de pacotes, transformando-a num centro de criatividade, local de alegria. Enfrentando os limites e fatores que interferem negativamente, como as condições físicas e materiais, salários, a burocracia malvada e ameaçadora, que, mesmo assim, não o intimidava. Tratar, enfim, a escola, seus profissionais e alunos, a comunidade, com decência, ética e estética. É nesse contexto que a palavra *boniteza* é utilizada, como substantividade da cara da escola.

---

15 *Ibidem*, p. 71.
16 *Ibidem*.

Em última análise, precisamos demonstrar que respeitamos as crianças, suas professoras, sua escola, seus pais, sua comunidade; que respeitamos a coisa pública, tratando-a com decência. Só assim podemos cobrar de todos o respeito também às carteiras escolares, às paredes da escola, às suas portas. Só assim podemos falar de princípios, de valores. O ético está muito ligado ao estético.

Não podemos falar aos alunos da boniteza do processo de conhecer se sua sala de aula está invadida de água, se o vento frio entra decidido e malvado sala adentro e corta seus corpos pouco abrigados. Nesse sentido, é que reparar rapidamente as escolas é já mudar um pouco a sua cara, não só do ponto de vista material, mas, sobretudo, de sua "alma".[17]

Ao se referir aos déficits da educação brasileira, em depoimento à revista *Leia*, volta ao tema explicitando os déficits quantitativos e qualitativos da rede que castigam as famílias populares, já que são as crianças populares que mais sofrem com a "desqualidade" da educação, com critérios de avaliação que ajudam crianças favorecidas e "desajudam" crianças populares. Paulo Freire sonha em "mudar a cara da escola" para que ela funcione com a pedagogia da pergunta. Não é um quefazer puramente administrativo, mas pedagógico.

Se não apenas construímos mais salas de aula, mas também as mantemos bem-cuidadas, zeladas, limpas, alegres, bonitas, cedo ou tarde a própria boniteza do espaço requer outra boniteza: a do ensino competente, a da alegria de apren-

---

17 *Ibidem*, p. 87.

der, a da imaginação criadora tendo liberdade de exercitar-se e da aventura de criar.[18]

ÚLTIMOS APONTAMENTOS

Paulo Freire assumiu a SMEd/SP cheio de entusiasmo, aos 67 anos. Foi o primeiro secretário da prefeita Luiza Erundina a ser convidado. Exerceu as funções de secretário de Educação da maior cidade do país, com alegria intensa e ardor. Esse verdadeiro encantamento foi, sem dúvida, um reflexo da nova vida que decidiu viver. Aquelas palavras aqui já referidas, ditas por Paulo Freire ao *Jornal da Unicamp*, em 1987, de que havia decidido viver, expressam a sua resolução de retomar o curso da sua vida afetiva, mantendo um relacionamento com Nita, que viria, logo depois, a ser sua esposa.

É compreensível, portanto, que esse entusiasmo no exercício da nova função de gestor educacional se revestisse com a amorosidade que sempre demonstrou pelas identidades culturais de seu povo, pelas crianças, jovens e adultos, especialmente os da classe popular, empobrecidos pela malvadeza da estrutura social e econômica a que estamos submetidos. Esse compromisso de vida, aguçado pela alma apaixonada do educador, não poderia ficar cego às bonitezas existentes e às bonitezas a construir na rede pública municipal de ensino de São Paulo. Enxergou-as atentamente e as fez serem compreendidas pelas comunidades escolares, consolidando-as ou criando o terreno fértil da formação permanente para desvelá-las aos olhos dos que ainda não se sentiam capazes de vê-las e senti-las. Nos dois

---

18 *Ibidem*, p. 240.

anos e cinco meses que Paulo Freire esteve à frente do ousado projeto de gestão democrática da SMEd/SP, na perspectiva dos direitos humanos e da educação libertadora, seu quefazer esteve, todo o tempo, a serviço de *bonitozar* o mundo, porque estava impregnado de amor na palavra e no exemplo.

Referências bibliográficas

FREIRE, Ana Maria Araújo. *Paulo Freire: uma história de vida*. Indaiatuba: Villa das Letras, 2006.

_____; MENDONÇA, Erasto Fortes (orgs.). *Direitos humanos e educação libertadora: gestão democrática da educação pública na cidade de São Paulo*. São Paulo: Paz e Terra, 2019.

FREIRE, Paulo. *Pedagogia da esperança: um reencontro com a Pedagogia do oprimido*. São Paulo: Paz e Terra, 2011.

_____. *Política e educação*. Indaiatuba: Villa das Letras, 2007.

_____. *Professora, sim; tia, não*. Rio de Janeiro: Civilização Brasileira, 2012.

_____. FREIRE, Ana Maria Araújo. *Nós dois*. São Paulo: Paz e Terra, 2013.

5.

EXPRESSÃO ÉTICA NO VOCABULÁRIO PAULOFREIREANO

*Frei Betto**

MACHADO DE ASSIS RESSALTOU QUE "as palavras têm sexo. Amam-se uma às outras. Casam-se. O casamento delas é o que chamamos estilo". Paulo Freire, leitor assíduo de Machado, foi padrinho do casamento de duas belas palavras do nosso idioma — bonito e beleza. Da aglutinação das duas, brotou em sua escrita e oralidade o vocábulo boniteza.

São múltiplas as vezes em que Freire utilizou o termo, como se demonstra a seguir, nas citações extraídas de suas obras. Para o Patrono da Educação Brasileira, não é suficiente escrever ou falar bem. É preciso fazê-lo com estilo ou encanto. Como diria o escritor cubano Onelio Cardoso, não basta

---

* Escritor, educador popular e frade dominicano. Estudou Jornalismo, Antropologia, Filosofia e Teologia. Com Paulo Freire e Ricardo Kotscho, publicou *Essa escola chamada vida*. É autor de 69 livros de diversos gêneros literários, muitos deles traduzidos em outros idiomas. Recebeu prêmios no Brasil e no exterior por sua luta em defesa dos direitos humanos. Colabora com vários jornais e, atualmente, é assessor de movimentos sociais e da Organização das Nações Unidas para a Alimentação e a Agricultura, para questões de soberania alimentar e educação nutricional. Livraria virtual: <freibetto.org>.

saciar a fome de pão, o significado, é preciso estar também atento à fome de beleza, infindável, o significante.

Para Freire, boniteza não é apenas o que se escreve ou fala, mas também o que se faz. Para ele, eleição é boniteza; a prática da educação é boniteza; a ética é boniteza, pois, como frisou, "estética e ética se dão as mãos". Também são bonitezas reconhecer o caráter político da educação; "desocultar a verdade"; e mudar o mundo, a sociedade, é "transformar a feiura em boniteza"; como também sonhar, alimentar a utopia; pensar, questionar e criticar.

São também bonitezas "o ensino competente, a alegria de aprender, a imaginação criadora tendo liberdade de exercitar-se, a aventura de criar". Como também "uma pedagogia que não separaria o cognitivo do artístico, do afetivo, do sentimental, do apaixonante, do desejo!". Freire fala até da "boniteza da briga" por uma sociedade socialista. Afeito a neologismos, sublinha em *Pedagogia da esperança*: "Acho que uma das melhores coisas que podemos experimentar na vida, homem ou mulher, é a boniteza em nossas relações, mesmo que, de vez em quando, salpicadas de descompassos que simplesmente comprovam a nossa 'gentetude'."[1]

Na mesma obra, revela a origem de sua sensibilidade à boniteza:

> Minhas longas conversas com pescadores em suas caiçaras na praia de Pontas de Pedra, em Pernambuco, meus diálogos com camponeses e trabalhadores urbanos nos córregos e morros do Recife não apenas me

---

1 Paulo Freire, *Pedagogia da esperança: um encontro com a Pedagogia do oprimido*, Ana Maria Araújo Freire (org.), São Paulo, Paz e Terra, 2020, p. 89.

familiarizaram com sua linguagem, mas também me aguçaram a sensibilidade à boniteza com que sempre falam de si, até de suas dores, e do mundo.[2]

Segundo Santo Tomás de Aquino, o belo e o bem andam de mãos dadas e formam um harmônico par, pois

> o belo e o bem são a mesma coisa no sujeito, porque ambos estão estabelecidos sobre a mesma coisa — a forma; respeita-se o bem tanto quanto o belo [...]. O belo está associado à faculdade do conhecimento, porque se refere ao que nos agrada quando vemos — é belo. O belo consiste, então, em justa proporção.[3]

Paulo Freire era cristão e se identificava com a Teologia da Libertação. Embora mantivéssemos uma forte relação de amizade, ignoro o quanto ele conhecia Tomás de Aquino, mas o fato é que, apesar da diferença de séculos, há profundas afinidades entre o Doutor Angélico e Paulo Freire, como bem o demonstra meu confrade frei Carlos Josaphat.[4] Os dois coincidem. O que Tomás chamava de belo, Freire denominava boniteza — a forma, a proporcionalidade. "A forma é o que há de mais perfeito" — assinalou o teólogo dominicano — "porque o ato é a perfeição da potência e seu bem; de lá vem que ela é também desejável, porque toda coisa tende para a perfeição". A forma é uma realidade luminosa que provém da claridade primeira, isto é, de Deus.

---

2 *Ibidem*, p. 95.
3 Santo Tomás de Aquino, *Suma teológica*, São Paulo: Loyola, 2001, I-II, q. XXVII, a. 1.
4 Frei Carlos Josaphat, *Tomás de Aquino e Paulo Freire*, São Paulo, Paulus, 2016.

Na obra citada, frei Josaphat reproduz, em nota ao pé da página[5] a boniteza do Patrono da Educação Brasileira até mesmo em seu leito de morte:

> Ouso transcrever aqui a sentença, poética e quase mística, com que Ana Maria Araújo Freire, ao ver que Paulo tinha partido, o canonizou, contemplando seu rosto inanimado: "Cara mansa, quase sorrindo, parecia que via Deus. Ao Deus que ele tanto serviu como bom cristão. Como o educador ético e político. Como o educador dos oprimidos e das oprimidas. Como o teólogo da libertação."

REFERÊNCIAS BIBLIOGRÁFICAS

AQUINO, Santo Tomás. *Suma teológica*. São Paulo: Loyola, 2001.

FREIRE, Paulo. *Pedagogia da esperança: um encontro com a Pedagogia do oprimido*. Ana Maria Araújo Freire (org.). São Paulo: Paz e Terra, 2020.

JOSAPHAT, frei Carlos. *Tomás de Aquino e Paulo Freire*. São Paulo: Paulus, 2016.

---

5 *Ibidem*, p. 221 [nota 39].

6.

Escola popular e democrática na periferia: quando a boniteza alcança substantividade

Itamar Mendes da Silva*

A EDUCAÇÃO PÚBLICA POPULAR E democrática propõe acolher toda a população, sem distinção de qualquer natureza. Esse foi, pode-se dizer, o grande desafio e luta política dos progressistas na segunda metade do século XX, especialmente nas décadas de 1980 e 1990. Nesse sentido, a volta de Paulo Freire ao Brasil, depois do exílio a que foi submetido pelo regime ditatorial, contribuiu significativamente para o debate, para a construção de propostas e para a realização de experiências na esfera educacional. Essas se referem tanto à educação não formal, e são experiências levadas a termo por movimentos

---

* Doutor em Educação (Currículo) pela Pontifícia Universidade Católica de São Paulo e pós-doutor em Políticas, Educação, Formação e Sociedade pela Universidade Federal Fluminense. Professor associado na Universidade Federal do Espírito Santo, atua na graduação e na pós-graduação; diretor da Anpae-ES, gestão 2019-2021. Líder do Grupo de pesquisa Gestão, Trabalho e Avaliação Educacional (Getae/CNPq); membro do Grupo de Estudos e Pesquisas Paulo Freire (Geppf/CNPq) — e do Laboratório de Gestão da Educação Básica do Espírito Santo (Lagebes). E-mail: <itamarmendes62@gmail.com>.

de alfabetização e pós-alfabetização em periferias em todo o país, quanto à educação escolarizada, formal, levadas a termo por governos municipais e estaduais de oposição que surgem com o enfraquecimento do regime. Assim, quando a ditadura civil-militar chegou ao fim em 1985, já havia um percurso de acumulação de forças e de ações de mudanças na educação brasileira — como a ampliação do acesso, as experiências de escola ciclada, o fomento à participação popular com a implantação de conselhos de escola e o incentivo à organização do alunado em grêmios, dentre outras iniciativas democratizantes.

Nesse contexto, o Brasil promulgou em 5 de outubro de 1988 uma nova Constituição e, pouco mais de um mês depois, Luiza Erundina, do Partido dos Trabalhadores (PT), foi eleita prefeita de São Paulo, a maior cidade do país. Paulo Freire assumiu a Secretaria de Educação, atendendo a convite de Erundina. Essa gestão terminou em 1992, mas as propostas e experiências desenvolvidas, que representaram movimentos de sínteses dos acúmulos e consensos produzidos sobre a educação pública popular e democrática, passaram a ser levadas a outros espaços, recriadas e adequadas ao contexto local: escolas, cidades e estados. Dessa forma, a experiência sobre a qual se detém esse capítulo baseia-se nos acúmulos teóricos e práticos daquela gestão popular e democrática da qual, como jovem educador à época, tive a honra de participar.

O desafio proposto por Nita de discutir, tanto em teoria quanto na prática, a presença do termo *boniteza* na obra de Paulo Freire muito me honra e cria condições para repartir com o leitor e com a leitora, nos limites deste texto, reflexões sobre algumas das experiências desenvolvidas ao longo de quase oito anos na direção de escola pública em região periférica do município de São Bernardo do Campo. O objetivo principal é afirmar a substantividade do conceito de *boniteza* que, em Freire, supera o aspecto estético para se constituir também compromisso ético a favor da educação do povo. A substantividade referida alcança materialidade nas práticas diárias de construção da escola pública popular e democrática, que é inclusiva, laica, estatal e de qualidade socialmente referenciada.

Para levar a termo esse propósito, considero necessário explicitar a concretude da *boniteza*, retomando aspectos fundamentais das práticas freireanas na cidade de São Paulo, presentes no documento que inaugura o diálogo da gestão de Freire com os/as educadores/as daquela rede de escolas: "Construindo a educação pública popular."

Construir escola boa para uns poucos "bem-nascidos" não é grande desafio e, na história da educação brasileira, isso já se fez, dizia o Paulo Freire secretário da educação. Mudar essa realidade, "construindo uma *escola bonita*, voltada para a formação social crítica e para uma sociedade democrática"[1] para atender a todos, inclusive aos "esfarrapados do mundo", é opção ética e política que se configura no desafio de uma geração. E, considerando que o "ético está muito ligado ao estético",[2] realizar tal empreita requer destacar a boniteza nela contida, pois o bom e o bem, que devem sempre caminhar de mãos dadas com o belo, são o objetivo da luta.

Nesse contexto, a escola bonita de que fala Freire tem a ver com a proposta de "mudar a cara da escola", uma opção ética e política cujos contornos se podem constatar no trecho a seguir:

---

1 PMSP-SMEd, "Aos que fazem a educação conosco em São Paulo", *Diário Oficial do Município* — Suplemento, 34 (021), 1º fev. 1989, p. 4.
2 Paulo Freire, *A educação na cidade*, São Paulo, Cortez, 2001, p. 34.

Queremos imprimir uma fisionomia a essa escola, cujos traços principais são os da alegria, da seriedade na apropriação e recriação dos conhecimentos, da solidariedade de classe e da amorosidade e da pergunta, que consideramos valores progressistas.[3]

A construção dessa escola desejada não é tarefa de uma só cabeça ou mão. Apesar de utilizar a terminologia e a escrita freireana, a própria redação do documento "Construindo a educação pública popular" é feita em equipe, segundo o próprio afirma na apresentação do caderno "Aos que fazem Educação conosco em São Paulo", que contém o documento citado e ainda outros: "Regimento comum das escolas municipais" e os "Decretos 27.614, de 1º/1/89, e 21.811, de 27/12/85".[4] Essa assunção do trabalho em equipe, já em seu primeiro documento oficial à frente da Secretaria, indica o caráter democrático e participativo com fortes elementos de colegialidade de sua gestão.

Freire não pretendeu mudar apenas a "cara da escola", mas de toda a estrutura da secretaria que oferece suporte ao trabalho da escola, ou seja, seu objetivo foi também mudar a cara da Secretaria da Educação. Assim, a boniteza da construção da escola pública popular e democrática requer coerência teórica e prática em toda a estrutura, do portão da escola ao gabinete do secretário. Ética e estética se encontram e caminham de mãos dadas para que a boniteza seja também substantiva.

O exemplo dado indica às escolas o caminho para a construção da escola pública, popular e democrática na cidade de

---

3 PMSP-SMEd, "Aos que fazem a educação conosco em São Paulo", p. 5.
4 *Ibidem.*

São Paulo: "A escola precisa ser *espaço vivo e democrático* onde todas as perguntas sejam levadas a sério, espaço privilegiado da ação educativa e de um sadio pluralismo de ideias."[5] Essa proposta evidencia a radical opção freireana pela democracia que pressupõe espaços de pensar diferente e autônomo. Ainda, desnuda o mau-caratismo daqueles/as que nos dias atuais atacam Freire para defender o que chamam de "escola sem partido", mas que se caracteriza mesmo como negação do pluralismo e como escola de partido único.

O documento informa, ainda, que a escola é lugar de sujeitos e, nessa experiência, se busca incluir alguns outros no grupo de educadores: "Todos os que estamos na escola somos educadores, inclusive os funcionários, as merendeiras, os escriturários, os inspetores, porteiros etc."[6]

A *boniteza* em Freire não é sinônimo apenas de belo, mas também de bom, de boas opções e de boas práticas: ações intencionais de sujeitos agentes. É nesse sentido que o reconhecimento e a designação como educadores/as, daqueles/as trabalhadores/as que na escola eram entendidos/as como menos importantes para o processo educativo em virtude da natureza de suas tarefas, se tornam revolucionários e libertadores. E, ao expressar também "solidariedade de classe", alcançam a substantividade da boniteza com a transformação qualitativa desses sujeitos que, agora, se caracterizam como trabalhadores/as da educação, junto com professores/as, com gestores/as e com especialistas.

A construção da escola pública popular e democrática tem implicações éticas que denotam opção política e manifestação

---

5 *Ibidem*, p. 7.
6 *Ibidem*, p. 6.

de lado na "briga" por um mundo melhor, que prevê, dentre outros elementos, a liberdade e a equidade: o povo tem direito à escola de qualidade.

De um lado, não se permite a dúvida em torno do direito de meninos e meninas do povo saberem a mesma matemática, a mesma física, a mesma biologia que os meninos e as meninas das "zonas felizes" da cidade aprendem; mas, de outro, jamais se aceita que o ensino, não importa de qual conteúdo, possa dar-se alheado da análise crítica de como funciona a sociedade.[7]

É nesse sentido que, em 1998, seis anos depois de participar daquela experiência explicitada no documento "Construindo a educação pública popular", decidi deixar um cargo técnico efetivo mediante concurso público que ocupava na Secretaria de Educação da cidade de Diadema para assumir cargo de direção de uma escola pública na periferia do município de São Bernardo do Campo, cujo provimento também se deu por concurso público de provas e de títulos. Deixar o trabalho de técnico da secretaria onde atuava na orientação pedagógica das escolas de Educação de Jovens e Adultos (EJA) foi questionado por amigos e por colegas de profissão, pois era um trabalho considerado menos exigente que a direção de uma escola pública na periferia. Entretanto, minha opção se vinculava ao desejo de empreender esforços para colocar em prática o acúmulo teórico e prático amealhado na participação da experiência liderada por Freire, que havia falecido no ano anterior. Talvez, presunçosamente, recriar suas ideias e práticas como nos orientou a fazer em tantas oportunidades.

---

7 Paulo Freire, *Pedagogia da indignação: cartas pedagógicas e outros escritos*, São Paulo, Editora Unesp, 2000, p. 44.

A tarefa de assumir a gestão da construção de uma escola pública no mais profundo — e, portanto, popular — sentido da palavra, o que só é possível, na perspectiva freireana, se for democrática, coloca em xeque intenções, concepções e práticas. Nesse sentido, é imprescindível compreender significados, possibilidades e limites da instituição escolar. Assim, peço licença ao leitor e à leitora para caracterizar a escola com uma formulação já apresentada noutra publicação: "espaço e produto de relações" humanas, "instituição singular, única, dinâmica e em movimento em que conflitos de interesse e disputas de poder têm lugar cotidianamente e em que um dia nunca é igual ao outro".[8]

A escola referida localiza-se no Jardim da Represa, um bairro periférico de São Bernardo do Campo às margens da rodovia dos Imigrantes, que liga São Paulo ao litoral paulista, e da represa Billings, que constitui manancial de abastecimento de várias cidades da Região Metropolitana de São Paulo e de regiões da própria capital. O bairro está num território próximo da Serra do Mar e sua vegetação indica que pertence ao ecossistema Mata Atlântica. Assim, o clima é marcadamente de serra com neblina, garoa e frio pelas manhãs e fins de tarde.

Em 1998, o bairro possuía infraestrutura muito precária. Como em muitas periferias, havia poucas ruas asfaltadas, falta constante de água, ausência de rede de esgoto. A coleta de lixo não atendia regularmente todas as ruas, pois fica-

---

8 Itamar Mendes Silva, "Acompanhamento e análise curricular: avaliar para aprender", in Alexsandro Rodrigues (org.), *Currículo na formação de professores: diálogos possíveis*, 2ª ed.,Vitória, Ufes/Secretaria de Ensino a Distância, 2018, v. 1, p. 50.

vam intransitáveis na época de chuvas, e a Unidade Básica de Saúde (UBS) padecia da falta de médicos e de condições físicas e materiais. As três escolas (educação infantil, ensino fundamental e ensino médio) existiam em condições sofríveis: depredadas e com significativas faltas, quer de pessoal, quer de material.

A Escola Municipal de Educação Básica Cleia Maria Teures de Sousa (EMEB Cleia) atendia à educação infantil durante o dia e à EJA à noite. Havia, ainda, quatro classes de educação infantil que funcionavam num bairro vizinho. Em síntese, eram 14 classes de educação infantil e 6 classes de EJA na sede e mais 4 classes de educação infantil no bairro vizinho, denominado Parque Los Angeles, perfazendo 24 classes/turmas.

A educação é exigência do processo de humanização no qual nos tornamos "produtores de saber" e "procuramos a boniteza e a moral".[9] Dessa forma, a construção da escola boa para o povo, especialmente para o que vive as agruras da pobreza e da escassez, que lhe são impostas como morador das periferias, requer estabelecer comunicação e relações humanas que valorizem essas pessoas e sua cultura. Assim, a forma como se concebe o sujeito popular, o homem e a mulher do povo, especialmente o pobre, oferece fundamento às relações que com ele e ela se estabelecem. Fazer da escola de periferia local agradável para ensinar, aprender, trocar, relacionar-se e promover a cultura é opção ético-política em favor da educação pública, popular e democrática.

---

9 Paulo Freire, *A educação na cidade, op. cit.*, p. 112.

ACOLHER COMO QUEREMOS SER ACOLHIDOS: IMPERATIVO ÉTICO NA ESCOLA DEMOCRÁTICA

A chamada ética para o acolhimento de todos, a fim de se produzir uma comunhão em torno da educação de crianças, jovens e adultos, é imperativo de construção de uma escola que o povo possa chamar de sua. Assim, cuidar para que todos sejam atendidos nessa escola como gostaria que seus próprios/as filhos/as o fossem é um padrão de qualidade de fácil entendimento para todo mundo. Fui aprendendo isso no contato com o povo na periferia de São Paulo e também de Diadema ao longo dos anos em que trabalhei nesses lugares. Foi com essa ideia bem presente que iniciei o trabalho de construir uma escola de boa qualidade na periferia.

Durante os quase oito anos em que trabalhei na EMEB Cleia, afirmei incansavelmente que, se os banheiros dos/as alunos/as não fossem adequados para que filhos/as de professores/as, funcionários/as, gestores/as e mesmo estes/as utilizarem, não se poderiam considerar adequados a alunos/as e comunidade. Isso também para a merenda e, principalmente, para o ensino e suas implicações. A escola seria considerada boa quando nossos/as filhos/as, sobrinhos/as, netos/as e demais pessoas a que queremos bem pudessem ali estudar e considerássemos que estariam bem atendidos, ou seja, quando a equidade prevalecesse.

A partir dessa ideia, que se configura como princípio teórico e prático, iniciei o trabalho na escola. Logo no primeiro dia, uma segunda-feira, acompanhando a entrada para as aulas, vi que, ao chegar, as crianças se colocavam em fila sentadas no chão do pátio, aguardando serem convidadas pelos/as professores/as a se dirigirem à sala de aula. O piso

A PALAVRA *BONITEZA* NA LEITURA DE MUNDO | 115

onde crianças de 4 a 6 anos ficavam sentadas pela manhã, às 7h30, ou à tarde, às 13h, era de cimento queimado. Fiquei incomodado com essa forma de recepção das crianças e solicitei às professoras que abreviassem a espera o quanto pudessem, a fim de evitar que ficassem sentadas no chão. Ao final da semana, na sexta-feira, tivemos reunião de planejamento prevista em calendário sem a presença de crianças e, nessa oportunidade, pautei a questão da entrada de alunos/as, compreendida como elemento de organização da macrorrotina da escola e constitutiva do currículo, pois deste fazem parte também os "horários, a disciplina e as tarefas diárias".[10] E, ao refletirmos coletivamente sobre a organização da entrada das crianças, problematizando-a, concluímos não haver razões pedagógicas que a justificassem, por isso decidimos mudá-la.

Na segunda-feira seguinte, coloquei-me no portão com alguns funcionários/as, pedindo que todos pais/mães[11] entrassem e aguardassem numa parte do pátio que possuía mesas e bancos destinados às refeições e aos lanches. Depois de me apresentar aos pais/mães, fizemos uma breve reunião geral para comunicar a decisão e explicar as razões de a tomarmos. A partir desse dia, as crianças passaram a entrar conduzidas por seus pais/mães diretamente para as salas de aula, onde os/as professores/as as esperavam. A decisão foi bem acolhida e até elogiada em reunião que fizemos com pais/mães pouco tempo depois.

---

10 Paulo Freire, Donaldo Macedo, *Alfabetização: leitura do mundo, leitura da palavra*, 2ª ed., São Paulo, Paz e Terra, 1994, p. 70.

11 A designação pais/mães pretende englobar tanto pais e mães biológicos quanto os/as responsáveis, pois no Jardim da Represa era muito comum crianças, adolescentes e jovens serem criados noutros arranjos familiares.

Ainda em se tratando do acolhimento, algum tempo depois, passei a entender, com minha equipe, especialmente a gestora, a importância de permanecermos próximos aos portões nos horários de entrada e de saída. Pois, mesmo os adultos que estudavam à noite valorizavam bastante o fato de haver alguém os recebendo logo no portão de entrada. Nesses momentos, sempre havia alguém que se achegava para pedir alguma informação, para dar algum retorno positivo acerca do trabalho ou mesmo para pedir explicações ou reclamar. As conversas e indagações dos pais/mães, por vezes, eram apenas para se mostrarem presentes e atentos ao trabalho desenvolvido, indicando disposição à cooperação, e à parceria na educação de crianças e de jovens, o que consubstancia a boniteza em seus aspectos éticos e políticos. Pois considerar importante o que pais/mães, educandos, comunidade têm a dizer, criando canal de comunicação direta com a gestão da escola, indica respeito à capacidade de o povo saber expressar os fins desejados para a educação de seus filhos e filhas. O fato de o diretor se colocar na entrada da escola acessível a todos/as muda a qualidade da relação com a escola, impactando positivamente também a visão de professores/as e de demais trabalhadores/as da educação. Crianças e professores/as se veem prestigiados/as, pais/mães respeitados/as. Assim, não demorou em a presença em reunião com pais/mães crescer e a qualidade da participação melhorar.

O acolhimento refere-se também às pessoas com deficiência. O reconhecimento de que as crianças, os adolescentes e os jovens considerados "normais" são bem atendidos em suas necessidades educativas cria condições para que pais/mães se sintam seguros para matricular nessa escola seus filhos e filhas com deficiência. Assim, em pouco tempo, cresceu substancialmente a inclusão de crianças com deficiência na EMEB Cleia. Passou-se de uma matrícula em 1998 para sete em 2000.[12] A inclusão que constitui o acolhimento supera a perspectiva social e engloba pessoas com deficiência. Dessa forma, ao materializar aspectos éticos na construção da escola boa e bonita, se explicitam também aspectos estéticos, o que oferece concretude à boniteza.

O esforço de acolhimento e de fazer da escola um lugar agradável de estar, para onde as pessoas tenham prazer em se dirigir, acolhe as formulações de Freire,[13] quando assevera que "faz parte da natureza da prática educativa a esteticidade, quer dizer, a qualidade de ser estética, de não ser alheia à boniteza". Além disso, o zelo pelo prédio, por sua limpeza e pelas condições de conservação indica a assunção do elemento "estético" e o apreço pela boniteza expressa no "cuidado com que se trata o espaço" tanto o físico quanto o de convivência. Assim, escola bonita é também escola que acolhe as pessoas, o que é de muita valia na autoestima de todos/as.

A boniteza encontra lugar também na luta que se empreende, coletivamente, por melhores condições para estudar. Nesse sentido, com pais/mães próximos, logo foi possível angariar forças para exigir da secretaria de Educação melhores condições de infraestrutura tanto física quanto de material pedagógico para a escola. Algumas foram as comissões com grupos de pais/mães e movimentos sociais, como a Sociedade Amigos do Bairro, que foram até o secretário de educação e o próprio prefeito para solicitar reformas e melhorias para

---

12 Itamar Mendes Silva, Silmara Vertematti Bianchi, Sandra Virgínia Simionato, "A prática inclusiva numa escola pública", *O Mundo da Saúde*, v. 26, 2002.
13 Paulo Freire, *Pedagogia da autonomia*, São Paulo, Paz e Terra, 1996, p. 211.

a escola. Pois, sempre esteve claro para mim, concordando com Freire, que não se pode "falar aos alunos da boniteza do processo de conhecer se sua sala de aula está invadida de água, se o vento frio entra decidido e malvado sala adentro e corta seus corpos pouco abrigados".[14]

A reforma da escola veio junto com a construção de um novo prédio no terreno ao lado, para abrigar o ensino fundamental que foi agregado à escola. Ele passou a atender desde crianças de 4 anos na educação infantil até adolescentes no ensino fundamental até a quarta série, segundo denominação da época, e jovens até a oitava série na EJA. Os prédios ficaram bonitos e funcionais com a construção de espaços novos com materiais e infraestrutura, o que inaugurou um novo conceito de escola pública na rede municipal de São Bernardo do Campo: o de Centro Municipal Integrado de Educação Básica (CMIEB).[15] No agora CMIEB Cleia Maria Teures de Sousa/ António dos Santos Farias, passou-se a atender às etapas e às modalidades educação infantil, fundamental e EJA. Ainda, foram criados espaços novos de uso coletivo pelos alunos/ as e comunidade em certos horários: a biblioteca e a quadra de esportes. A construção desses espaços ajudou a efetivar a perspectiva freireana de escola como polo cultural produtor e irradiador de cultura na comunidade local. O acolhimento passou a ser também de pais/mães, irmãos e irmãs, avós, tios e tias, de todos/as. Porém, é importante destacar que a infraestrutura não é fim, mas meio para a materialização da boniteza no trabalho pedagógico desenvolvido, cujo re-

---

14 *Ibidem, A educação na cidade, op. cit.*, p. 34.
15 Os Centros Municipais Integrados de Educação Básica foram consolidados pelo Decreto nº 13.572, de 20 de dezembro de 2001.

conhecimento comunitário pressupõe a constatação de que filhos e filhas estão bem, aprendendo, sendo respeitados e cuidados na escola.

Porém, assim como todo processo humano, esse que ora descrevo e sobre o qual os convido a refletir expressa conflitos e contradições que se faz necessário explicitar, mesmo que exemplarmente. Um desses conflitos refere-se à relação público-privado e às opções pela privatização, no contexto neoliberal de Estado mínimo, que promoveu terceirizações dos serviços de limpeza, de merenda e de segurança na rede de São Bernardo, incluindo aí o CMIEB Cleia. Correlatamente a esse tema, tem-se a contradição expressa no entendimento de senso comum que concebe o privado como sinônimo de coisa boa, de boa qualidade, e o público como expressão da precariedade, do feio e do ruim.

Nesse sentido, em algumas ocasiões, recebi, com tristeza, elogios de pais/mães e pessoas da comunidade dizendo não acreditarem que aquela era uma escola pública, pois a estrutura, o cuidado, os equipamentos e o ensino faziam-na se parecer com escola privada. Nesses momentos sempre procurei, com cuidado e respeito à forma popular de expressão, ouvir e saber mais antes de lhes propor refletir sobre uma questão: todas as escolas privadas que conheciam ou de que tinham notícias eram boas? Utilizando de exemplos, concluíamos que apenas algumas o eram, mas que o acesso era restrito, pois realizavam seleção de ingresso destinada a atender aos ricos. Ainda, problematizávamos em diálogo as razões que nos levaram a acostumar com o descaso dos poderes públicos para com os equipamentos (escola, UBS etc.) destinados a prestar serviços ao povo. A reflexão sobre o direito à escola boa para todos/as possibilitava-lhes, aos poucos, perceberem os aspectos ideológicos e as contradições do discurso — especialmente dos meios de comunicação (televisão e rádio) destinados ao grande público — de defesa da escola privada. Ao final, ao experimentar e exercitar toda a boniteza do processo de reflexão em que dialogando se aprende, se ensina e coloca na caminhada para o "pensar certo",[16] passaram a desconfiar das certezas e a entenderem a escola boa, bonita e bem equipada como direito de cidadania e obrigação do poder público.

O sonho do povo com uma escola boa para os/as filhos/as se acomoda ao ideal de escola pública popular e democrática, para cuja construção Paulo Freire propõe novas bases estéticas e ético-políticas, designando-a como *locus* de produção de conhecimento em que se reinventa o ensinar e o aprender. Escola em que:

> ensinar já não pode ser este esforço de transmissão do chamado saber acumulado, que faz uma geração à outra, e aprender a pura recepção do objeto ou do conteúdo transferido.
>
> Pelo contrário, girando em torno da compreensão do mundo, dos objetos, da criação, da boniteza, da exatidão científica, do senso comum, ensinar e aprender giram também em torno da produção daquela compreensão, tão social quanto a produção da linguagem, que é também conhecimento.[17]

Dessa forma, é necessário compreender a natureza partilhada e, portanto, coletiva de aprender e de ensinar. Coletivo que

---

16 Paulo Freire, *Pedagogia da autonomia*, op. cit.
17 *Ibidem, Professora, sim; tia, não*, Rio de Janeiro, Civilização Brasileira, 2012, pp. 52-3.

inclui todos/as educadores/as da escola, mas também pais/ mães e comunidade, o que torna imprescindível a existência de canais de diálogo.

Construir a escola democrática em parceria: para além da reunião com pais/mães

As famílias não devem ser chamadas à escola para serem admoestadas pela conduta dos/as filhos/as, mas para participarem das decisões sobre a educação que escola e família devem comungar. Assim, a reunião não é dos pais/mães nem para eles e elas, mas *com eles e elas*, num processo dialógico de reflexão sobre o fazer da escola e também, por que não dizer?, das famílias. A busca por entender e problematizar os caminhos do ensino escolar e da educação que se faz em família é constitutiva do movimento de ação-reflexão-ação que *pedagogiciza* o processo educativo, oferecendo tanto à escola quanto às famílias possibilidades de ensinar e de aprender em novas bases. Aí se manifesta a boniteza em sua concretude de processo partilhado e coletivo da educação de crianças, de adolescentes e de jovens, que se faz com pais/mães.

Não devemos chamar o povo à escola para receber instruções, postulados, receitas, ameaças, repreensões e punições, mas para participar coletivamente da construção de um saber que vai além daquele feito de pura experiência, que leve em conta as necessidades e o torne instrumento de luta, possibilitando-lhe transformar-se em sujeito de sua história.[18]

---

18 PMSP-SMEd, "Aos que fazem a educação conosco em São Paulo", *op. cit.*, p. 8.

As reuniões com pais/mães são espaços de diálogo sobre educação entre duas instituições com responsabilidades educativas: a escola e a família. Conhecer as visões de mundo, as opções ético-políticas e os contornos da educação que se pretende para as crianças, para os adolescentes e para os jovens é imperativo dessa relação dialógica e requer que:

a) os profissionais da educação entendam que pais/mães têm o que dizer e, além disso, compreendam a palavra deles, pois, ao pronunciar o mundo, expressam saber de experiência numa linguagem popular que lhe é própria. Sabem avaliar e dizer o que entendem, o que querem e o que não desejam, ou seja, conseguem falar da qualidade da educação,[19] desde que sintam que há espaço para isso e que serão respeitados em suas posições, mesmo que dissonantes, em relação às propostas da escola;

b) os profissionais da educação se disponham a elucidar em linguagem objetiva e simples, sem simplismos, a fundamentação científica e os porquês do trabalho pedagógico estruturado desta ou daquela maneira;

c) a compreensão de que pais/mães têm responsabilidades diárias a que se dedicar e não estão à disposição da escola para atendê-la a qualquer hora. Assim, encontros e reuniões não podem acontecer em horários em que a maioria não consiga estar presente. A melhor maneira de saber disso é se colocar em movimento de escuta;

---

19 Itamar Mendes Silva, "Autoavaliação e gestão democrática na instituição escolar", *op. cit.*

d) pais/mães entenderem que a educação de seus filhos e filhas, também na escola, não prescindem de sua colaboração. Ou seja, pais/mães não só podem como devem participar;

e) as estruturas decisórias da escola incorporem, além de professores/as e de gestores/as, pais/mães, alunos/as, servidores/as e comunidade local (movimentos, igrejas, clubes etc.).

Nesse sentido, as reuniões na CMIEB Cleia foram, aos poucos, adquirindo uma organização que procurava facilitar tanto a informação quanto o diálogo com pais/mães. O foco nos sucessos alcançados, fazendo da reunião um momento de boas notícias, prazeroso aos pais/mães, passou a ser a orientação a todos/as. Questões e encaminhamentos junto a algum/a educando/a em específico passaram a ser feitos em particular. Assim, as reuniões começaram a ter duração máxima de duas horas, sendo meia hora de reunião geral com a direção e uma hora e meia com o/a professor/a da turma. Na classe, os/as professores/as utilizavam uma metodologia previamente preparada em reunião pedagógica, o que fazia com que pais/mães pudessem tomar conhecimento das propostas e das concepções organizadoras do trabalho pedagógico. Primando pela transparência, explicava-se com clareza e paciência pedagógica: todo o processo de aprendizagem e os porquês de determinadas atividades; a postura frente ao erro; a utilização ou não da letra cursiva ("letra de mão", como diziam); as lições de casa; o tempo de estudo em casa; a necessidade de oferecer às crianças e aos adolescentes momentos e oportunidades de brincar; e as expectativas da escola em relação aos pais/mães, dentre outras.

As reuniões são também espaços para: decidir encaminhamentos de saídas pedagógicas; planejar festas e passeios com os pais/mães; realizar a integração destes entre si e com os/as docentes; tomar conhecimento do andamento do trabalho da turma e do planejamento para o próximo período; e verificar as atividades e os avanços conseguidos pelos/as filhos/as. Em suma, esses momentos de pais/mães e escola cuidarem da sua parceria na educação se tornam cada vez mais concorridos e participativos. Ali a boniteza da construção coletiva faz da escola espaço vivo e criativo de aprender e de ensinar, referência na comunidade.

Além do espaço das reuniões com pais/mães, foram criadas outras estruturas permanentes de participação, em que a presença se fazia por representação: reuniões gerais de avaliação e de planejamento; reuniões do conselho de escola e da Associação de Pais e Mestres (APM). As primeiras eram realizadas aos sábados pela manhã e as segundas, ao final da tarde e início da noite, com os/as educandos/as maiores podendo representar a própria turma. Nessas reuniões, não havia temas proibidos e se discutia a escola em todos os sentidos.

A estrutura criada para favorecer a participação dos diferentes sujeitos em momentos de decisão dos rumos do trabalho pedagógico, administrativo e financeiro da escola expressa, por um lado, a opção política, que é também ética e estética, pela gestão democrática da escola pública e, por outro, a qualificação dessa participação, que vai se tornando de alta intensidade. As decisões referidas compõem o Projeto Político-Pedagógico (PPP) da escola, e sua efetivação no dia a dia é, em síntese, produto da participação de todos/as como sujeitos agentes nas decisões, a encarnação da boniteza. É nesse sentido, pois, que a construção coletiva da escola, para além do aspecto físico, inaugura-se como processo e como lugar de conhecimento.

SUJEITOS AGENTES DO CONHECIMENTO: QUANDO O CURRÍCULO SE TORNA PRODUÇÃO COLETIVA

"Exatamente porque nos tornamos seres humanos, fazedores de coisas, transformadores, contempladores, falantes, sociais, terminamos por nos tornar necessariamente produtores de saber."[20]

Conceber os humanos como produtores de saber tem implicações para a educação e para a escola, as quais requerem superar concepções e práticas de que somente "doutos" e "iniciados" possuem condições de contribuir. Assumir esse entendimento como opção ético-política exige, ainda, alargar o conceito tradicional de currículo como rol de conteúdo para compreendê-lo de forma mais ampla. Isso envolve outros aspectos organizadores do fazer educativo.

Nesse sentido, o currículo se faz e refaz no movimento dinâmico do aprender e de ensinar que envolve a escola. É composto por todas as decisões e ações sobre o que, a quem, quando, como, a favor de que e de quem ensinar. É, por assim dizer, a alma da escola e integra o PPP. Este, por sua vez, se caracteriza como o documento em que essas decisões são inscritas a fim de organizar o que fazer e de comunicá-las com envolvidos/as e interessados/as. Construí-lo assim significa um verdadeiro "salto de qualidade" no quefazer da escola, conforme Freire explicita a seguir:

---

20 Paulo Freire, *A educação na cidade*, op. cit., p. 112.

Se não apenas construirmos mais salas de aula mas também as mantivermos bem-cuidadas, zeladas, limpas, alegres, bonitas, cedo ou tarde a própria boniteza do espaço requer outra boniteza: a do ensino competente, a da alegria de aprender, a da imaginação criadora tendo liberdade de exercitar-se, a da aventura de criar.[21]

Dessa forma, os relatos e reflexões que seguem se inserem no processo de construção coletiva do currículo para essa escola pública popular e democrática na periferia. Também revelam tensões e conflitos vivenciados, pois é de vida em movimento que se trata.

O início de qualquer relação é sempre permeado por expectativas e até por inseguranças, uma vez que os sujeitos se colocam frente ao desconhecido, no qual o novo se destaca. As primeiras indagações de todos/as quando cheguei à escola eram sobre as razões de escolher trabalhar na periferia e, ainda, basicamente com educação infantil, pois a EJA não se integrava organicamente à escola. Pouco depois, soube que o grupo, especialmente de professores/as, buscou informações sobre mim na Secretaria de Educação, assim que tomaram conhecimento de minha escolha da escola. Ficaram intrigados ao descobrir que eu possuía mestrado e cursava o doutorado em Educação e que, além disso, embora eu pudesse escolher dentre um conjunto de quase setenta escolas, optei por uma das mais distantes e com infraestrutura precária. Em síntese, minha chegada se deu num clima de espanto, de insegurança e até de desconfiança.

---

21 *Ibidem*, p. 22.

Os desafios iniciais foram justificar minha opção pela escola, apresentar-me como quem chegava para construir junto e não impor um programa. Ajudou contar-lhes minha trajetória na Educação, como professor de escola pública na periferia de São Paulo e de Diadema, mas especialmente que já trabalhara como coordenador pedagógico em creche no município de São Paulo.

Os planos de ensino foram os primeiros documentos pedagógicos com que tomei contato logo que cheguei, pois o PPP estava em construção, como é comum até hoje nas escolas públicas de vários lugares e redes. A professora que respondia pela direção da escola antes de minha chegada havia solicitado que todas entregassem seus planos de ensino e os encontrei sobre a mesa da direção para conhecimento. Logo na primeira reunião de planejamento, pediram uma avaliação desses programas, que eu dissesse se estavam certos e o que deveriam melhorar. Ponderei com o grupo que estava ali para construir a partir da realidade encontrada num movimento de ação-reflexão-ação e, em vista disso, não iria analisar planos, mas problematizar e dialogar sobre as reflexões que produzissem das práticas realizadas a partir deles. Assim, solicitei que se preocupassem com o registro descritivo e reflexivo do trabalho que desenvolviam.

O movimento de registrar e a reflexão sobre a prática, aliados a suas problematizações, realizadas coletivamente, foram, sem qualquer dúvida, responsáveis por importantes mudanças nas práticas e nas concepções que as fundavam. Foram momentos de desvelamento, em que o novo ia superando o velho sem, contudo, desprezá-lo. Aí se pode constatar a consubstanciação da boniteza que passa a cativar e a engajar todos/as, provocando regozijo com cada conquista individual e/ou coletiva.

A socialização dos registros reflexivos em reuniões semanais, denominadas Horário de Trabalho Pedagógico Coletivo (HTPC), representou, por um lado, a atribuição de significado a estes e, por outro, a constituição das reuniões em espaços de formação permanente em serviço: um grupo de formação nos moldes do efetivado na gestão de Paulo Freire em São Paulo. O grupo passou a entender a necessidade de discutir a própria prática, de trocar experiências e de estudar mais para buscar melhorar o trabalho docente.

Destaco nesse processo uma das primeiras reuniões de HTPC, em que relatos socializados por professores/as colocavam em discussão a organização de filas para a locomoção das crianças na escola. A problematização focava a questão da disciplina ou a falta dela nos momentos de ir ao parque, ao refeitório etc. O entendimento de disciplina que permeava os textos era o de "ficar quieto" em seu lugar e de "comportar-se". Isso envolvia respeitar a vez de falar, fazer a atividade no tempo a ela destinado, não brigar, não conversar, dentre outros. Intervindo, propus refletirmos sobre o porquê de organizar a locomoção em fila. A proposta espantou os/as presentes, pois a fila estava tão naturalizada que jamais haviam se perguntado sobre isso. Algumas pessoas responderam: "Não sei, nunca pensei nisso", "Sempre foi assim", "Desde que entrei na escola quando criança era assim". Depois de alguns silêncios reflexivos, alguém perguntou a todos/as: "Será que a fila é mesmo tão necessária?" Iniciaram-se conversas entre o grupo e logo ficou explícito que a utilização da fila não era consenso. Instalou-se um debate em que posicionamentos de defesa ou de condenação da prática eram feitos com paixão, como num tribunal em que disputam advogado e promotor. Havia ainda quem manifestasse desconforto com a fila, espe-

A PALAVRA *BONITEZA* NA LEITURA DE MUNDO | 129

cialmente o "trenzinho", sem, contudo, conseguir enxergar solução. Fiz, nesse momento, a opção de não realizar um discurso contra a fila, explicitando seus fundamentos de controle e ordem destinados a disciplinar e de domesticar corpos e mentes. Minha perspectiva era, em acordo com Freire, construir junto com o grupo, num processo de reflexão que promovesse o desvelamento da prática, a fim de buscar seus fundamentos, para confirmá-los ou para negá-los e promover sua alteração: ação-reflexão-ação.

Dessa forma, assumindo que "uma das bonitezas dessa prática está exatamente em que não é possível vivê-la sem correr risco",[22] resolvi provocar o debate, perguntando se as professoras presentes se lembravam dos objetivos que haviam colocado em seus planos de ensino. Ou seja, queriam educar as crianças para quê? Várias responderam que pretendiam formar cidadãos críticos e atuantes na sociedade. Discutimos um pouco sobre o que era preciso para se constituir um cidadão crítico e atuante. As respostas levaram a questionar se a fila, como prática pedagógica intencional, seria capaz de colaborar para a formação pretendida.

Apesar de algumas pessoas começarem a duvidar de suas certezas quanto à fila, os questionamentos ainda não eram suficientemente fortes para se chegar a uma conclusão, e o debate prosseguiu. Começamos a listar as razões para fazer fila e depois as razões para não fazê-la. Dentre a defesa da fila, houve quem argumentasse de sua "função social", pois em quase todos os lugares há que se colocar em filas e, dessa forma, a escola contribuiria para a socialização das crianças ensinando a se portarem corretamente em filas. Todos/as apresentavam

---

22 Paulo Freire, p. 107.

o que consideravam bons argumentos para uma ou outra posição sem, contudo, se chegar a consensos que pudessem unir a todos/as em torno de uma posição. A grande questão é que não conheciam formas de fazer diferente do que faziam. Foi quando alguém, já não tão certa dos benefícios da fila, propôs ouvirmos quem tivesse uma experiência diferenciada. Havia no grupo uma professora que trabalhava com crianças de cinco anos e não fazia uso da fila. Chamada a relatar sua experiência de como conseguia trabalhar assim sem perder "o controle" da classe, afirmou que, antes de sair de um local em direção a outro, conversava com as crianças sobre para onde se dirigiriam, o caminho, o que iriam fazer lá, quais regras havia para a locomoção e quais as regras de utilização desse novo local. O testemunho em forma de relato fez algumas pessoas começarem a questionar e a ponderar com o grupo se conseguiriam proceder daquela maneira.

Depois de muita discussão, houve certa movimentação nos posicionamentos, com as pessoas não mais se colocando demasiado certas das opções iniciais a favor. Algumas se entusiasmaram e queriam abandonar a fila a partir do dia seguinte, porém solicitei que não decidíssemos naquela reunião, mas que procurássemos refletir mais, decantar informações e amadurecer os argumentos e ideias, a fim de que a decisão fosse ponderada e firme. Sugeri que poderiam fazer experiências, se assim o desejassem, pois não queria correr o risco de decidirmos pela mudança sem que todos/as estivessem convencidos/as de sua necessidade. Procedeu-se como indiquei e, no decorrer da semana seguinte, pude perceber algumas experimentando não fazer uso da fila e, nos dias e semanas seguintes, uma após outra foi abandonando a fila, até todo o grupo o fazer. A reflexão cuidadosa e ponderada da prática, que se fez com seriedade, rigorosidade e respeito aos ritmos do grupo, levou à construção das condições necessárias à assunção coletiva da mudança. Essa, além de inaugurar nova práxis pedagógica, expressa a boniteza do processo coletivo de ensinar e de aprender a partir da problematização do real vivido.

A mudança na práxis foi se consolidando, mesmo sem a retomada do assunto nos dias que se seguiram, pois no calendário havia feriados que coincidiram com os dias de nossa reunião. No HTPC seguinte, procedeu-se à sua avaliação. Nesta, destacou-se o entusiasmo e a felicidade estampada no rosto de quem relatava seu processo. Falas como "nunca imaginei que crianças pequenas pudessem andar sem fazer fila" e "as crianças ficaram mais colaborativas até em sala de aula" foram constantes. Uma professora falou que estava muito contente por ter aceitado o desafio e ousado mudar, pois agora não precisava mais se "esgoelar" e até chegava em casa menos cansada. Outra disse que estava achando muito "bonitinho" os "pequenos" (referindo-se aos de 4 anos) andando sem o "trenzinho".

Finalizando a discussão, procedeu-se à redação coletiva das razões para alterar a forma de se locomover na escola, sempre procurando fundamentá-las teoricamente. Pedi que as professoras colocassem uma observação em seus planos de ensino para a incorporação da nova rotina das turmas. A sistematização realizada permitiu, ainda, que produzíssemos material para organizar a próxima reunião com pais/mães, na qual a questão seria discutida. Em síntese, iniciávamos o processo coletivo de organização da macrorrotina da escola — que impacta as rotinas de cada uma das turmas e compõe o currículo —, para a qual todos/as os/as educadores/

as da escola concorrem, colaboram e a partir da qual têm o trabalho impactado.

A experiência com a metodologia de reflexão sobre a prática e as ponderações feitas, além das indagações e problematizações, começaram a aguçar o interesse do grupo por estudar mais. Assim, o tempo destinado ao HTPC semanal passou a ser desejado. Nesse cenário, pautaram-se em seguida outros temas relevantes como princípios organizadores do trabalho pedagógico e, como resultado, se reestruturou o PPP. No ano seguinte, passou-se a intercalar reuniões de estudo com reuniões de discussão de prática e de planejamento. O que ensinar, por quê, a quem, como e quando foram sendo ressignificados, e o currículo refeito coletivamente. No dia do professor, presenteei todos/as professores/as com um exemplar do livro *Pedagogia da autonomia: saberes necessários à prática pedagógica*, de Paulo Freire. Sobre esse livro, se empreendeu um estudo que levou vários meses, pois foi feito em relação direta com a reflexão sobre as práticas. Esse movimento levou a rever o currículo, compô-lo e recompô-lo, compreendendo-o como dinâmico e abarcando as relações educador/a-educando/a-conhecimento-vida em movimento, como se pode encontrar expresso na diretriz curricular da educação básica.[23]

Outra situação que parece importante dividir com o/a leitor/a no momento diz respeito ao trabalho feito com a integração das crianças no processo coletivo de construção da escola pública popular e democrática. Perscrutar os interesses e as visões das crianças, seus gostos e sonhos se constituiu

---

23 BRASIL, *Resolução CNE/CEB nº 04/2010*. <portal.mec.gov.br/dmdocuments/rceb004_10.pdf>

prática em diferentes espaços — da sala de aula aos espaços de uso coletivo, como refeitório, parque e quadra.

Partindo do entendimento de que os/as educandos/as podem (e devem) se posicionar sobre o que se faz e o como se faz educação na escola em que estudam, criaram-se espaços para escutá-los/as sobre os diversos aspectos de organização da escola. A forma de sua realização foi a discussão promovida em sala de aula sob a coordenação dos/as professores/as e posterior reunião coletiva com a direção e a coordenação pedagógica. As discussões eram preparadas em reuniões de HTPC e previam que, nos debates, as turmas organizassem relatórios e escolhessem, cada uma, dois representantes para participar de reunião geral com o diretor e com as coordenadoras pedagógicas. Destaque-se a seriedade com que os/as educandos/as procedem quando chamados/as a se expressar sobre os assuntos organizadores do trabalho da escola. Aí se expressa mais um aspecto da boniteza da escola pública popular e democrática, cuja efetivação se dá com a assunção de todos/as, indistintamente, como sujeitos agentes dessa construção.

Desse processo, decorreram algumas modificações nas práticas e nas rotinas escolares. Algumas foram de menor impacto, como o conserto de brinquedos e mais tempo de permanência no parque, mas outras alteraram significativamente até a concepção de educação e do que podem e são capazes as crianças. Exemplo disso é a mudança na forma de servir a alimentação.

Numa das reuniões comigo e com as coordenadoras pedagógicas, os/as representantes de turmas trouxeram um problema bastante sentido por todos/as na escola: o desperdício de comida. Havia aí uma questão moral de que, enquanto havia pessoas para as quais a comida faltava, na escola ela era jogada no lixo. Mas também havia uma preocupação, trazida pelos educandos mais velhos, com o gasto público do dinheiro que era de todos/as. Pautado o tema para o debate no grupo, chegou-se à conclusão de que muitas crianças não tinham fome suficiente para comer tudo. A discussão retornou para as turmas e, quando retomamos o debate com os/as representantes, concluiu-se que o maior problema era a quantidade de comida colocada nos pratos pelas merendeiras.

O debate da questão foi levado ao HTPC da semana seguinte. Decidiu-se solicitar às merendeiras a diminuição da quantidade de comida colocada nos pratos, mas possibilitando a repetição a quem quisesse. A experiência foi levada a termo com as merendeiras. Passadas algumas semanas, fez-se nova reunião com os representantes, com a finalidade de avaliar a mudança, e se constatou que surtiu pouco efeito. Também ficou evidente que a qualidade da comida não era muito boa.

O assunto retornou ao HTPC e, na oportunidade, se decidiu pautar o tema para discussão numa reunião pedagógica bimestral, pois desta participavam também as merendeiras e demais trabalhadores/as da escola. Na reunião, o tema ocupou grande espaço e várias soluções foram propostas, mas uma uniu e entusiasmou a maioria: deixar que as próprias crianças se servissem. A decisão foi tomada e, apesar de algumas inseguranças, começamos a preparar sua implantação. Foi necessário adquirir "vasilhas" menores para serem colocadas sobre as mesas do refeitório e também utensílios para servir: colheres, conchas, pegadores de salada etc. Outra questão importante era trabalhar com pais/mães sobre as implicações pedagógicas da medida. Vários foram os questionamentos desses/as sobre os possíveis "perigos" da decisão, especialmente com as crianças da educação infantil, pois no ensino fundamental se via como mais possível.

É importante lembrar com Freire[24] que não é possível perscrutar a boniteza da construção coletiva, que concretiza a radicalidade democrática, sem correr riscos, sem experienciar conflitos, sem vivenciar contradições. Assim, a decisão não foi unânime, nem se produziu na prática por consenso progressivo como no caso da fila, pois merendeiras, pais/mães e até algumas poucas professoras não sentiam segurança para esse passo em direção à autonomia dos/as educandos/as. Implantado o *self-service* — como se acostumou chamar no Brasil o autosserviço, procedimento de a própria pessoa se servir, principalmente em restaurantes, dado certo gosto do brasileiro em aderir a estrangeirismos —, a avaliação feita em vários momentos e fóruns indicou que a percepção do resultado foi diferente para crianças, trabalhadores/as da educação e pais/mães.

Educandos/as gostaram muito do novo desafio que lhes fora apresentado e indicaram o cumprimento do objetivo de diminuir o desperdício de comida. Alguns/algumas chegaram a dizer que no novo sistema até comiam mais que antes. Tal constatação também foi feita pelas merendeiras e, na reunião pedagógica seguinte, afirmaram-se surpresas com o sucesso alcançado e que, apesar do aumento de louça para lavar, estavam felizes com a diminuição da sobra de comida. Inclusive informaram que a pessoa que sempre buscava os restos de comida para alimentar porcos não estava indo mais, pois o que sobrava não compensava a viagem. As faxineiras atestaram aumento na sujeira do refeitório, mas também se

---

24 Paulo Freire, 2011.

impressionaram e gostaram de ver especialmente os menores e os "bagunceiros" servindo-se com tanto cuidado e gosto, felicidade mesmo.

Para os/as professores/as, o sucesso da nova prática surpreendera agradavelmente, mas lhes aumentara o trabalho. A decisão de proporcionar mais um espaço de autonomia às crianças passava a exigir dos/as professores/as atenção em mais um momento pedagógico, pois o refeitório se tornou também lugar de ensino e de aprendizagem. Enfim, aqui se explicita mais um momento de decisão, composição, recomposição coletiva do currículo e de construção do PPP e a confirmação de que a escola pública popular encontra na práxis democrática seu lugar ótimo de efetivação.

Na reunião seguinte com pais/mães, foi realizada a avaliação da implantação do *self-service* nas refeições na escola. Os relatos foram de que todos/as ficaram apreensivos/as com a medida. Houve até quem afirmasse que, por medo, não levou a filha, que estudava na educação infantil, para a escola no dia da inauguração do sistema; a criança só voltou para a escola depois de chegarem relatos positivos de outros/ as pais/mães. Merece destaque o relato de uma mãe que, em tom de reclamação, e também de certo orgulho, contou que, depois de o filho menor aprender a servir-se sozinho na escola, não a deixava mais servi-lo, e isso a obrigou a mudar a forma de apresentação da comida em casa. Explicou que antes as panelas ficavam sobre o fogão e ela servia todos/as, mas, na nova prática, colocava a comida sobre a mesa para que o filho se servisse. Impossível não notar a boniteza do caso relatado, em que o próprio costume familiar passa a ser impactado pela ação da escola: a educação transborda o espaço escolar e chega às casas, alterando a cultura.

A construção que se propõe do currículo na escola pública como lugar da educação popular e democrática faz de todos/as sujeitos agentes de seu processo. Dessa forma, o fato de localizar-se na periferia deixa de ser fator determinante de sua qualidade para se constituir num dado de realidade a ser levado em conta nas decisões sobre o quê, para quê, como, quando, a favor de quem e contra quem ensinar.

Em suma, a boniteza desse processo, em que contradições e conflitos se manifestam dia a dia, ancora-se na radicalidade com que práticas democráticas são consolidadas e se constituem capazes de forjar novas sociabilidades e formas de conceber, de praticar e de avaliar a educação na escola localizada na periferia.

Considerações finais

No processo objeto de reflexão neste texto, a boniteza alcança substantividade quando se empreende um trabalho coletivo capaz de "mudar a cara" da escola pública localizada na periferia e fazer dela uma "escola bonita", no sentido ético e estético que une dialeticamente o bom, o bem e o belo. Nele, é possível destacar que:

a) a participação tem natureza pedagógica nos diferentes níveis (infraestrutura, ensino, gestão etc.). Ela se faz presente e faz diferença significativa na efetivação da escola como espaço público popular e democrático;

b) a qualidade da educação deve ser, de fato, socialmente referenciada, pois isso amplia os acertos e minimiza os erros ao tomar todos/as como sujeitos agentes e corresponsáveis pelo processo;

c) os/as alunos/as têm consciência das necessidades e podem dizer do sucesso e das dificuldades em levar a termo o processo educacional do qual participam como sujeitos;

d) todos/as que trabalham na escola, do porteiro/a ao diretor/a, se constituem educadores/as e participam do processo de educação das crianças e dos jovens, com maior ou menor consciência disso;

e) pais/mães sabem avaliar e reconhecer trabalhos que consideram suas necessidades e opiniões em relação à educação dos/as filhos/as e são realizados com manifesto compromisso e bem querência em relação a eles/as e aos seus/suas;

f) a escola inclusiva torna-se polo cultural da comunidade escolar e local que importa a todos/as e pode, inclusive, oferecer elementos para operar mudanças também na vida de pais/mães e família.

A construção da educação pública popular e democrática faz-se, estou convicto, se a escola se caracteriza como polo produtor e irradiador de cultura, em que o povo, sem distinção de qualquer natureza, é acolhido e reconhecido como sujeito agente, com direito a conhecer e a produzir conhecimento. Ou seja, todos/as na escola reconhecem que a criança, o adolescente, o jovem, o homem e a mulher do povo têm "o direito de saber melhor o que já sabem, ao lado de outro direito, o de participar, de algum modo, da produção do saber ainda não existente".[25] Essa é a escola que se configura como polo de cultura e onde se pode encontrar, de fato, a

---

25 Idem, *Pedagogia da esperança*, 13ª ed., São Paulo, Paz e Terra, 2006, p. 111.

substantividade da boniteza a que Freire se refere. Essa deve ser a luta de todo/a educador/a progressista.

REFERÊNCIAS BIBLIOGRÁFICAS

BRASIL. *Resolução CNE/CEB nº 04/2010.* Disponível em: <portal.mec.gov.br/dmdocuments/rceb004_10.pdf>. Acesso em: 10 mar. 2014.

FREIRE, Paulo. *A educação na cidade.* São Paulo: Cortez, 2001.

_____. *Pedagogia da autonomia: saberes necessários à prática educativa.* São Paulo: Paz e Terra, 1996.

_____. *Pedagogia da esperança.* 13ª ed., São Paulo: Paz e Terra, 2006.

_____. *Pedagogia da indignação: cartas pedagógicas e outros escritos.* São Paulo: Editora Unesp, 2000.

_____. *Professora, sim; tia, não.* Rio de Janeiro: Civilização Brasileira, 2012.

_____. MACEDO, Donaldo. *Alfabetização: leitura do mundo, leitura da palavra.* 2ª ed., São Paulo: Paz e Terra, 1994.

Prefeitura do município de São Bernardo do Campo. Decreto Nº 13.572, de 20 de Dezembro de 2001. Disponível em: <www.leismunicipais.com.br>. Acesso em: 29 jul. 2020.

Prefeitura do município de São Paulo, Secretaria da Educação de São Paulo (SMEd/SP), "Aos que fazem a educação conosco em São Paulo", *Diário Oficial do Município* — Suplemento, 34 (021), 1º fev. 1989.

SILVA, Itamar Mendes. "Autoavaliação e gestão democrática na instituição escolar", *Ensaio* (Fundação Cesgranrio. Impresso), v. 18, 2010, pp. 49-64.

_____. "Acompanhamento e análise curricular: avaliar para aprender". In: Alexsandro Rodrigues (org.). *Currículo na formação de professores: diálogos possíveis.* 2ª ed., Vitória: Ufes/Secretaria de Ensino a Distância, 2018, v. 1, pp. 40-59.

_____; BIANCHI, Silmara Vertematti; SIMIONATO, Sandra Virgínia. "A prática inclusiva numa escola pública", *O Mundo da Saúde*, v. 26, 2002, pp. 407-12.

7.

BONITEZA: A BELEZA ÉTICA DE PAULO FREIRE

*Alípio Casali**

PRELIMINARES: A INDISSOCIABILIDADE ORIGINÁRIA DO BELO E DO BOM, DA ESTÉTICA E DA ÉTICA

É COMUM DECOMPOR-SE A PALAVRA *boniteza* como se fosse originária de "bonito + beleza". É um arranjo *bene trovato, ma non è vero*. Morfologicamente, a palavra *boniteza* é simplesmente composta por *bonito* + sufixo *-eza*[1] — o mesmo sufixo presente em tantos outros adjetivos substantivados (esper*teza*, corren*teza*, malva*deza*). Em compensação, na etimologia e na semântica de *bonito* encontramos, agora sim,

---

* Filósofo e educador. Doutor em Educação pela Pontifícia Universidade Católica de São Paulo (PUC-SP). Pós-doutor pela Université Paris-8. Professor titular do Departamento de Fundamentos da Educação. Docente e pesquisador do Programa de Pós-Graduação em Educação: Currículo, da PUC-SP. E-mail: <a.casali@uol.com.br>.

1 Antônio Houaiss, *Dicionário Houaiss da Língua Portuguesa*, Rio de Janeiro, Objetiva, 2001.

um elemento novo e inspirador para os sentidos estético e ético contidos na *boniteza*. Pois *bonito* remonta ao espanhol *bueno* na sua forma diminutiva *buenito* — assim como *lindo* deriva do latino *bellus* na sua forma diminutiva *bellitus*.[2] *Bonito* (belo) foi, portanto, originariamente, sinônimo de *bonzinho* (*bueno, buenito*), e desse significado nunca se distanciou. Aí está, portanto, de partida, um marco semântico consistente para o sentido próprio da *boniteza* em Freire: o que une a beleza à bondade (a estética à ética).[3]

Muitas mães parecem saber disso. Não raro (mães mineiras frequentemente), diante de algo *errado* praticado pelo filho, censuram nestes termos: "Que feio!..."; e, quando o mesmo filho se arrepende e devolve algum gesto de carinho, reagem: "Que bonitinho!..." O feio e o bonito, aqui, nesse uso cotidiano, não aparecem como qualidades estritamente estéticas e sim, antes, éticas: feio é o moralmente errado e bonito, o moralmente correto. Essa intuição semântica educativa das mães não é gratuita. Elas trazem à tona um sentido arqueologicamente mais fundo — frequentemente esquecido — da mesma identidade originária entre o belo e o bom.

Trata-se de uma identidade de sentidos que permaneceu no plano semiconsciente da linguagem erudita das línguas latinas, em várias manifestações, mas destacaremos apenas duas. A primeira manifestação, no antepositivo latino *dec-*, do verbo *decere* (ser conveniente, decente, decoroso) e do substantivo *decor, decoris* (decência, decoro), donde nos vem a expressão *decoro parlamentar*, que não tem a ver primariamen-

---

2 *Ibidem.*

3 Alípio Casali, "Ética y estética cómo expresiones de espiritualidade en Paulo Freire", in *Revista Rizoma Freireano*, Valência, Instituto Paulo Freire de España, n. 21, set. 2016.

te com a estética arquitetônica ou decorativa dos gabinetes parlamentares e sim com a conduta moral dos políticos que os ocupam. Detalhe: esse conceito de *decoração/decorativo* como ação estética nunca deixou de ter um sentido ético implicado, ainda que secundário, como veremos a seguir. A segunda manifestação, na palavra *suborno*: designação de uma conduta inaceitável de barganha entre, de um lado, a prestação de serviços acobertados pela chancela de "serviço público" (na verdade, serviço privado) e, do outro lado, dinheiro, favores e benefícios. Essa palavra remete igualmente à mesma associação entre ética e estética, pois provém do verbo latino medieval *(sub)ornare*. Eis novamente o *ornamento*, o *decoro*, como sinônimos de conduta moralmente boa. Pois um *sub-orno* é uma quebra, diminuição, degradação do *decoro*. Paulo Freire diria: "uma indecência" (reforçando que o antepositivo *dec-* resulta em in*dec*oroso e in*dec*ente); su*b*orno, in*dec*oro e in*dec*ência são variações do mesmo significado e sentido, entrelaçam estética e ética.

Essa mescla originária de sentidos entre o belo e o bom já havia sido demarcada pelos hebreus, por volta do século VI a.C. Os redatores do livro do Gênesis, depois da narrativa da Criação do mundo por Deus em seis dias, registraram: "Deus viu que tudo quanto tinha feito era bom..."[4] O leitor do Gênesis se surpreende com essa frase, pois, ao fim daquela exuberante narrativa de feitos extraordinários — criação da luz, do firmamento, do sol, das estrelas e da lua, das águas, da terra, das plantas, dos seres vivos, do homem... ao sexto dia, o que se descortinaria diante dos olhos seria antes o espetáculo *estético* da *beleza* de todas as coisas criadas de modo

---

4 Gn 1, 31.

bem ordenado. Mas o que Deus vê é, antes, a *bondade* do que criou. Em hebraico: *"Elohim ierê ki tov."* Os tradutores da *Septuaginta*[5] assim transcreveram em grego: "καὶ εἶδεν ὁ θεὸς ὅτι καλά." Esse καλά traduz, literalmente, no plural neutro, o adjetivo *belo* (do qual guardamos memória ainda hoje em palavras como *cali*grafia — grafia *bela*).[6] Ou seja, na percepção daqueles setenta e dois rabinos tradutores, o *bom* hebraico e o *belo* grego fundem um mesmo sentido.

Não é de se estranhar que esse tema tenha sido um lauto banquete para o espírito grego. No período chamado de helenismo (338 a.C.-146 a.C.), a experiência da *pólis* grega, já então sedimentada, expressava o valor dessa unidade entre o belo e o bom, que se dizia assim: *"kalós kai agathós"*. O belo (*kalós*) era identificado como uma qualidade de pureza (bondade natural) e fineza (nobreza), encontrável em todos os seres; o bom (*agathós*) era referência à ética (padrão de conduta), identificada sobretudo na bravura heroica de uma pessoa e, por extensão, na virtude da cidadania. Platão assimilou essa referência cultural e designou *kalokagathía* (*"kalós kai agathós"*) a integração de todas as virtudes: a beleza associada às virtudes morais, cívicas e religiosas. Aristóteles ampliou esse conceito platônico, tomando-o como designação da apropriação intelectual da virtude (*aretê*).[7]

---

5 A *Septuaginta* foi a primeira tradução do Antigo Testamento do original hebraico para o grego popular, feita por um grupo de 72 rabinos, entre os séculos III a.C. e I a.C., em Alexandria. Disponível em <www.sermon-online.com/search.pl?lang=en&id=11909&title=&biblevers=&searchstring=&author=0&language=0&category=0&play=0&tm=2>

6 Alípio Casali, *op. cit.*

7 *Ibidem.*

Entretanto, ao longo do desenvolvimento do pensamento ocidental, veio se dissolvendo essa unidade originária da ética e da estética, e esses dois conceitos resultaram em referência a qualidades e atividades particulares e distintas na filosofia, referenciadas apenas pela formalidade do seu uso racional, estranhas à atividade produtiva e cotidiana do sujeito. Circunscreveram-se como conjuntos transcendentes apriorísticos de universais que prescrevem, a partir de fora, valores e modos de existência para o sujeito. Ou seja: passaram a enfatizar antes *a* beleza e *a* bondade (substantivos abstratos) do que os *atos* concretos dos sujeitos, belos e bons. Isso revela o quanto a produção da subjetividade esteve por séculos aprisionada em referenciais transcendentais. Coube à filosofia contemporânea cumprir com radicalidade o projeto moderno de afirmação do protagonismo do sujeito virtuoso, processo esse que se fincou propriamente apenas a partir de Nietzsche. Foucault foi quem levou esse projeto aos seus limites: ultrapassou a transcendentalidade da estética para afirmá-la como reintegrada à ética, na ideia da *vida como obra de arte*:

> O que me surpreende, em nossa sociedade, é que a arte se relacione apenas com objetos e não com indivíduos ou a vida; e que também seja um domínio especializado, um domínio de peritos, que são os artistas. Mas a vida de todo indivíduo não poderia ser uma obra de arte? Por que uma mesa ou uma casa são objetos de arte, mas nossas vidas não?[8]

---

8 Michel Foucault, "Une esthétique de l'existence", in *Dits et écrits (1980-1988)*, IV, Paris, Gallimard, 1994, p. 617. [Ed. bras.: "Uma estética da existência", in *Ditos e escritos*, V.]

Mesmo sem ter lido (quem sabe?) a estética de Nietzsche e de Foucault, Freire realizou em plenitude tal projeto contemporâneo e fez de sua vida uma obra de arte; e mais, em que pese a redundância: uma *bela* e *boa* obra de arte.

Há passagens em que Freire é explícito na aproximação da sua pedagogia a uma estética existencial, como quando afirma: "Seria uma pedagogia que enfatizaria a *boniteza*, o estético *da* vida e o ético, fundamentalmente. Uma pedagogia que não separaria o cognitivo do artístico, do afetivo, do sentimental, do apaixonante, do desejo!".[9] Observa-se o claro sentido foucaultiano da expressão "o estético *da* vida" e não "*na* vida".

Essa correlação entre ética e estética, sintetizadas na *boniteza*, porém, Freire não a cumpriu exatamente pelo mesmo percurso crítico de Foucault, o qual superara Hegel pela via aberta por Nietzsche. A superação freireana de Hegel se fez antes por sua passagem pelo personalismo cristão, mediante a assimilação da noção de pessoa. Por mediação da matriz cultural cristã, Freire assimilou a síntese da *beleza ética* da Criação (hebraica) com a *bondade da beleza*, contida na *kalokagathía* platônica, pois a matriz cultural cristã se funda precisamente sobre essa síntese. Esse fundo conceitual parece, pois, ser a melhor pista cultural para a compreensão da insistência de Freire sobre a integralidade antropológica (estética e ética) inerente no conceito de *boniteza*.

---

9 Paulo Freire, *Pedagogia do oprimido*, São Paulo, Paz e Terra, 1977, pp. 50-1 [grifos nossos].

A *boniteza* como beleza ética no texto de Freire: epistemológica, pedagógica e política

O exame dos fundamentos mais especificamente éticos da *boniteza* em Freire, mediante análise das denotações e conotações dessa palavra em seus textos, revela, num primeiro plano, preliminarmente, essa correlação direta, a que nos referimos, da *boniteza* como ética da estética e como estética da ética, sendo estas inseparáveis. É certo que se encontram aproximações de *boniteza* ora com a estética, ora com a ética, de modo distinto. Mas as demais referências, mais abundantes, e o conjunto da obra permitem afirmar que tais distinções em Freire não permitem separação: o ético (bom) é estético (belo) e o belo é bom.

A associação de *boniteza* com estética e ética aparece em citações que se repetem quase literalmente, como em:

> [...] formação *ética* ao lado sempre da *estética*. Decência e *boniteza* de mãos dadas.[10]

> Esse esforço de desocultar verdades e sublinhar *bonitezas* une, em lugar de afastar, como antagônicas, a formação científica com a artística. O estético, o ético, o político não podem estar ausentes nem da formação nem da prática científica.[11]

---

10 *Idem, Pedagogia da autonomia: saberes necessários à prática educativa*, São Paulo, Paz e Terra, 2011a, p. 45 [grifos nossos].

11 *Idem, Política e educação*, Indaiatuba, Villa das Letras, 2007, p. 120 [grifos nossos].

A relação direta entre *boniteza* e ética aparece, também, como qualidade relacionada a algumas virtudes, tais como pureza, tolerância, aprendizagem contínua, humanidade ("gentetude") nas relações afetivas:

> [A] hipocrisia puritana é uma forma de ficar com a feiura e negar a *boniteza* da pureza.[12]

> Desocultar a verdade ou sublinhar a *boniteza* não podem ser exercícios intolerantes. Sublinhar, por exemplo, a *boniteza* de forma intolerante já é, em si, uma feiura.[13]

> A *boniteza* do processo é exatamente esta possibilidade de reaprender.[14]

> Acho que uma das melhores coisas que podemos experimentar na vida, homem ou mulher, é a *boniteza* em nossas relações, mesmo que, de vez em quando, salpicadas de descompassos que simplesmente comprovam a nossa "gentetude".[15]

Mas esse plano em que a *boniteza* se associa com bondade e beleza, ou a virtudes, ainda poderia ser considerado, digamos, um tanto contemplativo. Num segundo plano, essas mesmas

---

12 *Ibidem*, pp. 34-5 [grifos nossos].
13 *Ibidem*, p. 119 [grifos nossos].
14 *Idem, Pedagogia da solidariedade*, Indaiatuba, Villa das Letras, 2009, p. 26 [grifos nossos].
15 *Idem, Pedagogia da esperança: um reencontro com a pedagogia do oprimido*, São Paulo, Paz e Terra, pp. 126-7 [grifos nossos].

qualidades se manifestam concretamente em práticas éticas, e Freire as pontua em três campos (e aqui também: distintos, porém inseparáveis): o epistemológico, o pedagógico e o político. Vejamos cada um deles. Em cada caso recolheremos apenas os exemplos de citações mais eloquentes e explícitas; tal seleção é indispensável, à vista do grande volume de casos. Em cada um desses três campos Freire dispõe de pelo menos um exemplo de citação explícita, respectivamente, a saber:

momento de *boniteza* singular: o da afirmação do educando como sujeito de *conhecimento*.[16]

venho tentando ser professor, assumindo minhas convicções, disponível ao saber, sensível à *boniteza* da prática *educativa*.[17]

a *boniteza* que é uma eleição.[18]

a ética da luta e a *boniteza* da briga [*política*].[19]

a longa e trágica experiência, dignamente humanizada pela luta de seu povo, pela *boniteza* da luta [*política*].[20]

Vejamos alguns exemplos, de uma coleta não exaustiva, que se apresentam ao longo de cinco obras de Freire, que

---

16 *Idem, Pedagogia da autonomia, op. cit.*, p. 122 [grifos nossos].

17 *Ibidem*, p. 100 [grifos nossos].

18 Paulo Freire e Edson Passetti, *Conversação libertária com Paulo Freire*, São Paulo, Editora Imaginário, 1998, p. 100.

19 Paulo Freire, *Pedagogia da autonomia, op. cit.*, pp. 100-1.

20 *Ibidem*, pp. 262-3 [grifos nossos].

condensam de modo especial essa inerência da *boniteza* à ética como qualidade de ações práticas, epistemológicas, pedagógicas, políticas.

Na *Pedagogia da esperança*, texto de 1992, Freire atravessa a questão da ética política pelo viés da *boniteza*. Numa passagem, faz um balanço crítico do colonialismo do ponto de vista do colonizado e refere-se a questões radicais que são familiares aos "colonizados", nas quais eles revelam seu valioso saber, a despeito de serem tidos como "bárbaros e incultos", falantes de "dialetos" e, por isso, supostamente incapazes de expressar a "verdade da ciência", "os mistérios da transcendência" e a "*boniteza* do mundo".[21] A ideia de *boniteza*, aqui, aparece associada à conotação desse amplo campo de significações éticas e políticas.

Em *Política e educação*, texto produzido em 1993, Freire posiciona explicitamente a *boniteza* no centro dessa ampla constelação de conceitos referidos à epistemologia, educação, política e estética: "Este esforço de desocultar *verdades* e sublinhar *bonitezas* une, em lugar de afastar, como antagônicas, a formação *científica* com a *artística*. O *estético*, o *ético*, o *político* não podem estar ausentes nem da formação nem da prática *científica*."[22]

Em *À sombra desta mangueira*, texto de 1995, em que a sensibilidade afetuosa de Freire se mostra à flor da pele, a *boniteza* não poderia deixar de associar-se antes de tudo ao *corpo*, suporte material da sua práxis ética. Ali ele afirma: "Não vejo também por que devam ser os militantes progres-

---

21 *Idem, Pedagogia da esperança: um reencontro com a pedagogia do oprimido, op. cit.*, p. 301.
22 *Idem, Política e educação, op. cit.*, p. 121 [grifos nossos].

sistas, homens e mulheres *descuidados de seu corpo*, inimigos da *boniteza*, como coisa de burguês."[23]

Ainda nessa obra Freire ultrapassa esse campo da *boniteza* sensível e inicia um diálogo com o amplo tema da ontologia e da ética:

> Interessa-nos aqui a curiosidade ao nível da *existência*. Esta disposição permanente que tem o ser humano de espantar-se diante das pessoas, do que elas fazem, do que elas dizem, do que elas parecem; diante dos fatos, dos fenômenos, da *boniteza*, da *feiura*, esta incontida necessidade de compreender para explicar, de buscar a *razão de ser dos fatos* sem ou com *rigor metódico*.[24]

Em março de 1996, Freire participou de um seminário na Universidade de Northern Iowa, Ohio, EUA, e o material de suas falas e diálogos foi publicado postumamente por sua esposa Nita Freire em 2009, sob o título de *Pedagogia da solidariedade*. Ali, a ideia de *boniteza* reaparece relacionada a essas questões mais abrangentes da ontologia e da ética: "Eu vejo como perigosa a possibilidade da educação se reduzir a técnicas, se transformar meramente em técnica, em uma prática que perde de vista a questão do sonhar, a questão da *boniteza*, a questão de *ser*, a questão da *ética*."[25]

A *Pedagogia da autonomia* é um texto produzido e publicado por Freire em 1996: é a última obra completa publicada por ele e, nessa condição, pode ser considerada o registro

---

23 *Idem, À sombra desta mangueira*, Rio de Janeiro, Civilização Brasileira, 2012, p. 98 [grifos nossos].
24 *Ibidem*, pp. 121-2 [grifos nossos].
25 *Idem, Pedagogia da solidariedade, op. cit.*, p. 32 [grifos nossos].

da síntese mais bem acabada de seu pensamento e de sua prática pedagógica. Evidencia-se nessa obra esse seu esforço de síntese já na estruturação dos três capítulos abrangentes, com mote inicial repetitivo em cada item desses capítulos: "ensinar exige...; ensinar exige..."

As "Primeiras palavras" do volume dão o tom do que virá: que a costura do livro se faz pela ética. Com efeito, a palavra *ética* e suas variantes substantivas e adjetivas (*eticidade* etc.) são registradas nada menos que 27 vezes ao longo de apenas sete páginas. Essa observação lexical já seria suficiente para indicar a centralidade do tema. Trata-se de uma "ética universal do ser humano",[26] insiste Freire, a qual é "inseparável da prática educativa".[27]

No capítulo 3, item 3.6 ("Ensinar exige saber escutar"), Freire é declaratório acerca da "boniteza da docência e da discência".[28] Mas na introdução ao capítulo 1, intitulado "Não há docência sem discência", Freire amplia o campo em que se encontra esse conceito:

> Quando vivemos a autenticidade exigida pela prática de ensinar-aprender, participamos de uma experiência total, diretiva, política, ideológica, gnosiológica, pedagógica, *estética e ética*, em que a *boniteza* deve achar-se de mãos dadas com a *decência* e a seriedade.[29]

Ou seja, a experiência pedagógica deve ser total e integrada, estética e ética, com *boniteza* e decência. Essa integralidade

---

26 Idem, *Pedagogia da autonomia*, op. cit., p. 15.
27 *Ibidem*, p. 16.
28 *Ibidem*, p. 119.
29 *Ibidem*, p. 24 [grifos nossos].

exige, como afirmado mais à frente no mesmo texto, que "o pensar certo, ao lado sempre da pureza [...], [é] rigorosamente ético e gerador de boniteza..."[30] e, por isso, "o professor que pensa certo deixa transparecer aos educandos que uma das bonitezas de nossa maneira de estar no mundo e com o mundo, como seres históricos, é a capacidade de, intervindo no mundo, conhecer o mundo".[31] Aqui, pois, a *boniteza* aparece, ademais de associada à ética, relacionada também à prática de conhecimento do mundo (epistemologia) e de intervenção no mundo (política).

Mas é no título do item 1.5, dentro do capítulo 1, que a demarcação conceitual de nosso tema se apresenta de forma mais clara e radical: "Ensinar exige estética e ética." No seu primeiro parágrafo já é afirmada "uma rigorosa formação ética ao lado sempre da estética"; "decência e *boniteza* de mãos dadas";[32] e logo a seguir: "a prática educativa tem de ser, em si, um testemunho rigoroso de *decência* e de pureza."[33] Aí estão: a unidade conceitual e prática de estética e ética; a formação indispensável para essa unidade; e o conceito de *boniteza* associado a essa unidade.

Destaca-se nessa passagem também a questão da formação ética: "educar é substantivamente formar."[34] Numa nota de pé de página do item 1.9, à frente, Freire vai registrar:

Não é possível também formação docente indiferente à *boniteza* e à *decência* que estar no mundo, com o mundo

---

30 *Ibidem*, p. 28.
31 *Ibidem*, p. 28.
32 *Ibidem*, p. 32 [grifos nossos].
33 *Ibidem*, p. 33 [grifos nossos].
34 *Ibidem*, p. 33.

e com os outros, substantivamente, exige de nós. Não há prática docente verdadeira que não seja ela mesma um ensaio *estético e ético*, permita-se-me a repetição.[35]

No item 2.1, já no capítulo 2, Freire introduz um novo par vocabular e conceitual à *boniteza*: a feiura como seu contrário. Freire fala que a hominização/humanização do homem exige "tensão radical e profunda entre o bem e o mal, entre a dignidade e a indignidade, entre a decência e o despudor, entre a boniteza e a feiura do mundo".[36] Percebe-se como esse conceito (*feiura*), comumente usado no campo de significações estéticas, ganhou aqui um sentido ético, de par com seu oposto, *boniteza*.

Em contraponto, encontramos na mesma *Pedagogia da autonomia*, reflexões de Freire sobre a *boniteza* da relação com o Outro na prática pedagógica, que implica a ética e a política:

> Viver a abertura respeitosa aos outros e, de quando em vez, de acordo com o momento, tomar a própria prática de abertura ao outro como objeto da reflexão crítica deveria fazer parte da aventura docente. A razão ética da abertura, seu fundamento político, sua referência pedagógica; a *boniteza* que há nela como viabilidade do diálogo.[37]

Outro conjunto de citações, nessa mesma obra, permite perceber Freire muito próximo à ética de Spinoza. Não passa

---

35 *Ibidem*, p. 45 [grifos nossos].
36 *Ibidem*, p. 52 [grifos nossos].
37 *Ibidem*, p. 192.

despercebido como, em cinco linhas, cinco vezes aparece a palavra *alegria*, em associação direta com a *boniteza*:

> A atividade docente de que a discente não se separa é uma experiência alegre por natureza. É falso também tomar como inconciliáveis seriedade docente e alegria, como se a alegria fosse inimiga da rigorosidade. Pelo contrário, quanto mais metodicamente rigoroso me torno na minha busca e na minha docência, tanto mais alegre me sinto e esperançoso também. A alegria não chega apenas no encontro do achado, mas faz parte do processo. E ensinar e aprender não podem dar-se fora da procura, fora da *boniteza* e da alegria.[38]

Outra obra de Freire que condensa de modo especial essa inerência da *boniteza* à ética como qualidade de ações práticas (epistemológicas, pedagógicas, políticas) é a *Pedagogia da indignação: cartas pedagógicas e outros escritos*. Como se sabe, trata-se de obra inacabada de Freire, escrita em 1997, interrompida por sua morte, publicada postumamente por sua esposa Nita Freire em 2000. A *boniteza* aparece nas três cartas. Na primeira, a envergadura do conceito é mais ampla. A despeito dessa amplitude, a *boniteza* não deixa de estar mais uma vez insistentemente associada ao contorno da ética:

> Estou convencido de que nenhuma educação que pretenda estar a serviço da *boniteza* da presença humana no mundo, a serviço da seriedade da rigorosidade *ética*, da justiça, da firmeza do caráter, do respeito às

---

38 *Ibidem*, pp. 200-1.

diferenças, engajada na luta pela realização do sonho da solidariedade pode realizar-se ausente da tensa e dramática relação entre autoridade e liberdade.[39]

Na segunda carta, a *boniteza* aparece como qualidade adjetiva do Movimento dos Sem Terra (MST), quando Freire afirma que "o Movimento dos Sem Terra, tão ético e pedagógico quanto cheio de boniteza, não começou agora, nem há dez ou quinze, ou vinte anos..."[40] e, no contexto, associa sua *boniteza* a suas lutas de libertação.

Na terceira carta, a inacabada, Freire está eticamente perplexo e indignado com o caso dos adolescentes de classe média que queimaram vivo o índio pataxó Galdino, em Brasília, em 21 de abril de 1997, poucos dias antes de sua morte, e registra: "O acatamento ao outro, o respeito ao mais fraco, a reverência à vida, não só humana, mas vegetal e animal, o cuidado com as coisas, o gosto da *boniteza*, a valoração dos sentimentos, tudo isso reduzido a nenhuma ou quase nenhuma importância."[41]

Como se vê, tão ampla como na primeira carta, a *boniteza* aqui, uma das últimas palavras escritas por Freire, encontra-se associada a um completo programa ético-existencial. É particularmente expressivo e significativo que, justamente nesta sua última obra escrita em vida, e inacabada, Freire tenha lapidado uma frase que sintetiza de modo tão amplo toda a complexidade associada ao seu conceito de *boniteza*:

---

39 *Idem, Pedagogia da indignação: cartas pedagógicas e outros escritos*, São Paulo, Editora Unesp, 2000, p. 34 [grifos nossos].
40 *Ibidem*, p. 60.
41 *Ibidem*, p. 66 [grifos nossos].

Jamais pude pensar a prática educativa, de que a educação de adultos e a alfabetização são capítulos, intocada pela questão dos *valores*, portanto da *ética*, pela questão dos sonhos e da utopia, quer dizer, das opções *políticas*, pela questão do *conhecimento* e da *boniteza*, isto é, da *gnosiologia* e da *estética*.[42]

Aí está relacionado o programa completo da sua obra, sua vida, em todas as suas dimensões, de intencionalidade, sentido e prática: a educação, a ética e os valores, a utopia e os sonhos, a política, o conhecimento e a epistemologia, a estética. Freire parece tangenciar, ampliando-o, o conceito aristotélico de *eudaimonia* como síntese de seu próprio projeto estético-ético de vida.

Boniteza: um conceito síntese da ética de Paulo Freire

Essas anotações nos sugerem, ademais e conclusivamente, que os sentidos de *boniteza* em Freire ultrapassam também o registro de seus alcances estético, epistemológico, pedagógico e político. Tudo indica que estamos diante de um conceito que, além de sua unidade semântica com a ética, que foi nosso fio condutor, articula em toda a sua extensão metafórica a beleza, a bondade, a verdade, a legitimidade, a liberdade e a civilidade política das ações humanas, todas contidas na complexidade da ação pedagógica. Ou seja, um conceito in-

---

42 *Ibidem*, p. 89 [grifos nossos].

dissociável de um completo programa de existência humana autêntica, pessoal e social.

Como apontado em análise anterior,[43] nessa demarcação ética, estética, epistemológica, pedagógica e política, a *boniteza* é expressão da profunda e densa espiritualidade de Paulo Freire; é revelação e testemunho da exuberante sabedoria e qualidade humana que se encontram indelevelmente associadas à sua pessoa e à sua obra. Nesse marco conceitual e prático, a *boniteza* inspira e qualifica a educação como ação ética e aponta para um futuro sustentável, no qual o mundo possa ter as mesmas qualidades referidas pela *kalakagathía* dos gregos e pela narrativa do Gênesis: ser belo e bom, e sê-lo assim para todas e todos.

REFERÊNCIAS BIBLIOGRÁFICAS

CASALI, Alípio. "Ética y estética cómo expresiones de espiritualidade en Paulo Freire". In: *Revista Rizoma Freireano*. Valência: Instituto Paulo Freire de España, n. 21, set. 2016. Disponível em: <www.rizoma-freireano.org/index.php/etica-y-estetica-21>.

FOUCAULT, Michel. "Une esthétique de l'existence". In: *Dits et écrits (1980-1988)*, IV. Paris: Gallimard, 1994, p. 730-735. [Ed. bras.: "Uma estética da existência". In: *Ditos e escritos*, V, São Paulo: Forense Universitária, 2012, pp. 288-293.]

FREIRE, Paulo. *À sombra desta mangueira*. Rio de Janeiro: Civilização Brasileira, 2012.

---

43 Alípio Casali, "Ética y estética cómo expresiones de espiritualidade en Paulo Freire", *op. cit.*

_____. *Pedagogia da autonomia: saberes necessários à prática educativa*. Rio de Janeiro: Paz e Terra, 2011a.

_____. *Pedagogia da esperança: um reencontro com a pedagogia do oprimido*. Rio de Janeiro: Paz e Terra, 2011b.

_____. *Pedagogia do oprimido*. Rio de Janeiro: Paz e Terra, 1977.

_____. *Pedagogia da indignação: cartas pedagógicas e outros escritos*. São Paulo: Editora Unesp, 2000.

_____. *Pedagogia da solidariedade*. Indaiatuba: Villa das Letras, 2009.

_____. *Pedagogia dos sonhos possíveis*. São Paulo: Editora UNESP, 2001.

_____. *Política e educação*. Indaiatuba: Villa das Letras, 2007.

_____. e GUIMARÃES, Sérgio. *Aprendendo com a própria história*. Rio de Janeiro: Paz e Terra, 1997.

FREIRE, Paulo e PASSETTI, Edson. *Conversação libertária com Paulo Freire*. São Paulo: Imaginário, 1998.

HOUAISS, Antônio. *Dicionário Houaiss da Língua Portuguesa*. Rio de Janeiro: Objetiva, 2001.

8.

Os fundamentos linguísticos da palavra *boniteza* em Paulo Freire

Ramón Flecha*

Na página 22 de *Professora, sim; tia, não*, Paulo diz: "É importante, também, neste empenho de todos os dias, mostrar aos estudantes como há boniteza na luta ética. Ética e estética se dão as mãos."[1] Essa união entre ética e estética está presente também em outros de seus livros e permeia o conjunto de sua obra. Por um lado, essa tomada de posição representa uma grande revolução que ilumina o futuro em um contexto intelectual e social em que não só se negava essa união como se opunha uma coisa à outra ou, ainda, se negava a existência da ética. Por outro lado, recupera para o presente o melhor do passado.

---

* Professor catedrático de Sociologia na Universitat de Barcelona e doutor honoris causa pela Universitatea de Vest din Timişoara. Pesquisador principal de quatro projetos do Programa-Quadro da União Europeia, entre eles o Includ-ED (FP6), selecionado pela Comissão Europeia para integrar a lista das dez pesquisas científicas de maior sucesso. Publica em revistas como *Nature* e *PLOS ONE*. Seu artigo no periódico *Cambridge Journal of Education* recebeu o Best Paper Prize 2013, sendo o segundo mais lido na história da revista.

1 Paulo Freire, *Professora, sim; tia, não*, São Paulo, Olho d'Água, 1997.

Na origem da palavra *boniteza* está a raiz comum aos vocábulos latinos *bonus* e *bellus*, bom e belo. Essa união está muito presente no pensamento e na literatura clássica tanto grega quanto hindu e de outras culturas. O Renascimento (suas revoluções científica, intelectual e social) recuperou a unidade platônica entre beleza, bondade e verdade. *O nascimento de Vênus* era a representação dessa unidade como base do Renascimento. O mestre, o filósofo Ficino, por ordem dos Médici, fez esse pedido a Botticelli especificando em uma carta todos os detalhes do quadro para que seguisse essa orientação platônica.

Tal como analisaram autores como Weber, a racionalidade instrumental da modernização rompeu essa unidade, produzindo perda de sentido e, como parte disso, desencanto. Na atualidade, a análise das redes sociais demonstra até que ponto está rompida a unidade entre o bom e o belo, a ética e a estética. O discurso dominante que a adolescência e a juventude reproduzem nas redes considera que o bom é chato e o mau, divertido; que o bom é feio e o mau, atraente.

O pensamento progressista atual e os desdobramentos mais recentes das ciências sociais lutam contra esse discurso dominante, recriando a unidade renascentista nas sociedades dialógicas dos dias de hoje e fazendo-o, portanto, através do diálogo. A teoria social mais citada nas últimas décadas, "a teoria da ação comunicativa", desenvolve com grande riqueza de elementos interdisciplinares uma perspectiva que supera o desencanto a partir de um reencantamento baseado na união dessas três esferas através da comunicação. A perspectiva dialógica dessas teorias sociais recentes é a mesma que a que as diferentes sociedades dos mais diversos contextos culturais vêm construindo.

No plano teórico, a conhecida teoria de Habermas[2] foi elaborada no ocidente, mas o Prêmio Nobel de economia Amartya Sen[3] nos lembra na Índia argumentativa que essas dinâmicas dialógicas aconteceram antes lá que no Ocidente. De toda forma, as dinâmicas dialógicas têm muitas diferentes origens em culturas muito diversas, porém é agora, nas sociedades dialógicas atuais, que estão experimentando seu maior crescimento e expansão, transformando tanto os âmbitos públicos quanto os privados, tanto as relações internacionais quanto as interações mais micro que se dão dentro de uma relação conjugal.

Mas, muito antes de Habermas, Paulo Freire já havia apresentado essa perspectiva dialógica e escrito e publicado a respeito. Paulo foi um grande precursor que situa o diálogo no centro de toda a transformação social e pessoal. Esse diálogo entre as pessoas incluía todas as facetas de sua existência, assim como são a busca pela beleza, pela bondade e pela verdade, não como dimensões separadas ou confrontadas da realidade, senão como âmbitos relacionados de uma mesma transformação humana.

Quando essa sociedade capitalista e consumista apresenta aos estudantes uma estética oposta à ética, não veem *boniteza* na luta ética; ao contrário, recusam-se a se comportarem eticamente por considerarem que atuar violentamente ou com

---

2 Jürgen Habermas, *The Theory of Communicative Action. Lifeworld and System: A Critique of Funcionalist Reason*, Boston, Beacon Press, 1987. [Ed. bras.: *Teoria do agir comunicativo: sobre a crítica da razão funcionalista*, São Paulo, WMF Martins Fontes, 2012.]

3 Amartya Sen. *The Argumentative Indian: Writings on Indian History, Culture and Identity* [O indiano argumentativo: escritos sobre história, cultura e identidade indiana], Londres, Allen Lane, 2005.

desapreço perante seus iguais os torna atraentes. O diálogo freireano nas aulas, nas ruas e na família permite recuperar a união entre ambas as dimensões e recriar, assim, a ilusão nas transformações de nossa vida e da vida das demais pessoas, incluindo as instituições que as condicionam e, às vezes, as determinam.

O diálogo *freireano* recupera e recria na sociedade atual o melhor das contribuições clássicas gregas, hindus e de outras culturas. Em Heráclito, o diálogo inclui todas as dimensões da existência da comunicação humana, argumentos, sentimentos e emoções, tudo isso está incluído em *dia* (através de) *logo* (palavras e expressões). A partir de Sócrates se produziu um reducionismo do logos à sua dimensão de racionalidade instrumental, reducionismo que foi dominante no desenvolvimento da cultura ocidental (entre outras) e que também domina a teoria da ação comunicativa. A fala em perspectiva habermasiana está muito centrada nesse reducionismo. Por outro lado, Habermas, ainda que por vezes utilize a expressão *atos comunicativos*, na realidade se concentra apenas em atos de fala, esquecendo ou relegando outras formas de expressão e comunicação que estão presentes no logos de Heráclito.

A perspectiva dialógica de Freire é não só anterior, mas também mais global que a de Habermas. Em seu diálogo se incluem todas as dimensões do logos, superando assim o reducionismo dominante no ocidente e em outras culturas. O diálogo de Freire não se reduz, além disso, à fala, mas se refere a todas as formas de comunicação verbal e não verbal entre as pessoas. Como demonstrou e apresentou Austin sobre os atos de fala, esses são muito importantes. Fazemos muitas coisas com palavras, mas também fazemos muitas outras coisas bem importantes com outras formas de comunicação, como os olhares, os gestos ou as carícias. A excelente teoria de Austin sobre os atos de fala está sendo hoje superada, melhorada e complementada pela teoria dos atos comunicativos. E isso está sendo feito tomando como base as contribuições de Paulo sobre o diálogo.

Há atos comunicativos de poder e atos comunicativos dialógicos. O poder pode ser exercido através das palavras, com os atos de fala que Austin denomina ilocucionários. Por exemplo, um professor pode dizer aos seus estudantes que vai reprovar aqueles que façam trabalhos que não estejam alinhados à sua própria concepção político-ideológica. É ilocucionário porque diz exatamente sua intenção, mas se trata de uma interação de poder, uma vez que impõe arbitrariamente seu poder simbólico como professor em uma avaliação; é, portanto, um ato comunicativo de poder. Entretanto, o poder também pode ser exercido através do que Austin denomina atos de fala perlocucionários. Por exemplo, um professor pode dizer aos seus estudantes que dará pontos apenas pela qualidade da argumentação nos trabalhos, independentemente de se vão seguir ou não a sua perspectiva político-ideológica; porém, os estudantes e toda a escola sabem que sempre tiram notas mais baixas aqueles que têm posição ideológica distinta da sua e que o professor encobre essa discriminação com uma avaliação pretensamente técnica. Não é ilocucionário, mas perlocucionário, uma vez que não diz o que pretende, mas ficam claras as consequências de suas palavras.

Para que um ato comunicativo seja dialógico e não de poder, é preciso atender a duas condições. A primeira é que seja ilocucionário, que não engane, que diga claramente o que pretende. A segunda condição é que não baseie sua intenção em uma assimetria como a que representa o poder de avaliação do professor sobre o estudante. Esses atos comunicativos dialógicos estão sendo desenvolvidos na teoria da pragmática linguística, seguindo as contribuições freireanas do diálogo que, longe de se basear no poder, representa uma alternativa a ele.

Como apontaram e escreveram alguns dos principais especialistas em Austin, Habermas não entendeu bem a teoria de atos de fala do autor, nem mesmo a de seu principal seguidor, John Searle. Entre outros equívocos, Habermas diz que o ato ilocucionário não é simplesmente aquele em que as pessoas entendem com clareza a intenção de quem diz, mas em que, além disso, estão de acordo com ele; quer dizer, inclui o consenso nesse entendimento. Sem dúvida, não está correto, pois o entendimento que Austin atribui ao ato ilocucionário é aquele em que todos entendem a intenção de quem o enuncia, não que estejam de acordo. Por exemplo, no ato comunicativo ilocucionário citado, professor e estudantes entendem perfeitamente que receberão nota baixa os trabalhos que não sigam o alinhamento ideológico do professor, porém isso não supõe que haja acordo. Por isso, uma segunda condição é requerida para que um ato comunicativo seja dialógico, qual seja: que não se baseie em interações de poder. Por essa razão, entre outras, o desenvolvimento da pragmática linguística que representa os atos comunicativos não pode se basear na teoria da ação comunicativa habermasiana e, sim, deve se basear na dialogicidade freireana.

Em uma perspectiva muito diferente da de Freire, Nietzsche criticou o racionalismo pós-socrático ocidental. Considerou que no logos primava a dimensão apolínea da existência humana, relegando e excluindo a dimensão dionisíaca. No entanto, ao contrário de Freire, não recuperou nem recriou o logos anterior a Sócrates, que incluía tanto a dimensão apolínea quanto a dionisíaca, mas propôs uma subversão dionisíaca da racionalidade ocidental. Isso o levou a se pronunciar contra os valores éticos tão estimados por Freire, como a igualdade que propunha o socialismo no século XIX ou a igualdade de direitos entre homens e mulheres. Nietzsche opôs a estética à ética, rechaçou a ideia de *boniteza* na luta ética, que a ele parecia feia e entediante. Nietzsche chegou a considerar como ideal de liberdade a sociedade dos assassinos que matavam quem seu chefe mandava, prescindindo de toda consideração ética. Na verdade, Nietzsche compartilhava com os intelectuais reducionistas que criticava seu próprio reducionismo, seu próprio conceito de logos restrito ao apolíneo. Eles o defendiam, ele os criticava, porém ambos partilhavam do mesmo conceito de logos. Seus seguidores caíram nesse mesmo erro; por exemplo, Foucault chegou a defender a descriminalização do estupro e da pedofilia.

Freire, ao contrário, tem uma concepção de diálogo que inclui o apolíneo e o dionisíaco, a qual permite ver e destacar a beleza do bom. Na perspectiva freireana, uma escola baseada no diálogo, em atos comunicativos dialógicos que superem a violência, o machismo, o racismo e o classismo, fundamentados na igualdade, na liberdade e nos valores éticos, é não só uma escola boa, mas também uma escola bela. Sua luta ética em um mundo que não o é está cheia de *boniteza*.

Muitas são as escolas que na Europa e na América Latina estão implementando Atuações Educativas de Êxito (AEE), que recuperam a união das três dimensões presentes na *boniteza* (o bom, o belo e o verdadeiro) através do diálogo não só entre professores e estudantes, mas também incluindo a comunidade. As Atuações Educativas de Êxito são aquelas em que a comunidade científica internacional apresentou evidências de que deram alteração positiva mais sensível nos resultados em aprendizagens instrumentais, valores, emoções e sentimentos em contextos muito diversos. Três dessas Atuações são os grupos interativos: as tertúlias literárias dialógicas e o modelo dialógico de prevenção e resolução de conflitos. As AEE não são parte para melhorar a língua, parte para melhorar os valores. Cada AEE melhora as três dimensões da aprendizagem ao mesmo tempo.

Essas atuações estão conseguindo as melhoras mais significativas tanto nas escolas de elite de Cambridge, no Reino Unido, quanto em escolas das favelas do Rio de Janeiro. Desenvolveram assim as aprendizagens instrumentais (a verdade através do conhecimento científico) e os valores (a bondade), promovendo em cada uma das interações a solidariedade. Foram também desenvolvidos os sentimentos e as emoções, e se obtiveram como resultado relações de profunda amizade e um clima escolar livre de violência.

As tertúlias dialógicas são realizadas com as melhores obras que a humanidade criou ao longo da história da literatura. As pessoas participantes na tertúlia dialógica se reúnem uma vez por semana depois de terem lido previamente uma parte da obra escolhida. Essas tertúlias dialógicas acontecem tanto em centros culturais como em escolas de educação infantil, primária e secundária, assim como com os familiares dos meninos e meninas. Cada pessoa participante da tertúlia escolhe um parágrafo que mais lhe chamou a atenção. Quando se encontram na tertúlia, cada pessoa compartilha seu parágrafo e a reflexão suscitada por ele. O papel do professor ou da professora não é o de quem tem a verdadeira interpretação do texto, uma vez que esta só é construída através do diálogo a partir do compartilhamento dos parágrafos e reflexões entre todas as pessoas participantes. Essa troca de ideias é feita através de turnos de palavras respeitados pelo grupo, em que os estudantes são livres para expressar suas reflexões sem que sejam julgados por sua capacidade ou por suas ideias.

Nas tertúlias dialógicas, meninos e meninas da educação primária leem adaptações de muita qualidade de obras como *Odisseia, Eneida, Dom Quixote* ou *Romeu e Julieta*. A grande riqueza dessas obras lhes permite refletir e aprofundar a compreensão dos grandes temas universais, como a guerra, a paz, o amor, a amizade, indo para além da obra literária. Conectam suas reflexões com sua própria realidade e suas vivências pessoais. Nesses espaços de diálogo, a aproximação à leitura não é só uma aproximação à palavra, mas, como diz Freire, é uma aproximação à realidade e uma leitura de mundo.

Khadija, de 10 anos, chegou do Marrocos com sua família a uma cidade da província de Barcelona. Começa a frequentar uma escola situada em um bairro onde há muita população imigrante e de minorias culturais como a cigana, com grandes taxas de desemprego e instabilidade econômica. Essa situação social havia levado os meninos e meninas dessa escola a sofrerem uma desigualdade educacional que se traduziria em fracasso escolar e exclusão social. Mas nessa escola, há alguns anos, os professores comprometidos com o futuro de seus estudantes buscaram e implementaram as Atuações Educativas de Êxito. Essa menina não conhecia a língua do país em que agora vivia e somente havia frequentado escolas no Marrocos. Havia tido sérios problemas de aprendizagem na alfabetização, mas nessa escola eram realizadas tertúlias literárias dialógicas. Khadija chegou quando o curso já havia começado e se incorporou à turma do 5º ano primário. Nessa turma os estudantes liam e tinham tertúlia dialógica sobre a adaptação infantil da *Eneida* de Virgílio. Liam e trabalhavam o texto que debateriam com a turma em uma sessão anterior à tertúlia. A professora fazia com que os estudantes mais avançados ajudassem aqueles que tinham mais dificuldades. Toda a turma se voltou para Khadija, para que ela pudesse compreender a história que estavam lendo. Algumas das estudantes, inclusive, criaram personagens da *Eneida* com desenhos, esforçando-se para explicar a história a ela, uma vez que desde os primeiros dias as meninas já dialogavam sobre o que gostavam e o que não gostavam dessa história. Khadija, observando e escutando seus companheiros e companheiras de tertúlia, sentia cada vez mais o desejo de participar. Começou a sentir a leitura como uma atividade atraente. O apoio que seus companheiros e companheiras de turma lhe deram permitiu que a cada dia avançasse em suas aprendizagens, confiando em si mesma, uma vez que entre os estudantes eram criadas também relações de amizade.

Quando Khadija é ajudada por seus companheiros e companheiras, todos aprendem, vivem e partilham *boniteza*. Todos sentem a satisfação trazida pela solidariedade, vivem essa experiência como algo bom, que ajuda todos e todas a melhorarem. Ao mesmo tempo, essa menina sente cada vez mais vontade de participar na tertúlia. Esse espaço dialógico se converte em algo belo pelo qual ela se sente atraída, aumentando sua motivação pela aprendizagem da leitura e da língua.

Outras das Atuações Educativas de Êxito que fortalecem a *boniteza* nessa escola são os grupos interativos. Consistem em organizar a aula em pequenos grupos heterogêneos quanto ao nível de aprendizagem, gênero, origem cultural etc. Participam da aula também pessoas adultas da comunidade, como familiares, além do professor ou da professora. Nos grupos interativos, as relações se multiplicam e se diversificam, acelerando a aprendizagem, uma vez que há melhora em relação a valores, emoções e sentimentos. Os grupos interativos em si são uma atividade que supera a competitividade e a segregação por separar os estudantes com mais dificuldades do restante da turma. Nos pequenos grupos em que se dividem os estudantes, encontramos aqueles que têm mais habilidades, por exemplo, de escrita e leitura com aqueles que têm mais dificuldades.

Cada grupo realiza, na mesma aula, uma atividade de conhecimento instrumental durante 15 ou 20 minutos. Há uma pessoa adulta por grupo que se encarrega de que os estudantes expliquem, entre eles, como resolver a atividade. Essa pessoa adulta pode vir do corpo docente e também do voluntariado (professores aposentados, familiares, estudantes universitários, vizinhos e vizinhas). Por serem grupos heterogêneos, aqueles que acabam primeiro de resolver a atividade ajudam os demais. A pessoa adulta que tutora o grupo incentiva a que se ajudem através do diálogo, fazendo que expliquem uns aos outros como resolver a atividade. Assim são gerados diálogo e interações que aceleram a aprendizagem não só dos que estão mais atrasados, mas também de todo o grupo.

Quando passam os 15 ou 20 minutos, os estudantes mudam de mesa, de atividade e de pessoa adulta que estimula o grupo. Ao finalizar a sessão, todos os estudantes realizam quatro ou cinco atividades diferentes, sem que ninguém tenha ficado para trás.

Nos grupos interativos, o professor deixa que outros adultos o ajudem, evitando assim ter que escolher entre o grupo de estudantes aqueles que poderão ter êxito educativo em troca de não alcançá-lo para os demais. A grande diversidade de estudantes que os professores encontram nas aulas impede definitivamente que apenas eles possam responder às necessidades de todos. Os professores que põem em prática grupos interativos são aqueles comprometidos com o êxito acadêmico de todos e todas. Como sabem que sozinhos não vão conseguir, eles se deixam ajudar pelos adultos da comunidade, familiares e outros voluntários. A *boniteza* dos grupos interativos está no compromisso dos professores com o êxito educativo de todos, mas também em buscar melhorar todas as dimensões da aprendizagem, a instrumental, os valores, as emoções e os sentimentos. Paulo, na página 57 de *Pedagogia da autonomia*, dizia:

> Nunca me foi possível separar em dois momentos o ensino dos conteúdos da formação ética dos educandos. A prática docente que não há sem a discente é uma prática inteira. O ensino dos conteúdos implica o testemunho ético do professor. A boniteza da prática docente se compõe do anseio vivo de competência do docente e dos discentes e de seu sonho ético. Não há nesta boniteza lugar para a negação da decência, nem de forma grosseira nem farisaica.[4]

Os grupos interativos são, até o momento, a forma de organização de aula que alcança os melhores resultados em todas

---

4 Paulo Freire, *Pedagogia da autonomia: saberes necessários à prática educativa*, São Paulo, Paz e Terra, 1996.

as áreas instrumentais, língua, matemática, física, música etc. Sabemos que aprendemos e chegamos a entender algum conteúdo com mais profundidade não quando nos explicam, mas quando temos que explicá-lo. É, então, que se produz um salto à frente na aprendizagem. Não só quanto a conteúdos, mas também se dá um salto à frente na capacidade de aprender a aprender; o que chamamos inteligência acadêmica. A inteligência acadêmica se desenvolve muito mais quando temos que explicar a outra pessoa como resolver uma atividade. Nos grupos interativos, as inteligências acadêmicas de todos os estudantes são desenvolvidas. Por isso, não apenas aqueles que estão mais atrasados melhoram muitíssimo sua inteligência acadêmica como também os que estão mais adiantados.

Na Espanha, há o caso em que os estudantes adiantados não avançam porque estão mesclados com os atrasados. No entanto, as evidências científicas demonstram que é justamente o contrário. Quando isolamos e segregamos os estudantes menos adiantados, estamos tirando esse potencial de maior aprendizagem e desenvolvimento das inteligências acadêmicas de todos e todas.

Os grupos interativos têm *boniteza* porque conseguem melhorar os valores tendo um funcionamento coerente com os valores de solidariedade em que se quer educá-los. Outra menina marroquina da mesma escola onde são realizadas tertúlias literárias dialógicas e grupos interativos dizia:

> todos juntos aprendemos novas palavras e novos sentimentos. Por exemplo, não sabíamos o que significava o conceito de solidariedade, mas me dei conta de que muitas vezes o praticava. Já ajudava crianças mais novas ou pessoas idosas, e isso é solidariedade.

Essa menina explicava como que, uma vez que adquiriam um novo conhecimento instrumental, a exemplo da aquisição de novo vocabulário, ela se dava conta de que já era solidária. Os meninos e meninas nos grupos interativos aprendem a ser solidários não porque ouvem falar de solidariedade, mas porque a praticam em cada uma das interações que acontecem entre eles e entre os adultos que estão na aula. Sabemos que os meninos e as meninas não aprendem tanto a partir do que dizemos, mas do que fazemos. Uma escola que educa em valores é uma escola que transforma toda a sua atividade de acordo com os valores nos quais quer educar. Uma escola que educa em valores não é uma escola que fala de valores ou que tem muitos programas de educação em valores, sobretudo se posteriormente suas atividades forem organizadas com valores diferentes daqueles nos quais se quer educar. Nessas escolas, meninos e meninas aprendem que os valores são uma hipocrisia, que são algo de que é preciso falar, mas que na prática fazemos de outra maneira.

Os grupos interativos alcançam a melhora das aprendizagens instrumentais, dos conteúdos, uma vez que conseguem melhorar os valores ao estarem organizados através do diálogo e da solidariedade. Esses diálogos se baseiam em atos comunicativos dialógicos que têm a pretensão de chegar a acordos, promovendo interações solidárias de ajuda mútua. Os grupos interativos educam em valores não porque falem de valores, embora também, mas porque põem em prática esses valores todos os dias. Meninos e meninas diferentes, heterogêneos, se ajudam em todas as matérias em que têm os grupos interativos. Estão aprendendo que a solidariedade não é algo de que se tem que falar e pronto, mas que é algo útil para a vida prática de todos e todas, porque supõe o êxito para todos e todas.

Os grupos interativos têm também *boniteza*, porque, além de tudo, melhoram uma terceira dimensão, as emoções, e algo muito mais importante que as emoções, os sentimentos. Da mesma forma como para os valores, para educar em emoções e sentimentos, as escolas que realizam as AEE transformam toda a sua atividade para que inclua a comunidade, fazendo, assim, com que ela também se eduque em emoções e sentimentos. Quando entrevistamos um menino que havia tido sua educação primária em uma escola em que há as AEE, perguntamos, depois de ter terminado a educação primária há alguns anos, o que ele mais lembrava em relação aos grupos interativos. E ele nos disse: "Aprendíamos três vezes mais e fazíamos amigos de verdade."

A amizade é o sentimento mais decisivo para sua vida e mais decisivo para o seu desenvolvimento emocional. De zero aos 18 anos é quando as amizades de que mais se recordam ao final da vida são feitas. Deve-se tornar explícita nas escolas a educação no sentimento da amizade. Ter amigos e amigas de verdade desde a primeira infância é decisivo para a vida profissional e afetiva futura.

A terceira Atuação Educativa de Êxito à qual faço referência é o modelo dialógico de prevenção e resolução de conflitos, no qual também encontramos *boniteza*. Toda a comunidade, os professores, os familiares e, sobretudo, os meninos e as meninas se comprometem com o consenso e com a criação de normas de convivência. Todos e todas, através de um diálogo igualitário, acordam quais serão as normas, aquelas consideradas boas e ao mesmo tempo desejadas para a prevenção e o tratamento de conflitos.

Nos últimos anos, temos visto como se rompeu a lei do silêncio em torno do abuso sexual nas universidades espanholas e da América Latina. Partindo da coerência que faz parte do conceito de *boniteza* de Freire, a primeira coisa que se deve fazer para educar em convivência é ser consequente com os valores que se buscam transmitir em uma escola. Nesse sentido, as universidades espanholas têm uma fama muito ruim, por não terem solucionado as relações internas no que se refere aos abusos sexuais. Coisas que foram promovidas a partir de alguns grupos de investigação, como modelos de convivência, em princípio, devem ser questionadas quando estes dizem educar em valores, no mesmo tempo em que se colocam ao lado dos abusadores e atacam as vítimas em suas universidades. Esses mesmos grupos são os que seguem escondendo de seus estudantes quais são as revistas acadêmicas de impacto internacional que estão trazendo as evidências para a prevenção da violência.

A diretriz que surge das evidências obtidas nas últimas investigações sobre prevenção da violência não apenas nas escolas, mas também em todos os âmbitos, é o que se conhece por *bystander intervention*. Alguns de nós traduzimos de forma totalmente livre como "Fonte Ovejuna todos por uma", fazendo referência à obra do dramaturgo espanhol Lope de Veja. *Bystander intervention*, a intervenção dos espectadores, é o posicionamento ativo e a mobilização de toda a comunidade. A convivência não é assegurada apenas pelos professores, tampouco somente pelas famílias. Assegurar um ambiente escolar livre de violência se consegue com a mobilização de toda a comunidade, também dos agressores e das pessoas agredidas. Por isso dizemos todos e todas por uma. A *bystander intervention* começa em cada uma das pessoas; mobilize-se, seja você quem for, sem deixar a solução do problema nas mãos de um grupo reduzido de mediadores.

Umas das atuações dentro desse modelo dialógico é o Clube de Valentes Violência Zero. Nas escolas de educação infantil e primária que executam esse modelo, os meninos e meninas, quando detectam um possível início de agressão, nas turmas ou em outros espaços da escola, começam a falar entre si e, em alguns casos, solucionam o problema sem a intervenção de um professor. Nessas escolas, se cria um ambiente em que meninos e meninas querem participar sendo valentes. Nesse ambiente, o bom, o que é ético, agora já não é chato ou feio. O bom se converte em atraente, naquilo que todo mundo deseja ser. Todos os meninos e todas as meninas podem fazer parte desse Clube de Valentes Violência Zero. Sua intervenção não é algo que façam fora da escola, senão algo que é parte da vida da escola em todos os seus espaços e tempos, nos grupos interativos, na hora do recreio, na hora da merenda, na da educação física etc. Os e as valentes atuam a todo momento, se posicionam e dizem: "Cuidado, não o/a toque porque é meu/minha amigo/amiga."

Uma das escolas que conduzem o Clube de Valentes Violência Zero foi visitada por professores de outra escola que queriam conhecer as Atuações Educativas de Êxito. Esses professores, além de verem como se realizavam os grupos interativos e as tertúlias literárias dialógicas, se reuniram com os demais professores e com alguns meninos e meninas da escola. Pedro, um dos meninos presentes à reunião, era um dos que mais praticava violência contra seus companheiros e companheiras. Nessa reunião, foi Pedro que verbalizou seu próprio processo de transformação após a implementação do Clube de Valentes Violência Zero na sua turma. Explicou que, no início do ano, não queria ser dessa turma porque quase todos os dias estava fora do Clube dos Valentes; já não tirava vantagem do que fazia. Sentia-se frustrado e chateado, porque sua imposição violenta perante os demais já não funcionava. Agora é um dos maiores defensores do Clube dos Valentes e se esforça para que todos os seus companheiros e companheiras se posicionem contra a violência. Nessa reunião, Pedro disse: "Quando eu tiver filhos, vou trazê-los para esta escola e serão valentes, porque estarão com a Sara [a professora da turma na qual não queria estar no início do ano]." Na festa de carnaval, esse menino se fantasiou de super-herói e em sua capa estava escrito: "Posicionar-se." Essa era uma palavra importante para ele, porque simbolizava seu processo de transformação. Pedro passou de agressor a maior defensor do Clube dos Valentes, posicionando-se sempre contra a violência.

Se todas as atuações educativas nas escolas se transformam, ao promover em todas as suas interações não mais apenas aprendizagem instrumental, mas também atos comunicativos dialógicos que se baseiam na solidariedade e valorizam explicitamente o sentimento de amizade, os casos de abuso que acontecerem poderiam ser identificados e evitados. As vítimas deixariam de se sentir sozinhas, assim como os abusadores deixariam de contar com o silêncio ou a cumplicidade daqueles que os cercam e preferem calar. A *boniteza* das atuações educativas, como o Clube de Valentes Violência Zero, está na união do belo e do bom. Todos e todas acabam desejando para a sua vida e para a de seus amigos e amigas aquilo que é bom. Ser valente é se posicionar e não ser violento, e ser valente é muito atraente.

Referências bibliográficas

AUSTIN, John Langshaw. *How To Do Things with Words* [Quando dizer é fazer]. Oxford: Oxford University Press, 1962.

FREIRE, Paulo. *Pedagogia da autonomia: saberes necessários à prática educativa*. São Paulo: Paz e Terra, 1996.

_____. *Professora, sim; tia, não*. São Paulo: Olho d'Água: 1997.

HABERMAS, Jürgen. *The Theory of Communicative Action. Lifeworld and System: A Critique of Funcionalist Reason*. Boston: Beacon Press, 1987. [Ed. bras.: *Teoria do agir comunicativo: sobre a crítica da razão funcionalista*. São Paulo: WMF Martins Fontes, 2012.]

NIETZSCHE, Friedrich. *Más allá del bien y del mal*. Madri: Alba, 1997. [Ed. bras.: *Além do bem e do mal*. São Paulo: Companhia das Letras, 2005.]

SEARLE, John R. *Speech Acts: An Essay in the Philosophy of Language* [Atos de fala: um ensaio na filosofia da linguagem]. Cambridge: University Press: 1969.

SEN, Amartya. *The Argumentative Indian: Writings on Indian History, Culture and Identity* [O indiano argumentativo: escritos sobre história, cultura e identidade indiana]. Londres: Allen Lane, 2005.

WEBER, Max. *Economy and Society*. Los Angeles: University of California Press, 1978. [Ed. bras.: *Economia e sociedade*. 2 v. Brasília: Editora UnB, 2012.]

9.

BONITEZA: ALFABETIZAÇÃO POÉTICA

Lúcia Fabrini de Almeida *

"Minha paixão se moveu sempre na direção dos mistérios da linguagem, na busca, se bem que não angustiada, inquieta, do momento de sua boniteza."[1]

"quão gostoso e fundamental era perseguir o momento estético, a boniteza da linguagem."[2]

Paulo Freire

---

* Mestre e doutora em Comunicação e Semiótica, pela Pontifícia Universidade Católica de São Paulo, com pesquisa sobre a obra de Octávio Paz. Lecionou Teoria Literária, Literatura Brasileira, Literatura Portuguesa na extinta Faculdade de Filosofia Ciências e Letras de Moema. Foi professora do curso de Pós-graduação em Arte Integrativa no Centro de Estudos Universais da Universidade Anhembi Morumbi. Realizou oficinas de criação de texto em escolas públicas do ensino médio no interior de São Paulo.

1 Paulo Freire, *Cartas a Cristina: reflexões sobre minha vida e minha práxis*, São Paulo, Paz e Terra, 2013, p. 153.

2 *Ibidem*, p. 109.

A PALAVRA *BONITEZA*, ESTRIBILHO NA ESCRITA de Paulo Freire, que li como um caleidoscópio de infinitas imagens e cores, teve o dom de despertar as profundezas da minha memória, até chegar aos arquétipos fundantes que atuaram nos meus estudos sobre a linguagem poética. Assim me deparei com os mestres e poetas da palavra, e entre eles incluo Paulo Freire. Em *Política e educação,* ele relembra: "Dei aula de gramática propondo aos alunos a leitura de Gilberto Freyre, Graciliano Ramos, Machado de Assis, Lins do Rego, Manuel Bandeira, Drummond. O que buscava incansavelmente era a boniteza na linguagem oral ou escrita."[3]

Como ele recorda, suas primeiras tentativas de professor de língua portuguesa, no curso ginasial, foi "estimular", "desafiar" e "instigar" os alunos na busca do "momento estético da linguagem", "a boniteza da expressão".[4]

O estímulo vivo para propiciar a escrita criativa nas escolas se revela no seu desejo de:

> possibilitar a dois ou três escritores, de ficção ou não, falar a alunos leitores seus, sobre como produziram seus textos. Como lidaram com a temática ou com as tramas que envolvem seus temas, como trabalham sua linguagem, como perseguiram a boniteza no dizer, no descrever, no deixar algo em suspenso para que o leitor exercite sua imaginação.[5]

---

3 *Idem, Política e educação,* Induiutaba, Villa das Letras, 2007, p. 83.
4 *Ibidem, op. cit.,* p. 83.
5 *Idem, Professora, sim; tia, não,* Rio de Janeiro, Civilização Brasileira, 2012a, p. 84.

Além do acervo de bonitezas da linguagem literária que ele partilhava com seus estudantes, as conversas com a gente do povo, no ambiente idílico da natureza, entre pescadores e camponeses, ou os diálogos com trabalhadores urbanos, despertavam sua sensibilidade para a natureza poética dessa fala espontânea e plena de sentidos vivos. Assim:

> Minhas longas conversas com pescadores em suas caiçaras, na praia de Ponta de Pedra, em Pernambuco, como meus diálogos com camponeses e trabalhadores urbanos, nos córregos e morros do Recife, não apenas me familiarizaram com sua linguagem, mas também me aguçaram a sensibilidade à boniteza com que sempre falam de si, até de suas dores e do mundo. Boniteza e segurança também.[6]

Estimulado pelas lembranças de suas viagens, Paulo Freire estende seu olhar aos povos colonizados, resgatando a beleza de suas criações que resistem à perversidade da colonização e persistem na busca da boniteza. Relembrando sua passagem pela Austrália, Nova Zelândia, Papua-Nova Guiné e Fiji, escreve em *Pedagogia da esperança: um reencontro com a Pedagogia do oprimido*:[7]

> Foram dias, os meus naquela região toda [...] que me dividia entre a boniteza estonteante da natureza, da criação humana, o sentido vital, amoroso da terra, das populações chamadas aborígenes e a malvadez de mim

---

6 *Idem*, p. 95.
7 *Idem*, *Pedagogia da esperança: um encontro com a Pedagogia do oprimido*, São Paulo, Paz e Terra, 2011, pp. 252-3.

já conhecida. A malvadez da discriminação racial e de classe. Discriminação agressiva, ostensiva, às vezes; às vezes disfarçada, mas malvada sempre.

O olhar sensível, observador e atento às outras possibilidades de expressão, como a linguagem visual, pictórica, não verbal, se mostra na rápida e inesperada passagem pelo Haiti, onde as formalidades burocráticas que impediam sua entrada acabam sendo superadas e possibilitam a contemplação apaixonada da arte popular do povo haitiano. Ele conta:

> Me impactou a pequena cidade e sobretudo a presença de artistas populares, espalhando em recantos das praças seus quadros cheios de cor "falando" da vida de seu povo, da dor de seu povo, de sua alegria. Era a primeira vez que, diante de tamanha boniteza e tamanha criatividade artística, de uma tal quantidade de cores, eu me sentia como se estivesse, e de fato estava, em frente a uma multiplicidade de discursos do povo. Era como se as classes populares haitianas, proibidas de ser, proibidas de ler, de escrever, falassem ou fizessem o seu discurso de protesto, de denúncia e de anúncio, através da arte, única forma de discurso que lhes era permitido.[8]

É curioso observar que, para Roland Barthes,[9] a linguagem poética é essencialmente transgressora. Isso se deve à sua

---

8 *Idem, Professora sim, tia não*, pp. 220-1.
9 Roland Barthes escreveu: "Colocada no âmago da problemática literária, que só começa com ela, a escritura, portanto é, essencialmente, a moral da forma, a escolha da área social no seio da qual o escritor decide situar a Natureza de sua linguagem [...]. Sua escolha é uma escolha de consciência não de eficácia." *O grau zero da escritura*, Cultrix, São Paulo, 1971, pp. 24-5.

função de estabelecer uma ruptura do código linguístico, desautomatizando as palavras que se tornaram vazias de sentido, prontas para serem manipuladas e, portanto, *consumidas*. A palavra poética reclama a *produção* de sentidos, logo, uma postura crítica em relação à linguagem. Victor Chklovski, formalista russo, que se debruçou sobre os estudos da linguagem, criou o conceito de *ostranenie*, "estranhamento", para caracterizar o texto poético. Esse "estranhamento" desautomatiza a linguagem e leva ao preenchimento de novos sentidos brotados da reflexão sobre os signos linguísticos.[10]

A negação da linguagem atribuída aos povos colonizados se manifesta também na desqualificação de seus falares, caracterizados como "dialetos fadados a jamais expressar a 'verdade da ciência', os 'mistérios da transcendência' e a boniteza do mundo".[11]

Paulo Freire partilha da visão dos poetas que concebem o mundo como linguagem. Isso fica patente no modo como ele frui a linguagem visual da natureza e do entorno que o cerca. São signos cifrados que estão além dos códigos linguísticos e se oferecem ao prazer da contemplação e da leitura daqueles que têm a sensibilidade e o espírito poéticos. Assim:

> Há ainda uma forma curiosa de olhar, de nos entregar ao desafio gostosamente, curiosidade estética. É esta que me faz parar e admirar o "pôr do sol" em Brasília, por exemplo. É a que me detém como se me perdesse na contemplação, observando a rapidez e elegância com que se movem as nuvens no fundo azul do céu.

---

10 Victor Chklovski, "A arte como processo ou A arte como procedimento", in VVAA, *Teoria da literatura: formalistas russos*, Porto Alegre, Globo, 1971.
11 Paulo Freire, *Pedagogia da esperança, op. cit.*, 211.

É a que me emociona em face da obra de arte que me centra na boniteza.[12]

Não resisto à vontade de oferecer a Paulo Freire uma frase da obra de arte literária de Mia Couto: "Com tanto céu a gente nem precisa morrer."[13]

Esse tecido de símbolos que ele poeticamente lê, se estende e se oferece como apreciação estética, permeando a natureza: "Minha terra é boniteza de águas que se precipitam, de rios, de praias, de vales, de florestas, de bichos, de aves."[14] O som do canto dos sabiás, ou à sombra da mangueira, onde ele escolhe escrever seus textos, as paisagens de tantos países por onde "andarilhou" na sua maravilhada contemplação do mundo, a multiplicidade de culturas vistas e admiradas são, para ele, inseparáveis da estética, a boniteza do mundo. Tal sentimento abarca não só as criações artísticas, mas também o acervo do conhecimento humano, a prática política, as descobertas da ciência — e muito especialmente o papel do educador: "Afinal, faz parte da natureza da prática educativa a esteticidade, quer dizer, a qualidade de ser estética, de não ser alheia à boniteza."[15] "E precisamente porque a ética anda constantemente muito perto da estética, porque há uma certa intimidade entre a beleza e a pureza, que a educação é também um evento estético."[16]

---

12 Paulo Freire, *À sombra desta mangueira*, Rio de Janeiro, Civilização Brasileira, 2012b, p. 126.

13 Mia Couto, *O outro pé da sereia*, São Paulo, Companhia das Letras, 2016.

14 Paulo Freire, *À sombra desta mangueira*, op. cit., p. 43.

15 *Idem, Cartas a Cristina*, op. cit., p. 211.

16 *Idem, Pedagogia da solidariedade*, Ana Maria Araújo Freire e Walter Ferreira de Oliveira (orgs.), Indaiatuba, Villa das Letras, 2009, p. 32.

Arte, educação, ciência irmanadas estão presentes no pensamento holístico de Paulo Freire. "Boniteza da exatidão científica", ele escreveu, e então me vem à mente a lembrança de um professor (perdido nas minhas lembranças mais antigas), que ensinava os mistérios da matemática associados às composições de Johann Sebastian Bach. Sobre a tal integração dos saberes, lemos: "Este esforço de desocultar verdades e sublinhar bonitezas une, em lugar de afastar, como antagônicas, a formação científica como a artística. O estético, o ético, o político não podem estar ausentes nem da formação nem da prática científica."[17]

Canções, poemas, pinturas, peças de teatro, performances, filmes, as produções artísticas, nas múltiplas linguagens que lhes são específicas e que são gestadas ao longo da história de luta de um povo, testemunham a fala de Paulo Freire quando ele defende a: "ética da luta e a boniteza da briga." E lembra que é preciso se empenhar "para a criação do socialismo democrático enquanto empreitada histórica".[18]

Ética e estética também se entrelaçam na visão freireana do espaço físico. Na obra *A poética do espaço*, Gaston Bachelard escreveu:

> O espaço compreendido pela imaginação não pode ficar sendo o espaço indiferente abandonado à medida e reflexão do geômetra. É vivo. E é vivido não em sua positividade, mas com todas as parcialidades da imaginação. Em particular quase sempre ele atrai. Concentra o ser nos limites que protegem.[19]

---

17 Idem, *Política e educação*, op. cit., p. 120.
18 Idem, *Pedagogia da esperança*, op. cit., p. 71.
19 Gaston Bachelard, *A poética do espaço*, Rio de Janeiro, Livraria Eldorado Tijuca, [s.d.], p. 18.

Bachelard colhe a imagem da casa, com o porão, o sótão, os cofres, as gavetas e os cantos, chega ao ninho e à concha e, entre outras questões, discorre sobre a imensidão íntima, a dialética do interior e do exterior. Peço licença ao filósofo para aí acrescentar a poética do espaço da escola — espaço vivido — que encontrei em Paulo Freire: "Não podemos falar aos alunos de boniteza do processo de conhecer se sua sala de aula está invadida de água, se o vento frio entra decidido e malvado sala adentro e corta seu corpo pouco abrigado."[20]

E acrescenta à qualidade da beleza do espaço o ensino "competente", que entendemos como ensino vivo, alimentado pela experiência vivida do educador: "a própria boniteza do espaço requer outra boniteza: do ensino competente."[21]

Volto aqui às lembranças trazidas pelos meus estudos sobre a linguagem literária. Guimarães Rosa já dizia que quem morre vira encantado. Em sua última entrevista, em 17 de abril de 1997, Paulo Freire, semanas antes de falecer, disse à entrevistadora Luciana Burlamaqui:

> Eu estou absolutamente feliz por estar vivo ainda e ter acompanhado essa marcha que, como outras marchas históricas, revelam o ímpeto da vontade amorosa de mudar o mundo, essa marcha dos chamados sem-terra. Eu morreria feliz se eu visse o Brasil, em seu tempo histórico, cheio de marchas. De marchas de quem não tem escola, marcha dos reprovados, marcha dos que querem amar e não podem, marchas dos que recusam a uma obediência servil, marcha dos que se rebelam,

---

20 Paulo Freire, *A educação na cidade*, São Paulo, Cortez, 2001, p. 22.
21 *Ibidem*, p. 34.

marcha dos que querem ser e são proibidos de ser. Eu acho que, afinal de contas, as marchas são andarilhagens históricas pelo mundo, e os sem-terra constituem para mim hoje uma das expressões mais fortes da vida política e da vida cívica deste país. [...] O que eu quero dizer, selando a minha resposta, é, além de dizer da satisfação de estar vivo vendo isso, por exemplo, eu lamento tristemente que Darcy Ribeiro já não possa saber, já não possa estar vendo e sentindo e vendo uma marcha como essa. Como eu acredito em Deus, eu agradeço muito a Deus por estar vivo e poder ver e saber que os sem-terra marcham contra uma vontade reacionária e histórica implantada neste país. E o meu apelo, quando eu termino a tua primeira pergunta, o meu desejo, o meu sonho, como eu disse antes, é que outras marchas se instalem neste país. Por exemplo, a marcha pela decência, a marcha pela superação da sem-vergonhice que se democratizou terrivelmente neste país. Eu acho que essas marchas nos afirmam como gente como sociedade querendo democratizar-se.[22]

Inevitável deixar de pensar nas relações existenciais e contraditórias entre vida e morte, associadas ao vigor com que Paulo Freire afirma sua felicidade de estar vivo e, ao mesmo tempo, o vislumbre de uma morte feliz, condicionada às marchas que se desenvolveriam no tempo histórico do país. E mais, "o ímpeto da vontade amorosa de mudar o mundo" eu o entendo como afinado ao princípio de Eros, o princípio da vida.

---

22 <www.youtube.com/watch?v=MZQtP-7Ezbw>

Um poeta provençal, Jacques de Baisieux, me vem à memória ao ouvir a fala erótica de Paulo Freire: "'A' significa de sua parte 'sem', e 'mors' significa 'morte'; ora, ao ajuntarmos (o prefixo de negação 'A') teremos 'sem morte' ou 'não morte' (*a-mors*), donde se conclui *amor*."[23] A colocação do prefixo de negação "a" diante da palavra "*mors*" (morte) transforma-a em "não morte", ou seja, "amor".

Eros, combinado à beleza, é convocado por Paulo Freire para falar sobre a sexualidade: "A sexualidade precisa ser profundamente respeitada, profundamente vivida e ser também uma espécie de expressão artística — por isso falei da sexualidade como boniteza, como direito e, diria também, como dever."[24]

Ao encantado Paulo Freire, rosiano, se somam as imagens dos legendários da história. James Hillman, junguiano, criador da psicologia arquetípica,[25] denomina "legendários da história" esses que agora habitam a terra dos mortos. E observa: "É de fundamental importância aqui reconhecer que essas criaturas de fato vêm da terra dos mortos."[26] Esse território carregado de sentidos é, para ele:

---

23 Original: "'A' senefie en sa partie/'sans', et mors senefie 'mort':/or l'assemblons, s'aurons 'sans mort'." Patrick A. Thomas, *L'Œuvre de Jaques Baisieux*. Paris, Mouton, 1973.

24 Paulo Freire, *Pedagogia da tolerância*, São Paulo, Editora Unesp, 2005, p. 363.

25 Ver Gustavo Barcellos em James Hillman, *Psicologia arquetípica*, São Paulo, Cultrix, 1988, p. 10: "Hillman nos faz enxergar os arquétipos como as estruturas básicas da imaginação e nos diz que a natureza fundamental dos arquétipos só é acessível à imaginação e apresenta-se como *imagem* [...]. As imagens psíquicas são encaradas como fenômenos naturais, são espontâneas, quer sejam no indivíduo, quer na cultura, e necessitam, na verdade, ser experimentadas, cuidadas, acariciadas, entretidas, enfim, respondidas."

26 James Hillman, *Ficções que curam*, Campinas, Verus, 2010, p. 97.

o país dos ancestrais, e as imagens que nos invadem são nossos ancestrais. Mesmo que não sejam literalmente o sangue e os genes dos arquétipos de quem descendemos são nossos progenitores históricos, ou arquétipos de nosso espírito particular, informando-o com a cultura ancestral.[27]

Hillman esclarece como o encontro com essa imagem atua em cada um de nós: "Depois desse reconhecimento histórico — a imagem como ancestral —, existe a experiência do *chamado* que as imagens fazem para mim. Esse é o momento moral na imaginação."[28]

Esse chamado reverbera e atravessa tempo e espaço. Muitos já ouviram, muitos ouvem agora — basta lembrar a recente manifestação ou marcha, como é do agrado de Paulo Freire, de estudantes e professores em defesa da educação pública na Avenida Paulista, em São Paulo —, garantindo a preservação do *chamado* para as gerações futuras, naquela poderosa performance do "momento moral da imaginação".

Hillman cita as considerações do próprio Jung quanto ao entendimento trazido pelas imagens, bem como o fato de vivê-las na vida real:

Permitimos que as imagens surjam e talvez até nos admiremos com elas, mas isso é tudo. Não nos damos ao trabalho de [...] tirar conclusões *éticas* [...]. É igualmente um erro grave pensar que isso é o suficiente para ter algum entendimento das imagens. O *insight* sobre

---

27 *Ibidem*, p. 98 [grifos nossos].
28 *Ibidem*, p. 98.

elas deve ser convertido em uma *obrigação ética* [...]. As imagens [...] colocam grande *responsabilidade* sobre os seres humanos.[29]

Nossa será a responsabilidade/resposta às imagens afloradas. Novamente aqui o enlace entre a imagem — linguagem própria da poesia — e a ética.

Mas há outro legendário da história que emerge das minhas reminiscências: Schiller e os conflitos vividos por ele quanto aos desdobramentos violentos da revolução francesa, o embate entre razão e sensibilidade que acabaram inspirando sua obra *A educação estética do homem*. Nesses escritos, ele busca a elevação do caráter humano por meio do cultivo anímico da beleza. No poema "Os artistas", ele escreve: "Somente através da beleza da manhã é possível penetrar a terra do conhecimento." Suas reflexões estéticas e filosóficas levam-no ao celeiro das imagens do mundo grego, em busca de um arquétipo exemplar: o herói. Entretanto, ele não está na Grécia clássica, como o filósofo imaginava, mas nele próprio, nas profundezas de sua psique, conforme o alentado estudo de Jung acerca de Schiller.[30]

Peço licença ao filósofo, para chamar os escritos de Paulo Freire que me inspiraram a escrever estas linhas de *A educação da boniteza humana*.

Hillman chama a psique de *alma-anima* — entendida não como uma substância mas como um ponto de vista, uma

---

29 Carl Gustav Jung, *Waking Dreams* [Sonhos despertados], Nova York, Harper Colophon, 1977 *apud* Hillman, *Ficções que curam, op. cit.*, p. 98.

30 Carl Gustav Jung, "Capítulo II: As ideias de Schiller sobre o problema dos tipos", in *idem, Tipos psicológicos*, Zahar, Rio de Janeiro, 1981, pp. 96-169.

perspectiva. Ela está presente na interioridade humana, independentemente do gênero e além de qualquer sigízia. Habita o cerne da natureza humana e cabe a nós o cultivo da alma (*soul making*, segundo ele). Donde concluo que tal cultivo, que eu chamo de *poiesis* da alma, é a palavra almada — boniteza — palavra poética.

Convergências: Hillman privilegia a imaginação e defende a existência da "base poética da mente", produtora natural e espontânea das imagens. Rousseau, ao refletir sobre a origem da linguagem humana, acredita que a palavra primordial é a metáfora: "a primeira linguagem foi certamente figurada."[31]

É quando se acerca desse texto mais um legendário da história, também encantado, também habitante do território ancestral: Octávio Paz. Em *Os filhos do barro*, ele escreveu: "Se a poesia foi a primeira linguagem dos homens — ou a linguagem é em sua essência uma operação poética que consiste em ver o mundo como um tecido de símbolos e de relações entre esses símbolos — cada sociedade está construída sobre um poema."[32]

Uma imagem do mundo como boniteza adquire de pronto a tonalidade verbal poética. Logo, Paulo Freire edifica a sociedade humana sobre um poema. O método: partilhar bonitezas, mas também possibilitar a entrada nas veredas verbais e criar, de sua parte, bonitezas próprias.

---

31 Original: *"le premier langage dut être figure"*. *Apud* Octavio Paz, *Corriente alterna* [Corrente alternada], México: Siglo Veintiuno, 1973, p. 64.

32 *Idem*, *Los hijos del limo*, Barcelona, Seix Barral, 1979, p. 89. [Ed. bras.: *Os filhos do barro*, São Paulo, Cosac & Naify, 2014.]

Referências bibliográficas

BACHELARD, Gaston. *A poética do espaço*. Rio de Janeiro: Livraria Eldorado Tijuca, [s/d].

BARTHES, Roland. *O grau zero da escritura*. São Paulo: Cultrix, 1971.

CHKLOVSKI, Victor. "A arte como processo ou A arte como procedimento". In: VVAA. *Teoria da literatura: formalistas russos*. Porto Alegre: Globo, 1971.

FREIRE, Paulo. *A educação na cidade*. São Paulo: Cortez, 2001.

_____. *Á sombra desta mangueira*. Rio de Janeiro: Civilização Brasileira, 2012b.

_____. *Cartas a Cristina: reflexões sobre minha vida e minha práxis*. São Paulo: Paz e Terra, 2013.

_____. *Pedagogia da esperança: um reencontro com a Pedagogia do Oprimido*. Rio de Janeiro: Paz e Terra, 2011.

_____. *Pedagogia da solidariedade*. Ana Maria Araújo Freire e Walter Ferreira de Oliveira (orgs.). Indaiatuba: Villa das Letras, 2009.

_____. *Pedagogia da tolerância*. São Paulo: Editora Unesp, 2005.

_____. *Política e educação*. Indaiatuba: Villa das Letras, 2007.

_____. *Professora, sim; tia, não*. Rio de Janeiro: Civilização Brasileira, 2012a.

HILLMAN, James. *Ficções que curam*. Campinas: Verus, 2010.

_____. *Psicologia arquetípica*. São Paulo: Cultrix, 1988.

JUNG, Carl Gustav. *Tipos psicológicos*. Rio de *Janeiro*. Zahar Editores,1981.

_____. *Waking dreams* [Sonhos despertados]. Nova York: Harper Colophon, 1977.

PAZ, Octavio. *Corriente alterna* [Corrente alternada]. México: Siglo Veintiuno, 1973.

_____. *Los hijos del limo*. Barcelona: Seix Barral, 1979. [Ed. bras.: *Os filhos do barro*. São Paulo: Cosac & Naify, 2014.]

THOMAS, Patrick A. *L'Œuvre de Jacques Baisieux*. Paris: Mouton, 1973.

10.

PAULO FREIRE ENTRE A BONITEZA DO ATO DE AMAR E A BONITEZA DO ATO DE EDUCAR*

Marcio D'Olne Campos**

"A atividade docente de que a discente não se separa é uma experiência alegre por natureza. E falso também tomar como inconciliáveis seriedade docente e alegria, como se a alegria fosse inimiga da rigorosidade. Pelo contrário, quanto mais metodicamente rigoroso me torno na minha busca e na minha docência, tanto mais alegre me sinto e esperançoso também. A alegria não chega apenas no encontro do achado, mas faz parte do processo da busca. E ensinar e

---

* Este texto tem, nas suas linhas e entrelinhas, a marca de admiração e amizade por Paulo, cuja história está impregnada noutro longo artigo, "Leituras do mundo por veredas e temporalidades com Paulo Freire".

** Doutor em Física de Sólidos pela Université de Montpellier (França). Na Unicamp, atuou no Instituto de Física e no Departamento de Antropologia. Foi professor visitante em Antropologia, na Universidade Estadual do Rio de Janeiro, na Universidade Federal Fluminense, na Universidade Estadual do Norte Fluminense Darcy Ribeiro e na Universidade Federal do Estado do Rio de Janeiro. Os temas de seu trabalho em educação e pesquisa incluem etnografia das relações sociedades-humanos-natureza, saberes locais, relações céu-terra, ritmos e temporalidades e antropologia da comida. Seus interlocutores principais são os kayapós, caiçaras e descendentes italianos (ES e MG). Criou o termo e a proposta "SULear" (*versus* "NORTEar"). Site: <www.sulear.com.br/>. E-mail: <mdolnecampos@sulear.com.br>

aprender não podem dar-se fora da procura, fora da boniteza e da alegria."

Paulo Freire[1]

BONITEZA NO ATO DE AMAR

BONITO, BELEZA E BONITEZA SEMPRE estiveram presentes na minha convivência amiga com Ana Maria "Nita" Freire e Paulo Feire.[2] Mas boniteza é dinâmica, pairante, permeante, penetrante, percorre entrelinhas.

Entre os dois, a beleza do encontro fez com que Paulo reencontrasse em Nita a concretização do que guardava a palavra que lhe era tão cara e significativa. E que acompanhava seus sentimentos de estar-no-mundo com alegria e amor, no prazer em expressar desejo, reflexão, palavra, construção e ação.

Tentando me transportar para o significado de boniteza e, ao mesmo tempo, compreender um pouco da querença de Paulo por Nita, encontrei boa sugestão no choro "Curare",[3] interpretado por Orlando Silva em 1940:

Você tem buniteza,
E a natureza, foi quem agiu...
Com estes oio de índia,

---

1 Paulo Freire, "3.9. Ensinar exige querer bem aos educandos", in _____, *Pedagogia da autonomia: saberes necessários à prática educativa*. São Paulo: Paz e Terra, 2007, p. 142.

2 Para ver a foto, acesse <sulear.com.br/beta3/curtas/>

3 <www.youtube.com/watch?v=sEj4WwELeYY>

Curare no corpo, que é bem Brasil.
[...]
Meu amôzinho, com esta boquinha
Vermelhinha, rasgadinha
Qui tem veneno, cumo que...
Conta tristeza e alegria
Pru seu bem, que tudo vive a dizê
Que você é diferente desta gente
Que finge querê!

É muito bom e saudoso imaginar Paulo dizendo essas coisas a Nita por via do choro de Alberto de Castro Simões da Silva (Bororó), que recebeu, de início, a preciosa interpretação de Orlando Silva. Ofereço o simbolismo das entrelinhas onde o *curare* se espalhou, para que Nita as desfrute em seus momentos de saudade e pensamentos sobre as bonitezas do ato de amar.

Por *boniteza*, não me refiro aqui à antiga e inconsistente expressão do belo que caracterizava as artes — sem sal nem tempero — apenas com "beleza pura".

Boniteza, por outro lado, parece carregar aquilo que nos cativa no ato, e se preserva, causa admiração, gozo, gostosura e deleite. Digo no ato, porque esse termo parece conter a dinâmica própria — quando prazerosa — das relações humanos-natureza-humanos intermediadas pelo nosso estar--no-mundo.

Nessas relações com a natureza, especialmente com a fruta nordestina, impregnada de boniteza e sensualidade, nada pode ser mais bem descrito do que, por João Cabral de Melo Neto nos seus "Jogos frutais",[4] que, para Alceu Valença, contém a

---

4 <www.amoraroxa.blogspot.com/2013/02/jogos-frutais-joao-cabral-de-melo-

fruta-mulher que lhe inspirou a "Morena tropicana".[5] De fato, esses ilustres pernambucanos bem podem ter acrescido uma pitada de tempero na boniteza do recifense Paulo junto a Nita.

Boniteza pedagógica e autonomia para pensar certo

Da boniteza em homenagem a Nita, Paulo Freire consolidou esse termo nos seus escritos sobre educação e pedagogia, nos quais persiste o realce dos aspectos estéticos, éticos e de amor. Oportunamente, o termo acompanhou de perto suas reflexões sobre a *Pedagogia da autonomia: saberes necessários à prática educativa*,[6] cuja primeira edição é de 1997.

Autonomia e beleza — livres de maquilagens — devem andar juntas sem permitir que abordagens tecnicistas e instrumentais destruam a totalidade formativa que importa para o educando no exercício presente e futuro da cidadania. "Dessa forma, sociedade e escola acabam gerando um ser humano incapaz de formular juízos próprios e autônomos, incapaz de *pensar certo*, como diz Paulo Freire, tanto no nível de conhecimento como em nível moral."[7]

Pensar certo é uma noção de grande importância na proposta freireana:

> Faz parte da exigência que a mim mesmo me faço de pensar certo, pensar como venho pensando enquanto escrevo este texto. Pensar, por exemplo, que o pensar

---

-neto.html>

5 <www.youtube.com/watch?v=Bd76Bj0ostQ>

6 Paulo Freire, *Pedagogia da autonomia, op. cit.*

7 <www.pucrs.br/edipucrs/online/autonomiaeeducacao.pdf>

certo a ser ensinado concomitantemente com o ensino dos conteúdos não é um pensar formalmente anterior ao e desgarrado do fazer certo. Nesse sentido é que ensinar a pensar certo não é uma experiência em que ele — o pensar certo — é tomado em si mesmo, e dele se fala, ou uma prática que puramente se descreve, mas algo que se faz e que se vive enquanto dele se fala com a força do testemunho. Pensar certo implica a existência de sujeitos que pensam mediados por objeto ou objetos sobre que incide o próprio pensar dos sujeitos [nas leituras do mundo]. Pensar certo não é quefazer de quem se isola, de quem se "aconchega" a si mesmo na solidão, mas um ato comunicante.[8]

Reafirmando o que escreve Freire, "Pensar certo implica a existência de sujeitos que pensam mediados por objeto ou objetos sobre que incide o próprio pensar dos sujeitos". Isso significa problematizar sempre nas subsequentes leituras do mundo, através das quais sujeitos se aperfeiçoam, transformando-se e transformando seu entorno de representações e de realidade palpável.

Apenas conteúdos, sem mais, como aqueles soltos num guia curricular, não levam um professor "bancário"[9] — interessado apenas em "vencer" conteúdos de períodos letivos — a querer e poder construir e renovar conhecimentos. Conhecimentos esses tanto dele próprio quanto na sua relação não dialógica com os educandos em potencial.

---

8 Paulo Freire, *Pedagogia da autonomia*, op. cit., p. 37.

9 Ver *idem*, "2. A concepção 'bancária' da educação como instrumento da opressão", in *idem*, *Pedagogia do oprimido*, São Paulo, Paz e Terra, 1981.

Pensamento e ação envolvem-se num jogo de verbos no qual o professor deve esforçar-se por "saber saber-certo" e também por "saber saber-fazer certo". Apenas numa relação dialógica — e ética, porque dialógica —, ao interagir com os educandos, o educador poderá se servir de seus modos de "saber fazer-saber". Fazer esse que nunca deve ser, ou se tornar, impositivo, mas sempre consensualmente compreensivo na dialogicidade.

A DIALOGICIDADE ESTÁ NAS TÁTICAS E NA CONSTRUÇÃO SOCIAL DOS ESPAÇOS

Nesse governo da nação brasileira iniciado em 2019, todos os ministros da Educação que vêm sendo nomeados conseguem ter sua incompetência sempre comprovada. Junto a isso, acrescentam-se horrores de propostas de se trazer a educação a distância (EAD) para os primeiros anos do ensino fundamental. Nisso os interesses recorrentes de privatização da educação recebem também o forte incentivo de um ministro da economia neoliberal por excelência, que despreza oprimidos e minorias em geral. Tudo o que se discute aqui implica que a educação que se pretende dialógica, comunicativa, pressupõe que educador e educando pensem, façam e ajam sempre mediados por tudo do ambiente que os envolve, motivando constantemente o "enfrentamento dos obstáculos ao ato de conhecer" — lembrando Gaston Bachelard —, no seu estar-no-mundo.

Nesse estar-no-mundo, seja na sala de aula, seja fora dela — é recomendável dirigir a observação para todos os lados, não se esquecendo do chão e do céu. Nisso, o professor dialógico (oposto ao bancário) leva para a sala de aula seus conteúdos e saberes articulados com suas estratégias de comunicação e formação, ou seja, uma aula preparada. Isso para — sempre aberto ao diálogo — discutir, trocar ideias e pontos de vista, recorrer sempre às táticas, fundamentais para o diálogo no calor da hora.

Uma educação que não contemple repensar estratégias — recorrendo a táticas diante de pontos de vista diversos — e que não problematize as leituras do mundo será uma educação por imposição de conteúdo — conteudista. Ela se interessa apenas em transmitir informação sem formação do educando, sem problematizar e estimular o raciocínio — ensino por adestramento que atulha o cérebro dos alunos.

No lugar de chavões, desqualificações e xingamentos contra as propostas educacionais libertadoras, os defensores desses absurdos deveriam ler com atenção sobre a articulação entre estratégia e tática, cujas noções se espalham pela obra de Paulo Freire e mais especificamente pela de Michel de Certeau. Este desenvolve uma interessante discussão entre as duplas de termos "espaço e lugar" e "estratégia e tática".[10]

Inicialmente, e sobre a primeira dupla, *lugar* é uma parte delimitada de um *espaço* (é onde se está, posição, ponto), é um espaço ocupado e próprio para determinado fim, ou seja, "uma configuração instantânea de posições" — por exemplo, o lugar das cartas ou a caixa de correio. Segundo Certeau, "existe espaço sempre que se tomam em conta vetores de

---

10 Michel de Certeau, *A invenção do cotidiano: 1. Artes de fazer*, Petrópolis, Vozes, 2008, p. 45.

direção, quantidades de velocidade e a variável tempo. O espaço é um cruzamento de móveis".[11] Portanto, enquanto *lugar* associa-se à noção de *próprio*, o *espaço* é aquilo que é "socialmente construído", constituído. Por exemplo, uma única mesa numa residência de estudantes pode se constituir em espaços de café da manhã, de estudo, de reunião, de bebericar e conversar. Diversos espaços de interação poderiam ser *socialmente construídos* em torno dessa mesa.

> Em suma, *o espaço é um lugar praticado*. Assim a rua geometricamente definida por um urbanismo é transformada em espaço pelos pedestres. Do mesmo modo, a leitura é o espaço produzido pela prática do lugar constituído por um sistema de signos — um escrito.[12]

Estratégias ou preparar aulas

Certeau usa uma linguagem de guerras, batalhas e outras imposições, a qual se torna até mais compreensível para os que se limitam a estratégias, ou seja, que planejam a partir do seu lugar/país de origem ou moradia para invadir o lugar/país do outro — o inimigo. Mas reconheço Certeau, que esclarece também para nós, adeptos da dialogicidade.

Em ambientes escolares, a mentalidade antieducativa ocorre quando o professor bancário, munido apenas de suas estratégias, "invade" a sala de aula sem dar lugar ao diálogo e, portanto, às táticas de ambos os lados, imprescindíveis na

---

11 *Ibidem*, p. 202.
12 *Ibidem*, p. 202.

interlocução educador-educandos. Esse "bancário" entra e sai de suas classes guardando sempre suas mesmas estratégias e carregando o mesmo "caderno sebento", como se diz na gíria estudantil.

Por outro lado, o educador dialógico estará sempre reformulando suas ideias em função do que absorve dialogicamente de cada aula e contribua para reformular as aulas futuras. Ética e respeito aos educandos é presença impositiva.

Revisemos o que teoriza Certeau sobre os dois termos que devem estar articulados no uso do professor dialógico. Previamente ao momento da aula, ou seja, da interlocução educador-educando, a preparação desenvolve-se a partir de um lugar próprio apenas do professor. A esse arcabouço preparado, Certeau chama de "estratégia"

> o cálculo das relações de forças que se torna possível a partir do momento em que um sujeito de querer e poder é isolável de um "ambiente". Ela postula um lugar capaz de ser circunscrito como um *próprio* e, portanto, capaz de servir de base a uma gestão de suas relações com uma exterioridade distinta.[13]

Ali, no seu *próprio* lugar, o educador prepara a aula. Por outro lado, no lugar da escola e da sala de aula, um espaço é construído socialmente onde, nas interações educador-educandos, cada um recorre a suas "táticas". E tática

> é um cálculo que não pode contar com um próprio, nem portanto com uma fronteira que distingue o ou-

---

13 *Ibidem*, p. 46.

tro como totalidade visível. A tática só tem por lugar o do outro. Ela aí se insinua, fragmentariamente, sem apreendê-lo por inteiro, sem poder retê-lo a distância. Ela não dispõe de base onde capitalizar os seus proveitos, preparar suas expansões e assegurar uma independência em face das circunstâncias. O "próprio" é uma vitória do lugar sobre o tempo. Ao contrário, pelo fato de seu não lugar, a tática depende do tempo, vigiando para "captar no voo" possibilidades de ganho. O que ela ganha, não o guarda. Tem constantemente que jogar com os acontecimentos para os transformar em "ocasiões".[14]

Muitas práticas cotidianas (falar, ler, circular, fazer compras ou preparar as refeições etc.) são do tipo *tática*.[15]

DA LEITURA DO MUNDO À LEITURA DA PALAVRA E SUBSEQUENTES RELEITURAS

As práticas mencionadas por Certeau, carregadas de eticidade, amor e vontade de saber, permitem tomar consciência de um saber construído — ainda que sempre disposto à reconstrução —, se houver a disposição aberta e determinada do sujeito cognoscente para recorrentes leituras do mundo nas diversas escalas e referenciais pelos quais o mundo se nos apresenta e nos desafia. Supõe-se que um professor deve confiar que,

---

14 *Ibidem*, p. 46.
15 *Ibidem*, p. 47.

208 | PAULO FREIRE

antes do início de sua escolaridade, a criança viveu mantendo sua curiosidade sobre o entorno cotidiano. Sobre isso, num diálogo que publicamos, Paulo Freire ressalta a importância da manutenção ao longo de toda nossa vida de uma estreita relação entre a leitura do mundo e a leitura alfanumérica:

> Paulo Freire — Em nossos muitos encontros, confrontamos nossas experiências no tocante à alfabetização. As lições que você tirou de suas pesquisas em etnociência coincidem frequentemente com minha visão de pedagogo e lançam uma luz original sobre o que chamei de "leitura do mundo".
>
> Sempre repeti que é impossível conceber a alfabetização como leitura da palavra sem admitir que ela é necessariamente precedida de uma leitura do mundo. A aprendizagem da leitura e da escrita equivale a uma "releitura" do mundo.[16]

"Leitura da palavra... leitura do mundo" é o título de um diálogo gravado, transcrito e publicado em *O correio da Unesco*[17] após o convite, estímulo e apoio de um amigo saudoso de nós três que trocou bonitezas e florescimentos em nossas relações: Majid Rahnema. O convite veio de Majid, que eu acabava de conhecer num feliz encontro de corredor em 1989, na Penn State University. Engrenando uma deliciosa conversa, eis que, de repente, caminha em nossa direção outro ilustre ativista e intelectual. Assim, via Majid, conheci

---

16 <www.sulear.com.br/texto06.pdf>
17 *Ibidem.*

A PALAVRA *BONITEZA* NA LEITURA DE MUNDO | 209

nada mais nada menos que Ivan Illich, o defensor de ideias por "uma sociedade sem escolas".

Os diálogos publicados nesse início dos anos 1990 foram decorrentes de deliciosas tertúlias, conversas e leituras do mundo no sítio de Nita em Itapevi (SP), próximo de São Paulo. Conosco estava sempre a querida Heliana Hasche, filha de Nita.[18]

A PROBLEMATIZAÇÃO E A *BONITEZA* DO ATO DE EDUCAR

A cada instante, no qual nos deparamos com o que apresenta o nosso entorno — paisagem com pessoas, seres animados e seres ou objetos inanimados —, algum foco de curiosidade nos é despertado. A curiosidade pode ser dispersa e desinteressada, ou, então, pode prosseguir, num olhar que tenta elaborar aquilo que encaramos, como um enfrentamento, a problematizar e encontrar uma possível — porque nunca a única — solução. Soluções desse tipo vão sendo reencontradas nas sucessivas leituras e releituras ao longo de nossos percursos de agir e conhecer.

Problematizar não é resolver aqueles tipos de problemas de adestramento enunciados pelo autor, sem interferência do educando, e propostos nos finais dos capítulos de livros didáticos de ciências naturais e matemática — disciplinas que às vezes levam a infeliz e presunçosa denominação de ciências "exatas". Essa separação entre quem enuncia um problema e quem o resolve representa o modo como o professor bancário transmite saber ao aluno.

---

18 Para ver a foto, acesse <sulear.com.br/beta3/curtas/>

Mas podemos nos perguntar: Como criar problemas — no bom sentido! — ao ler o mundo?

Problematizar é, de fato, criar por si mesmo uma pergunta, ao mesmo tempo que o próprio questionador está questionando a própria elaboração da pergunta e, em seguida, procurando superar os obstáculos a que se construa conhecimento para encaminhar uma solução.

A boniteza do ato de educar exige intervir no mundo e enfrentar e superar os obstáculos a conhecê-lo:

> O professor que pensa certo deixa transparecer aos educandos que uma das *bonitezas* de nossa maneira de estar no mundo e com o mundo, como seres históricos, é a capacidade de, intervindo no mundo, conhecer o mundo. Mas, histórico como nós, o nosso conhecimento do mundo tem historicidade. Ao ser produzido, o conhecimento novo supera outro que antes foi novo e se fez velho e se "dispõe" a ser ultrapassado por outro amanhã [dinâmica freireana e bachelardiana]. Daí que seja tão fundamental conhecer o conhecimento existente quanto saber que estamos abertos e aptos à produção do conhecimento ainda não existente. Ensinar, aprender e pesquisar lidam com esses dois momentos do ciclo gnosiológico: o em que se ensina e se aprende o conhecimento já existente e o em que se trabalha a produção do conhecimento ainda não existente. A "do-discência" — docência-discência — e a pesquisa, indicotomizáveis, são assim práticas requeridas por estes momentos do ciclo gnosiológico.[19]

---

19 Paulo Freire, *Pedagogia da autonomia*, op. cit., p. 28.

Essa relação de superação do velho, que se reproduz em novo conhecimento, se processa justamente pelas sucessivas leituras e releituras do mundo referidas acima. Nesses atos, podem ser encontradas situações de desafio nas quais o ser humano, como ser histórico, conta com a possibilidade de transformação do estado de coisas, embora nesse enfrentamento apareçam barreiras ao potencial de mudança. Essas barreiras, uma vez que são históricas e, portanto, criadas pelos humanos, podem, da mesma forma, ser superadas por eles próprios. Estas são as "situações-limite".

SITUAÇÕES-LIMITE, UTOPIA E SONHOS PARA ALÉM DO INÉDITO VIÁVEL

As "situações-limite" implicam, pois, a existência daqueles e daquelas a quem direta ou indiretamente servem, os dominantes, e daqueles e daquelas a quem se "negam" e se "freiam" as coisas, os oprimidos.

Os primeiros veem os temas-problemas encobertos pelas "situações-limite", daí os considerar como determinantes históricos e que nada há a fazer; só se adaptar a elas. Os segundos, quando percebem claramente que os temas desafiadores da sociedade não estão encobertos pelas "situações-limite", quando passam a ser um "percebido-destacado", se sentem mobilizados a agir e a descobrir o "inédito-viável". Ou seja, percebem e destacam o que pode ser visto como problema a partir do cotidiano, para que se constitua num tema-problema a enfrentar, discutir e superar.

Logo, o "inédito viável", abordado por Freire na *Pedagogia do oprimido* e na *Pedagogia da esperança*, respectivamente em

1974 e 1992, é — na vida, na educação freireana e, portanto, também na ética, na política, na epistemologia e, por que não?, na estética — aquilo que nos permite nunca perder a capacidade de sonhar. Algo que, sendo inédito, ainda não aconteceu, mas que pode acontecer, pode se viabilizar para transcender, com boniteza, as "situações-limite". A *Pedagogia da autonomia* nos mostra isso desde 1997:[20] "A alegria não chega apenas no encontro do achado, mas faz parte do processo da busca. E ensinar e aprender não podem se dar fora da procura, fora da boniteza e da alegria."[21]

Nada que diga respeito ao ser humano, à possibilidade de seu aperfeiçoamento físico e moral, de sua inteligência sendo produzida e desafiada, os obstáculos a seu crescimento, o que possa fazer em favor da boniteza do mundo como de seu enfeamento, a dominação a que esteja sujeito, a liberdade por que deve lutar, nada que diga respeito aos homens e às mulheres pode passar despercebido pelo educador progressista.[22]

É que lido com gente. Lido, por isso mesmo, independentemente do discurso ideológico negador dos sonhos e das utopias, com os sonhos, as esperanças tímidas, às vezes, mas, às vezes, fortes, dos educandos. Se não posso, de um lado, estimular os sonhos impossíveis, não devo, de outro, negar a quem sonha o direito de sonhar.[23]

---

20 *Ibidem*, pp. 142-4.
21 *Ibidem*, p. 142.
22 *Ibidem*, pp. 143-4.
23 *Ibidem*, p. 144.

Entre as notas finais organizadas por Nita Freire na *Pedagogia da esperança*,[24] a nota 48[25] retoma o processo no qual uma questão inédita pode se tornar viável, referindo-se à boniteza do caminho pedagógico freireano, que não dispensa utopia e sonhos na esperança de que a questão, ou seja, o inédito seja viabilizado para o enfrentamento da problematização e no encaminhamento de uma resposta ao problema. Nita reafirma que:

> Esse livro, que vem sendo revolucionário desde quando os primeiros leitores e leitoras o leram, é revolucionário pelo modo como seu autor vem compreendendo a relação pedagógica entre os homens, as mulheres e o mundo. E abrindo a eles e a elas a possibilidade de libertarem a todos quando tomarem as suas histórias como reflexão e, "destacando" seus problemas, enfrentarem-nos. Assim, o que antes parecia inviável vai tornando-se pelo sonho o "inédito-viável" quando quem sonhou o sonho — o oprimido — liberta-se libertando o seu opressor (ver nota 1).
>
> Os temas-problemas a estudar, a refletir e a serem superados por cada sociedade seriam, obviamente, os conteúdos vivenciados por esses homens e essas mulheres que em comunhão fazem a práxis libertadora.[26]

---

24 Idem, *Pedagogia da esperança: um reencontro com a Pedagogia do oprimido*, São Paulo, Paz e Terra, 1992, pp. 106-27.

25 *Ibidem*, p. 124.

26 *Ibidem*, p. 124.

O INÉDITO VIÁVEL E O ENFRENTAMENTO DO OBSTÁCULO EPISTEMOLÓGICO

A superação das "situações-limite" e o desvelar-se do "inédito viável" em Freire nos levam até o filósofo e poeta Gaston Bachelard,[27] quando ele nos apresenta seus "obstáculos epistemológicos" que resistem ao ato de conhecer e que devem ser enfrentados na direção de sua superação pela construção de um conhecimento renovado. É Bachelard que nos remete, assim como Freire, aos sonhos do enfrentamento das barreiras — quase situações-limite — ao ato de conhecer:

> Na educação, a noção de obstáculo pedagógico também é desconhecida. Acho surpreendente que os professores de ciências, mais do que os outros, se possível fosse, não compreendam que alguém não compreenda. [...] é no âmago do próprio ato de conhecer que aparecem, por uma espécie de imperativo funcional, lentidões e conflitos. É aí que mostraremos causas de estagnação e até de regressão, detectaremos causas de inércia às quais daremos o nome de obstáculos epistemológicos. O conhecimento do real é luz que sempre projeta algumas sombras. Nunca é imediato e pleno. As revelações do real são recorrentes. O real nunca é "o que se poderia achar" mas é sempre o que se deveria ter pensado.[28]

> [...] o ato de conhecer dá-se contra um conhecimento anterior, destruindo conhecimentos mal estabelecidos,

---

27 Gaston Bachelard, *A formação do espírito científico*, Rio de Janeiro, Contraponto, 1996.
28 *Ibidem*, p. 17.

superando o que, no próprio espírito, é obstáculo à espiritualização.[29]

Ao considerar a problematização, vimos que Freire realça que, na produção do conhecimento novo, este supera aquele que, se fazendo velho, diante de cada desafio, permanece "aberto" a ser ultrapassado por outro conhecimento novo do amanhã — ainda não existente.[30]

Esses enfrentamentos, nos quais o mundo resiste a que humanos o conheçam com rigor, parecem encontrar algumas ressonâncias interessantes em Freire, no ato pessoal de construir e renovar conhecimento em escalas espaçotemporais menores. No entanto, Bachelard reflete sobre mudanças sociais de maior escala através das quais, de tempos em tempos, o "sistema de saber" se reorganiza em verdadeiras "revoluções espirituais" do pensamento.

Com efeito, as crises de crescimento do pensamento implicam uma reorganização total do sistema de saber. A cabeça bem-feita precisa então ser refeita. Ela muda de espécie. Opõe-se à espécie anterior por uma função decisiva. Pelas revoluções espirituais que a invenção científica exige, o homem torna-se uma espécie mutante, ou melhor dizendo, uma espécie que tem necessidade de mudar, que sofre se não mudar.[31]

As "revoluções espirituais" de Bachelard parecem análogas àquelas empreendidas por pesquisadores das fronteiras da

---

29 *Ibidem*, p. 23.
30 Paulo Freire, *Pedagogia da autonomia*, op. cit., p. 28.
31 Gaston Bachelard, *A formação do espírito científico*, op. cit., 1996, p. 20.

ciência pelas mudanças de "paradigmas" que resultam, como indica Thomas Kuhn,[32] as "revoluções científicas" como, por exemplo, a copernicana. Kuhn publicou *A estrutura das revoluções científicas* em 1962, ano da morte de Bachelard, embora possa parecer estranho que não haja referência ao trabalho de Bachelard na sua obra.

Se encontramos em Freire a dialética entre contextos "concreto" e "teórico", por outro lado — ou até pelo mesmo lado — Bachelard discute constantemente as oposições entre o "conhecimento ingênuo", apenas empírico, e o "conhecimento científico" do domínio do contexto "teórico" freireano. Para os dois parece existir um consenso de que a *problematização* seja o ponto de partida para a rigorosa *construção de conhecimento*. Sem contar que, para esses dois personagens ilustres, devemos manter empiria e teoria em constante diálogo.

De acordo com Bachelard (1996), a problematização é imprescindível na construção do conhecimento científico. O espírito científico pode construir respostas para as suas perguntas à medida que é problematizado. A elaboração dessa resposta insere o sujeito em um processo de pesquisa no qual ele percorre um longo caminho para construir o conhecimento científico que requer a ruptura com os conhecimentos primeiros, resultantes das interações cotidianas do sujeito com a sua realidade concreta.[33]

---

32 Thomas Kuhn, *A estrutura das revoluções científicas*, São Paulo, Perspectiva, 1992.

33 <www.150.162.8.240/somente-leitura/PNAP_2011_1/Modulo_1/Metodologia_Estudo_Pesq_Adm/Material_didatico/Textos_apoio/IMPORTANCIA_DA_PROBLEMATIZACAO_NA_CONSTRUCAO_E.pdf>

Nessa relação entre os modos, bachelardiano e freireano, análogos em construir conhecimento, encontramos em Freire — e, não por acaso, nas suas propostas de *Ação cultural para a liberdade* — uma oportuna reflexão relativa a idas e vindas entre ações e práticas nos contextos do estar-no-mundo e estar-na-mente. Não resisto em fazer uma analogia com o vaivém do antropólogo entre o estar-na-academia e o estar--no-campo entre seus interlocutores, às vezes de outra cultura. Como propõe o antropólogo Clifford Geertz,[34] numa pesquisa circula-se inúmeras vezes entre o "estar aqui" na academia e o "estar lá" no campo, incluindo-se nisso o estágio final do "escrever aqui".

Após essa digressão, e antes de encadearmos nosso pensamento para uma ponte Bachelard-Freire sobre a "pedagogia do erro" necessária ao ato de conhecer, retomemos o vaivém de Freire entre ler o mundo, teorizar sobre o que se lê e agir, como sempre praticou — em segura boniteza — sua *Ação cultural para a liberdade*:

> Por isso mesmo é que não há práxis autêntica fora da unidade dialética ação-reflexão, prática-teoria. Da mesma forma, não há contexto teórico "verdadeiro a não ser em unidade dialética com o contexto concreto". Nesse contexto, onde os fatos se dão, nos encontramos envolvidos pelo real, "molhados" dele, mas não necessariamente percebendo a razão de ser dos mesmos fatos, de forma crítica. No "contexto teórico", "tomando distância" do concreto, buscamos a razão de

---

34 Clifford Geertz, "Estar lá, escrever aqui", *Diálogo*, v. 22, n. 3, 1989.

ser dos mesmos fatos, de forma crítica [...]. Em outras palavras, procuramos superar a mera opinião que deles temos e que a tomada de consciência dos mesmos nos proporciona, por um conhecimento cabal, cada vez mais científico em torno deles. No "contexto concreto" somos sujeitos e objetos em relação dialética com o objeto; no "contexto teórico" assumimos o papel de sujeitos cognoscentes da relação sujeito-objeto que se dá no "contexto concreto" para, voltando a este [depois de pensar o que não havia sido pensado], melhor atuar como sujeitos em relação ao objeto.[35]

NEM TUDO ESTÁ PERDIDO! VELHOS PARADIGMAS NÃO DESCARTÁVEIS E "ERROS" PARA CONSTRUIR CONHECIMENTO

Da discussão sobre a noção de problematização em Freire, encontra-se boa analogia nas reflexões de Bachelard quando este ressalta a necessidade de que o obstáculo epistemológico seja enfrentado e superado. Para Thomas Kuhn, na ciência de fronteira se cria novo paradigma e então se desenvolve uma "ciência normal", que durante longo período é aceita e tem as teorias antigas renovadas, por exemplo, nos livros didáticos. Não que a teoria anterior fosse necessariamente errada na acepção forte desse termo. Em alguns casos, a noção anterior tornou-se menos geral e passou a ser restrita a um ponto de vista ou referencial com validade devidamente especificada.

---

35 Paulo Freire, *Pedagogia do oprimido, op. cit.*, p. 110.

A revolução científica heliocêntrica de Copérnico possibilitou colocar o referencial no centro do Sol, mas sabemos que ninguém pode chegar lá. O astrônomo que, tanto quanto nós, é um comum dos mortais, observa o céu com o olhar acima do horizonte, de pé, centrado no lugar onde pisa (referencial topocêntrico), apesar de suas técnicas disporem de artefatos pelos quais ele simula uma observação geocêntrica — *à la* Ptolomeu —, por uma montagem ou suporte especial entre o tripé e o tubo do telescópio. Portanto, nem todas as revoluções científicas descartam totalmente aspectos próprios do paradigma anterior. O que existe é uma consciência mais aprofundada de qual é o contexto de trabalho e qual é o conhecimento que estamos construindo a partir de dado referencial de teorização, cálculo ou observação. Ou seja, tudo o que percebo, observo, depende de onde eu vejo; observo onde eu observo o que eu estou observando.

A frase comum ouvida é: "Einstein foi um gênio que elaborou a teoria da relatividade." Esse ponto no final da frase e desastroso! A frase deve continuar com: "... teoria da relatividade dos referencias". Agora sim!

Portanto, a superação de um obstáculo ao conhecimento não significa que tudo ficou definitivamente para trás, a descartar. Exceto quando reconhecidos como erros crassos ou frutos de uma "distração da mente cansada", erros devem ser considerados parte muito importante e integrante dos processos de construção do conhecimento. Na maioria desses processos, o "erro" não é erro, mas sim um obstáculo epistemológico que é um desafio a ser enfrentado pelo sujeito cognoscente. Da mesma forma que um paradigma substituído numa revolução científica não é, a partir desse momento, denominado erro.

A IMPORTÂNCIA DO ERRO NO PROCESSO PEDAGÓGICO

Para abordar a "pedagogia do erro" considero o que escreve Jean Migne, um dos herdeiros de Bachelard, que pesquisava sobre representações de fenômenos físicos por adultos e pertenceu ao lnstitut National pour la Formation des Adultes (Infa) e à Université Nancy. Em seu artigo sobre os obstáculos epistemológicos à formação de conceitos, é discutida a importância do erro no ato de conhecer:

> Bachelard mostra que o erro é necessário "não pelo fato daquilo que é externo ao conhecimento, mas pelo próprio ato do conhecimento" (8, p. 204).[36] "É em termos de obstáculos que deve ser colocado o problema do conhecimento científico. E não se trata de considerar obstáculos externos, como a complexidade e a fugacidade de fenômenos, nem incriminar a fraqueza dos sentidos e do espírito humano: é no próprio ato de conhecer, intimamente, que aparecem, por uma espécie de necessidade funcional, lentidões e conflitos" (BACHELARD, 1996, p. 17). Ele insiste na distinção necessária entre erros que não são mais do que "distração da mente cansada", negligência, afirmação gratuita, e "erro positivo, erro útil", "erro comum e

---

36 Através da citação original "[8, p. 204]", Jean Migne refere-se a artigo de Georges Canguilhem, filósofo e médico francês, dedicado à epistemologia e história da ciência, a cuja referência não tive acesso mas menciono aqui: Georges Canguilhem, "Dialectique et philosophie du Non chez Gaston Bachelard" [Dialética e filosofia do não em Gaston Bachelard], *Revue Internationale de Philosophie*, n. 66, 4, 1963.

normal" (BACHELARD, 1996, p. 298). Esse erro não é um acidente de percurso sobre o trajeto que levaria da ignorância ao saber, mas ele está no ponto de partida do conhecimento. Porque o conhecimento científico não começa nunca em zero, mas se depara com um conhecimento usual preexistente com o qual está em contradição, em descontinuidade.[37]

Sem dúvida aí está a boniteza do ato de educar dialogicamente. Sempre no diálogo, o educador contribui com o educando na superação "erros" que não são erros, mas sim barreiras, obstáculos, desafios, situações-limite, provocações. Enfim, tudo aquilo que não se submeterá ao risco de lápis vermelho de ponta grossa do professor bancário, mas sim à disponibilidade cordial do educador dialógico que, em relação aos educandos, deve estar de prontidão para orientá-los, para "suleá-los"[38] na construção comum, dialógica e, portanto, freireana da boniteza do conhecimento.

Reafirmamos, com Freire, que, ao criar autonomia para reconhecer "erros" que não são erros e consequentemente enfrentar e superar os obstáculos, devemos conservar a felicidade que vai além do que se desvela, uma vez que descobrir é apenas

---

37 Jean Migne, "Les obstacles épistémologiques à la formation des concepts" [Os obstáculos epistemológicos à formação de conceitos], *Education Permanente*, n. 119, 1994-2, p.103.

38 Paulo Freire, *Pedagogia da esperança, op. cit.*, p. 24. Freire usa esse neologismo "SULear" que cunhei em 1991. SULear contrapõe-se à carga ideológica de NORTEar (norte: acima, superior; sul: abaixo, inferior), ressaltando a ótica do Sul para contrariar a lógica eurocêntrica que considera o Norte uma referência universal. É uma crítica a uma geopolítica NORTEada, incluindo o que se ensina no Sul sobre orientação espacial e pontos cardeais, sempre representando o eixo Norte-Sul com o Norte acima. Ver <www.sulear.com.br/textos/p_freire_sulear.pdf>.

parte de todo o processo de busca. "Ensinar e aprender não podem dar-se fora da procura, fora da boniteza e da alegria."[39]

O que temos discutido aqui, na maior parte das vezes, aborda o que se denomina "sociedade abrangente", se consideramos que não ressaltamos as diferenças culturais de graus diversos como, por exemplo, das sociedades indígenas, quilombolas e algumas sociedades rurais mais distantes do consumismo e da tecnociência. Nessas sociedades mais isoladas são menos flagrantes as demandas pela sustentabilidade, não só ambiental, dentro dos preceitos da ecologia, mas também nas relações humanos-natureza-cultura-sociedade. No entanto, quando se abordam problemas em diferentes contextos naturais e socioculturais, podem sugerir diferentes modos de conhecer e agir por intermédio dos referenciais teóricos e práticos disponíveis localmente. Nesse sentido, a efervescência das discussões sobre ambiente e sustentabilidade dos anos 1990, articulada com seus aspectos antropológicos para além dos conhecimentos da instituição social da ciência acadêmica, possibilitou respeitar e valorizar os saberes locais. Surgiram movimentos e teorias sobre uma diversidade de práticas e conhecimentos sustentáveis do campo e de sociedades indígenas como, por exemplo, no artigo "Sustainable Knowledge" [Conhecimento sustentável], de Jonathan Murdoch e Judy Clark:[40]

> Usando o trabalho de sociólogos da ciência como Bruno Latour, mostramos que a ciência não é diferente do conhecimento local por ter um acesso superior à

---

39 Paulo Freire, *Pedagogia da autonomia*, 2007, p. 142.
40 Jonathan Murdoch e Judy Clark, "Sustainable Knowledge" [Conhecimento sustentável], *Geoforum*, v. 25, n. 2, 1994, pp. 115-32.

"realidade", mas porque é mais poderosa, ou seja, é capaz de agir sobre maiores distâncias. Em seguida, recorremos ao trabalho antropológico sobre o uso do conhecimento local na agricultura tradicional para mostrar que esse sistema de conhecimento é com frequência "científico", mas está mais intimamente relacionado a ambientes locais.[41]

A referência que faço a esses aspectos me remete ao prazer com o qual recebia entre os anos 1980 e 1990 os incentivos de Paulo Freire à minha mudança gradual de físico para antropólogo autodidata, quando partia para o campo entre pescadores e indígenas e trabalhava na perspectiva de uma etnografia de saberes, técnicas e práticas. Isso para compreender esses saberes locais sobre tempo, espaço e relações céu-terra, tão importantes na organização social dessas comunidades.[42] Dados locais indisciplinares e indisciplinados eram trazidos do "estar lá" no campo e traduzidos interdisciplinarmente no "estar aqui" e no "escrever aqui" da academia.[43] No "estar aqui" praticado na academia, se recorre a disciplinas ou a especialidades da ciência. Este consiste, por exemplo, na etnociência, na etnoastronomia, na etnoecologia; enfim, são várias *etno-x*, onde "x" é uma disciplina da academia.[44] Esses relatos muito me orgulham, uma vez que são recorrentes as menções de Paulo Freire à minha dedicação e à importância

---

41 *Ibidem*, p. 115.
42 <www.sulear.com.br/texto11.pdf>. <www.sulear.com.br/texto09.pdf>
43 Clifford Geertz, "Estar lá, escrever aqui", *op. cit.*
44 <www.sulear.com.br/texto02.pdf>

que ele dava à etnociência, tanto nos seus textos,[45] como no que às vezes escrevia, ao me dedicar seus livros, como no caso da *Pedagogia da esperança*:[46]

Para Marcio Campos,

cuja séria preocupação com a etnociência vem se tornando uma fonte de real contribuição para educadoras e educadores progressistas, com a amizade e o companheirismo de

Paulo e Nita

São Paulo
Dezembro, 18.
1992[47]

São referências ao meu gosto em articular a prática educativa com o que trazia aprendido dos saberes de meus interlocutores durante os trabalhos de campo. Esse processo de enfrentamento dos obstáculos epistemológicos na construção autodidata de conhecimento entre os saberes locais e os acadêmicos foi por demais acompanhado de saberes freireanos e bachelardianos. Desde sempre permanece na minha memória, cheio de todas essas bonitezas do inédito viabilizado por crenças de Freire na realização possível dos sonhos e utopias convertendo-me a um trabalho de *astropólogo*.

---

45 Paulo Freire e Ira Shor, *Medo e ousadia: o cotidiano do professor*, São Paulo, Paz e Terra, 1987, p. 132.

46 Para ver a imagem da dedicatória, acesse <sulear.com.br/beta3/curtas/>.

47 Paulo Freire, *Pedagogia da esperança*, *op. cit.*

E, já que mencionamos que teoria das representações foi uma tônica no trabalho de Jean Migne, por recorrentes leituras do mundo, seguimos construindo representações, noções e conceitos a respeito do que desperta nosso interesse. Este pode atingir vários níveis: sentir, registrar, pensar a respeito, problematizar e sentipensar.

Sentipensar com a Terra

Sentipensamento é uma noção elaborada por Orlando Fals Borda, conhecido pela sua Investigação Ação Participativa entre, por exemplo, camponeses na Colômbia. Borda em muitas ocasiões cruzou com Paulo Freire, como por ocasião da Revolução Popular Sandinista na Nicarágua, a partir de 1979. Em particular, quando em 1982 criou-se o Conselho de Educação de Adultos da América Latina (CEAAL), esses dois educadores populares estiveram entre seus fundadores e foram os dois primeiros presidentes honorários.

João Colares da Motta Neto, escrevendo sobre educação popular e pensamento decolonial latino-americano em Paulo Freire e Orlando Fals Borda, comenta na sua tese de doutorado:

> definimos Paulo Freire como um educador do Terceiro Mundo e Orlando Fals Borda como um intelectual sentipensante. Podemos, se quisermos, inverter as definições, sem deixar de ser fiel à trajetória desses educadores. Com efeito, ambos posicionaram-se ao lado dos condenados da terra dos países periféricos do

226 | Paulo Freire

Sul global, combinando razão crítica, emoção, compromisso e fé.[48]

Essa feliz conjunção de sentir e pensar tem sido utilizada com muita competência pelo brilhante antropólogo colombiano Arturo Escobar. No seu livro *Sentipensar con la tierra. Nuevas lecturas sobre desarrollo, territorio y diferencia*, o amigo Arturo Escobar proporciona que sentipensemos esse termo como ele próprio o descreve, cheio de boniteza e bem ao gosto de Paulo Freire:

> Esses textos, finalmente, também foram inspirados no conceito de sentipensamento, popularizado pelo mestre Orlando Fals Borda (1986), que aprendeu com as concepções populares ribeirinhas da Costa Atlântica. Sentipensar com o território implica pensar com o coração e a mente, corraciocinar, como bem enunciam colegas de Chiapas inspirados na experiência zapatista; é a forma na qual as comunidades territorializadas aprenderam a arte de viver. Este é um chamado, pois, a que a leitora ou o leitor sentipense com os territórios, culturas e conhecimentos de seus povos — com suas ontologias —, mais do que com os conhecimentos des-contextualizados que subjazem às noçoes de "desenvolvimento", "crescimento" e até "economia".[49]

---

48 João Colares da Mota Neto, "Educação popular e pensamento decolonial latino-americano em Paulo Freire e Orlando Fals Borda", tese (doutorado), Universidade Federal do Pará, Instituto de Ciências da Educação, PPG em Educação, Belém, 2015, p. 315.

49 <www.biblioteca.clacso.edu.ar/Colombia/escpos-unaula/20170802050253/pdf_460.pdf>

O ÓBVIO QUE NÃO FOI PENSADO

Por fim, consideremos a importância da presença da palavra "óbvio" na obra de Paulo Freire. Isso, freireanamente, me marcou para prosseguir numa discussão a respeito do papel do que parece óbvio nos processos de leitura do mundo e na educação formal e não formal.

Partamos de Freire em *Ação cultural para a liberdade*,[50] no capítulo intitulado oportunamente de "Algumas notas sobre conscientização", de 1975:

> Por tudo isto é que um dos focos — talvez o preponderante — de minha atenção, nestes quatro anos em que, trabalhando para o Conselho Mundial de Igrejas [a partir de 1970], me tornei uma espécie de "andarilho do óbvio", venha sendo o da desmitificação da conscientização.
>
> Nesta andarilhagem, venho aprendendo também quão importante se faz *tomar o óbvio como objeto de nossa reflexão crítica* e, adentrando-nos nele, *descobrir que ele não é, às vezes, tão óbvio quanto parece.* [Grifos meus.]

Sim, pensar criticamente o óbvio e obviedades com que nos deparamos cotidianamente pode ser fundamental para desenvolver uma postura da observação e compreensão de qualquer fenômeno ou fato no comportamento de educadores e educandos na construção do conhecimento.

---

50 Paulo Freire, *Ação cultural para a liberdade e outros escritos*, 5ª ed., São Paulo, Paz e Terra, 1981b, p. 119.

Bilhete de Paulo para Nita Freire, que registra o uso da palavra boniteza pela primeira vez. Sem data.

Em outro bilhete de Paulo para Nita Freire, é possível perceber a dimensão amorosa de boniteza. 18/12/1987.

> *Como gosto de sentir a bo-
> niteza de teu amor
> me arrancando da am-
> biguidade e me devolvendo
> a vida.*

Em bilhete de Paulo para Nita Freire, nota-se que a boniteza da vida e a da obra não são dissociáveis no sentir e fazer freireano. Excerto. 26/12/1987.

> *Nita, menina minha,
> de olhos de vida cheios
> de mãos grandes medindo sem-
> pre pra mais o amor que me dás
> Nita menina minha,
> não imaginas a boniteza de ca-
> rinho que ainda tenho pra te dar,*

Antes de partir para a Espanha, quando foi receber o título de doutor *honoris causa* da Universidade de Barcelona, Paulo pediu Nita Freire em casamento. No dia seguinte, ele viajou para Genebra, de onde escreveu essa carta. Excerto. 5/2/1988.

> *Nita,
> Em plena reunião de trabalho me é difícil
> trabalhar. Só penso em ti, no teu riso, na tua
> paciência na tua boniteza, na tua humilda-
> de. Nunca pensei que pudesse te amar, no-
> vamente assim, como te amo, doidamen-
> te assim, juvenilmente assim, corajosa-
> mente assim, medrosamente assim,
> ciumentamente assim.*

Excerto. Sem data.

PARIS·SANTIAGO

Nita,

A boniteza da vida não está na compreensão rígida das coisas nem na lógica bem comportada que exigimos dos fatos, nem tampouco na nossa certeza em torno do que deve ser a própria vida.

A boniteza da vida está na certeza da incerteza e na coragem de começar tudo de novo quando se pensava que já nada podíamos fazer.

A boniteza da vida está em aceitar que até as sextas-feiras podem virar azuis e elas rosas, violetas, margaridas podem florir e sabiás podem cantar.

A boniteza da vida está na capacidade de amar, apesar de tudo.

A boniteza da vida está em perceber que amar é melhor que não amar, mesmo quando não amar, como tentação diabólica, pudesse parecer uma porta aberta a mil amores.

Te amo convictamente

Paulo

Poema de Paulo para Nita Freire, em que o Patrono da Educação Brasileira trata da boniteza da vida. Sem data.

Paulo Freire sendo cumprimentado por Nita, no aeroporto de Viracopos. Depois de quase dezesseis anos de exílio, Paulo recebeu seu primeiro passaporte e veio visitar o Brasil, assinando um contrato de trabalho com a PUC–SP. 7/8/1979.

Boniteza também é amizade e posicionamento político. Paulo Freire entre Luiz Inácio Lula da Silva e Jair Meneguelli, então sindicalistas. Os três foram importantes nomes na fundação do Partido dos Trabalhadores, em 1980. Sem data.

Paulo e Nita Freire ao lado de Luiza Erundina, primeira mulher prefeita de São Paulo, comemorando o aniversário dele. Freire foi secretário de Educação da gestão de Erundina, fortalecendo a escola democrática de qualidade. 19/9/1989.

Paulo e Nita Freire nas matas onde se abrigaram as forças progressistas contra a ditadura salvadorenha – os líderes da Frente Farabundo Martí de Libertação Nacional (FMLN). Os dois foram os primeiros civis a visitarem o esconderijo, sob a tutela da Unesco. 7/1992.

Paulo Freire exercendo a boniteza do voto secreto universal. Sem data.

É preciso aprofundar, detalhar e diversificar nossa percepção e raciocínio sobre qualquer coisa observada, sempre a problematizando, mesmo que o que saibamos sobre a coisa possa nos parecer verdade óbvia e já sabida. Esse saber pode estar implícito, subentendido, mas de forma errônea, e clamando para ser reconsiderado e re-conhecido em profundidade. Enfim, ser problematizado.

Se mostrarmos uma folha em branco apenas com um ponto preto no meio, é comum receber em resposta que estão vendo um ponto preto, sem menção ao fundo branco. A constelação Centauro possui duas estrelas brilhantes e marcadamente distantes das outras da sua vizinhança. A etnia kuikuru identifica o fundo escuro sem estrelas como o corpo de uma onça cujos olhos são essas duas estrelas isoladas. Nota-se aqui uma diferença significativa no modo como lidamos com a antinomia figura/fundo. Nas necessárias e recorrentes leituras do mundo, podem surgir surpresas!

Consideremos aqui dois exemplos que se relacionam.

Ocorreu-me, com frequência, dar a volta com a ponta do dedo indicador na borda de um copo de base circular e perguntar a meus interlocutores — muitas vezes, amizades na mesa de um bar — que figura geométrica o meu dedo percorreu, pedindo resposta imediata.

Na maioria das vezes — com resposta sem aguçar percepção e pensamento —, respondem que viram a ponta do dedo percorrer um círculo. No entanto, a única possibilidade de percepção visual de um círculo seria ver o copo de topo, ou seja, do teto do ambiente do bar, e não sentado à mesa.

O interessante é que, se tirarmos uma foto numa direção inclinada em relação à mesa e semelhante aos nossos olhares sobre o copo, fica evidente que meu dedo percorreu uma elipse.[51] Com frequência a resposta dada parece ter se baseado num pré-conceito de copo de base circular como são os copos usuais. Portanto, respondeu-se de modo independente do fenômeno pseudo-observado com uma aparente obviedade — um óbvio que não foi pensado.

Com relação a isso, ou como uso dessa experimentação com o copo, todos se lembram das páginas dos atlas geográficos escolares com o desenho do sistema solar com as órbitas exageradamente elípticas e sem que a página indique onde estaria o astronauta-observador que o teria desenhado. Muita gente não reflete sobre isso, mas esse astronauta estaria observando "de cima" ou "de baixo" do sistema solar e muito mais do que "plutonicamente" longe.

Por que são elipses?

Poderíamos perguntar ao apressado em responder o "óbvio". Muitas vezes transcorreu o seguinte diálogo:

"Ora! Porque Kepler calculou as órbitas comprovando que são elipses."

"Opa! Mas Copérnico as calculou supondo círculos, ou aproximando as elipses como círculos, e encontrou um resultado relativamente bom para esse modelo!"

"Caro! As órbitas dos planetas do sistema solar são elípticas, embora com grau muito pequeno de elipticidade. Quase circulares, como calculou Kepler."

Logo, tenho adotado um lema no qual muito acredito para acompanhar todo tipo de interação educador-educando na leitura do mundo durante o ato de sentipensar construindo conhecimento: *problematizar* o óbvio que não foi pensado.

---

51 Para ver a imagem do copo, acesse <www.sulear.com.br/beta3/curtas>.

Enfim

Essas reflexões nos levaram à procura do sentipensar de Paulo Freire com sua boniteza. Quando presente no ato de educar, parece-nos que boniteza está associada a um movimento, à dinâmica existente entre educando-educador em qualquer contexto de conhecer. É como se a boniteza permeasse uma ação, aqui, a de educar e, na natureza, a de um botão desabrochar em flor. Sim, porque a flor é bela, é bonita de beleza, mas o desabrochar do botão comunica boniteza. O botão ou o broto nos leva a refletir sobre quanto significado, portanto, quanta boniteza existe no processo de desenvolvimento da planta e do nosso envolvimento com ela.

Rio Novo, MG, em quarentena, 3 de agosto de 2020.

Agradecimento

A Madalena Mattos Pontes, que sempre me acompanha com amor e boniteza e que foi me seguindo, e trocando boas ideias no desabrochar desse botão.

REFERÊNCIAS BIBLIOGRÁFICAS

BACHELARD, Gaston. *A formação do espírito científico*. Rio de Janeiro: Contraponto, 1996.

CAMPOS, Marcio D' Olne. "A cosmologia dos Caiapós". *Etnoastronomia Scientific American Brasil*, São Paulo, v. 14, pp. 62-71, 2006. Disponível em: <www.sulear.com.br/texto11.pdf>. Acesso em: 3 dez. 2019.

_____. "Etnociência ou etnografia de saberes, técnicas e práticas?" *In:* AMOROZO, Maria Christina de Mello; MING, Lin Chau; PEREIRA DA SILVA, Sandra Maria (eds.). *Métodos de coleta e análise de dados em etnobiologia, etnoecologia e disciplinas correlatas: Anais do I Seminário de Etnobiologia e Etnoecologia do Sudeste (Rio Claro, SP, 29/11 a 1/12/2001)*, 2002, pp. 47-92. Rio Claro: Coordenadoria da Área de Ciências Biológicas — Gabinete do Reitor — Unesp/CNPq. Disponível em: <www.sulear.com.br/texto02.pdf>. Acesso em: 31 jan. 2020.

_____. "Saber mágico, saber empírico, e outros saberes na Ilha dos Búzios". In: EULÁLIO, Alexandre (ed.). *Caminhos cruzados. Antropologia, linguagem e ciências naturais*. São Paulo: Brasiliense, 1982. pp. 23-32. Disponível em: <www.sulear.com.br/texto09.pdf>. Acesso em: 3 dez. 2019.

_____; SANZ, Jaqueline. *Antropologia educacional*. Vitória: Núcleo de Educação Aberta e a Distância (ne@ad). UFES, 2004.

CERTEAU, Michel de. A invenção do cotidiano: 1. Artes de fazer. Petrópolis: Vozes, 2008.

ESCOBAR, Arturo. Sentipensar con la tierra. Nuevas lecturas sobre desarrollo, territorio y diferencia [Sentipensar com a terra. Novas leituras sobre desenvolvimento, territorio e diferença]. Medelin: Ediciones Unaula, 2014, p. 184. (Coleção Pensamiento vivo). Disponível em: <www.biblioteca. clacso.edu.ar/Colombia/escpos-unaula/20170802050253/pdf_460.pdf>. Acesso em: 19 jul. 2020.

FREIRE, Paulo. *Ação cultural para a liberdade e outros escritos.* 5ª ed., São Paulo: Paz e Terra, 1981b. (Coleção O Mundo Hoje, v. 10.)

_____. *Pedagogia da autonomia: saberes necessários à prática educativa.* São Paulo: Paz e Terra, 2007. (Coleção Leitura.)

_____. *Pedagogia da esperança: um reencontro com a Pedagogia do oprimido.* São Paulo: Paz e Terra, 1992.

_____. *Pedagogia do oprimido.* Rio de Janeiro: Paz e Terra, 1981a.

_____; CAMPOS, Marcio D'Olne. "Leitura da Palavra... Leitura do Mundo". In: *O correio da Unesco.* Rio de Janeiro, v. 19, n. 2, p. 4-9, fev. 1991. Disponível em: <www.sulear. com.br/texto06.pdf>. Acesso em: 6 fev. 2020.

_____; SCHOR, Ira. *Medo e ousadia: o cotidiano do professor.* São Paulo: Paz e Terra, 1987.

GEERTZ, Clifford. "Estar lá, escrever aqui", *Diálogo*, v. 22, n. 3, 1989.

HONORATO, Maria Aparecida; MION, Rejane Aurora. "A importância da problematização na construção e na aquisição do conhecimento científico pelo sujeito". In: *VII ENPEC — Encontro Nacional de Pesquisa em Educação em Ciências*, 2009, Florianópolis. VII ENPEC, 2009. Disponível em: <www.150.162.8.240/somente-leitura/PNAP_2011_1/Modulo_1/Metodologia_Estudo_Pesq_Adm/Material_didatico/Textos_apoio/IMPORTANCIA_DA_PROBLE-MATIZACAO_NA_CONSTRUCAO_E.pdf>. Acesso em: 19 jul. 2020.

KUHN, Thomas. *A estrutura das revoluções científicas*. São Paulo: Perspectiva, 1992.

MELO NETO, João Cabral de. "Jogos frutais". In *A educação pela pedra e depois*. Rio de Janeiro: Nova Fronteira, 1997.

MIGNE, Jean. "Les obstacles épistémologiques à la formation des concepts", *Education Permanente*, n. 119, 1994-2, pp. 101-24.

MOTA NETO, João Colares da. "Educação popular e pensamento decolonial latino-americano em Paulo Freire e Orlando Fals Borda". Tese (Doutorado) — Universidade Federal do Pará, Instituto de Ciências da Educação, PPG em Educação, Belém, 2015.

MURDOCH, Jonathan; CLARK, Judy. "Sustainable Knowledge" [Conhecimento sustentável], *Geoforum*, v. 25, n. 2, 1994, pp. 115-32.

RAHNEMA, Majid; BAWTREE, Victoria. *The Post-Development Reader* [O leitor do pós-desenvolvimento]. Londres, Zed Books, 1997.

RAHNEMA, Majid; ILLICH, Ivan. "Candle in the Dark". Disponível em: <iranian.com/Opinion/March98/Rahnema/index.html?site=archive>. Acesso em: 17 nov. 2020.

RIBEIRO, Renato Janine. "O ensino a distância de Bolsonaro vai ser um bom negócio. Para um certo Stavros Xanthopoylos". Disponível em: <www.viomundo.com.br/politica/renato-janine-ribeiro-o-ensino-a-distancia-de-bolsonaro-vai-ser-um-bom-negocio-para-um-certo-stavros-xanthopoylos.html>. Acesso em: 17 nov. 2020.

SILVA, Orlando. "Curare". Comp. de Alberto de Castro Simões da Silva (Bororó). [S.l], [s.n.], [s.d.].

SULEAR. Disponível em: <www.sulear.com.br>. Acesso em: 17 nov. 2020.

VALENÇA, Alceu. "Morena tropicana". In *Cavalo de pau*. [S.l.]: Polydor, 1982.

ZATTI, Vicente. *Autonomia e educação em Immanuel Kant e Paulo Freire*. Porto Alegre: Edipucrs, 2007. Disponível em: <www.pucrs.br/edipucrs/online/autonomiaeeducacao. pdf>. Acesso em: 19 jul. 2020.

11.

PAULO FREIRE EM DIÁLOGO COM A FILO-SOFIA GREGA ANTIGA: COMPARANDO *BONITEZA* E *KALOKAGATHIA*

*Maria Nikolakaki**

A FILOSOFIA EDUCACIONAL DE PAULO Freire é geralmente associada a conceitos como teoria e prática, práxis, modelo de educação bancária/modelo de educação problematizadora, natureza política da educação, círculos de cultura, diálogo e *conscientização*. Mas, para apreciar completamente sua obra, é preciso ser capaz de situar Paulo Freire no tempo e na história. O histórico de publicação de Freire compreende um período de 39 anos (sem considerar os trabalhos publicados postumamente), sendo cada publicação marcada pela situação geográfica e sociopolítico-econômica daquele momento.[1] Por mais de 29 anos Paulo Freire construiu sua filosofia pedagógica, completando-a e trazendo novos elementos para

---

* University of Peloponnese, Grécia.
1 Ana Cruz, "Paulo Freire's Concept of Conscientização", in Roberty Lake, Tricia Kress (orgs.), *Paulo Freire's Intellectual Roots Toward Historicity in Praxis* [As raízes intelectuais de Paulo Freire em direção à historicidade da práxis], Bloomsbury, 2013, p. 170.

ela. Juntos, todos os seus trabalhos constituem uma das mais completas filosofias da educação já escritas.

O fato de que Paulo Freire é um dos mais renomados educadores do século XX é indiscutível. Dizer que seu trabalho é transformador e inovador soa como repetição banal. Paulo Freire mudou não apenas a vida dos educadores mundo afora, mas também o modo como os educadores veem a educação como tal. Não se pode simplesmente colocá-lo entre seus contemporâneos como um filósofo da educação, mas essa comparação precisa se estender àqueles cujas ideias modificaram o mundo em que vivemos. Neste artigo, comparo a relação de *boniteza* à filosofia grega antiga e ao conceito de *kalokagathia*. Na primeira seção, analiso o conceito de *kalokagathia* e suas origens. Examino sua conexão com a estética e com a moral. Vejo como evolui de um conceito aristocrático para um democrático e como se relaciona à religião grega antiga e à percepção de excelência e pureza. Na segunda seção, analiso o uso de boniteza em Paulo Freire e suas conexões com a estética, a moral e a conscientização. Então, examino as sugestões de Paulo para uso na educação e a construção de uma sociedade justa. Na terceira seção, relaciono *boniteza*, *kalokagathia* e democracia na pólis. Concluo que *boniteza* tem a ver com a luta e o amor por este mundo.

KALOKAGATHIA NA GRÉCIA ANTIGA

A palavra *kalokagathia* em grego é formada por duas palavras, "*kalos*" e "*agathos*", que significam, respectivamente, "belo" e "bom". É associada à ideia de um homem que carrega beleza, força, bondade, sabedoria, verdade e a atitude ética correta em seu cotidiano. A ideia de que tanto mente quanto corpo deveriam ser cultivados foi um conceito que surgiu em sociedades antigas antes do desenvolvimento do ideal grego.[2] Os conceitos de *kalokagathia* e *kalos kagathos*, ou em forma de epíteto καλοκάγαθος, têm um papel importante na ética, na política e na economia helênicas clássicas. A política não pode ser corretamente entendida sem um conhecimento minucioso da base ética fornecida pela δικαιοσύνη (justiça) e pela *kalokagathia*. A palavra *kalokagathia* significa o caráter e a conduta de *kalos kagathos*, ou seja, do homem perfeito e justo; assim, poderia significar bondade, integridade e honestidade, atributos que, enfim, levam à felicidade.[3] Consequentemente, *kalokagathia* como "o belo e o bom" era um ideal a ser alcançado através da educação e do estilo de vida — no entendimento platônico de que aquilo que é bom (como um "reflexo" do Bom ideal) só pode ser belo, e vice-versa. Platão escreveu em *Lísis*: "Por isso afirmo que o bom é belo." Isso unia a aparência externa à qualidade interna. De maneira simplificada, poderíamos dizer que somente aquele que possui ambas as qualidades (que é bonito, justo, mas também honesto e íntegro) pode ser considerado belo. A poeta grega antiga Safo de Lesbos disse: "Aquele que é considerado justo é bom, e aquele que é bom em breve será também justo."[4]

---

2 Vera Olivova, *"Kalokagathia* — The Greek Ideal of the Harmonious Personality"* [Kalokagathia — o ideal grego da personalidade harmoniosa], *Canadian Journal of History of Sport*, 14(2), 1-15, 1983.

3 Georgios Petrochilos, *"Kalokagathia:* The Ethical Basis of Hellenic Political Economy and Its Influence from Plato to Ruskin and Sen" [Kalokagathia: a base ética da economia política helênica e sua influência de Platão a Ruskin e Sen], *History of Political Economy*, v. 34, n. 3, outono 2002, Durham, Duke University Press, p. 604.

4 Marija-Ana Dürrigl, *"Kalokagathia* — beauty is more than just external appearance"*, Journal of Cosmetic Dermatology*, 1, 208-210, Blackwell Science, 2002.

Em uma inscrição grega, o próprio Zeus é honrado pelo epíteto *kalokagathios*. Geralmente, entretanto, em sua origem, a palavra era associada a representantes homens da aristocracia e, depois, à cidadania. O ideal aristocrático original se tornou "democratizado com o desenvolvimento da *pólis*" e era "o objetivo da educação ateniense até o período Clássico".[5] No decurso dos séculos V e IV a.C., o ideal foi ainda mais elaborado, particularmente seus aspectos filosóficos e médicos. Alguns filósofos descreveram *kalokagathia* como o equilíbrio ideal das qualidades corporais, espirituais, físicas e morais, de modo que não fosse algo voltado apenas para o indivíduo, mas que também tivesse dimensões sociais e morais. Foi a democracia que tornou possível aplicar o ideal aristocrático de *kalokagathia* a estratos sociais mais amplos. Ao longo desse período clássico da democracia ateniense, todos os cidadãos, independentemente da situação patrimonial, tinham o mesmo direito a participar na gestão do Estado. Isso logicamente exigia seu treinamento prévio para lidar com a tarefa, educação em cidadania. E incluía o direito de todos os cidadãos à educação física e mental. Esse sistema de educação universal indicava que, no século V a.C., praticamente todos os cidadãos atenienses eram letrados, tinham um lastro de conhecimentos gerais sobre civilização e história gregas, e eram bem treinados e cultivados do ponto de vista físico. Dessa maneira, o ideal aristocrático, originalmente exclusivo de *kalokagathia*, era o ápice da democracia ateniense percebido através da estrutura de sua sociedade. Isso se refletiu pela cultura espiritual e física de Atenas.[6]

---

5 Ingomar Weiler, "Inverted *Kalokagathia*, Slavery & Abolition", *A Journal of Slave and Post-Slave Studies*, 23:2, 9-28, 2002, p. 11.
6 Vera Olivova, "*Kalokagathia* — The Greek Ideal of the Harmonious Personality", *op. cit.*

Certas condições para a formação desse ideal já existiam nas ideias fundamentais dos gregos sobre a natureza do mundo. Essas ideias foram elaboradas em um sistema formal pelos primeiros poetas gregos, Homero e Hesíodo, no século VIII a.C. Ideias que tinham lentamente se cristalizado ao longo dos séculos anteriores pela poesia oral.[7] Os filósofos Sócrates, Platão, Aristóteles e os sofistas se preocuparam primeiramente com o lado ético e moral do homem e com a sua relação com a sociedade. Nesse contexto, *areté politiké*, as qualidades civis, assumiram excepcional relevância. Tratava-se da soma das qualidades e atividades através das quais o indivíduo mostrava que era um membro bom e valoroso da sociedade. Esse novo aspecto político de *areté* também tinha lugar no ideal de *kalokagathia*, que, no oratório da Atenas do século IV a.C., foi apresentado, como a característica dos cidadãos da pólis. *Kalokagathia* era um ideal a ser alcançado através da educação e do estilo de vida, educação sendo algo que aprimora o indivíduo como um todo, de acordo com Platão.[8]

Kalokagathia incluía perfeição moral e social; não apenas "uma mente/alma sã em um corpo são" (*mens sana in corpore sano*), mas também uma dimensão moral e social.[9] Isso também guardava uma semelhança religiosa. Muitas estátuas e pinturas atléticas de fato retratam deuses antigos que não faziam cara feia ou demonstravam qualquer tensão — mesmo quando realizavam os mais difíceis feitos atléticos. É importante lembrar, em contraste com os esportes modernos, que os festivais atléticos antigos eram uma forma de adoração

---

7 *Ibidem.*
8 *Ibidem.*
9 Marija-Ana Dürrigl, *"Kalokagathia* — beauty is more than just external appearance", *op. cit.*

religiosa e que a competição atlética servia a uma função comunitária.[10] De fato, essa expressão de uma alma atlética harmoniosa e serena tem a pretensão de se assemelhar à alma de deus. Muitas das imagens atléticas que vemos hoje nos museus eram solicitadas para serem dedicadas aos deuses importantes nos santuários apropriados como memorial de uma vitória, ou para serem parte de um monumento funeral, em memória de algum atleta glorioso do passado e já falecido. Esses ambientes exigem uma atitude de decoro, ou mesmo tristeza.[11] Nesse sentido, refletir sobre *kalokagathia* era uma medida em direção ao aprimoramento mental, físico e espiritual. Como Heather Reid[12] diz:

> O equilíbrio e a harmonia que vemos em imagens artísticas de atletas antigos refletem não tanto como os atletas realmente aparentavam ser, mas eram mais uma expressão do estado desejado de sua alma. É por essa razão que eu falo sobre a beleza de atletas, em vez de falar da beleza dos corpos atléticos. A alma (*psique*), afinal, é o princípio de movimento no pensamento grego antigo, e a beleza atlética — mesmo em escultura — não pode ser separada do movimento. A harmonia psíquica também foi expressa artisticamente através de expressões faciais e linguagem corporal. Estátuas clássicas de atletas vitoriosos não se parecem em nada com as imagens dos campeões modernos —

---

10 Vera Olivova, *"Kalokagathia* — The Greek Ideal of the Harmonious Personality"*, op. cit.*, p. 23-7.

11 Heather Reid, *Introduction to the Philosophy of Sport* [Introdução à filosofia do esporte], Maryland, Rowman & Littlefield Publishers, p. 284.

12 *Ibidem.*

sorrindo largamente ou mesmo celebrando de maneira extravagante, erguendo os braços euforicamente para os céus. As estátuas, ao contrário, exibem modéstia e serenidade — seu olhar ligeiramente voltado para baixo e para o lado, mesmo quando elas se aproximam para tocar a coroa (*stephano⁻s*) ou a faixa (*tainia*) do campeão. Não acho que devamos concluir a partir disso que os atletas gregos antigos eram indiferentes à vitória, ou que eles tipicamente reagiam à vitória com a serenidade e o decoro retratados na arte atlética. Em vez disso, as estátuas retratam a reação filosófica à vitória em um contexto religioso.

A poeta Telesila de Argos (século V a.C.) faz uma referência a *Kalokagathia* como a deusa da nobreza. Resumidamente, uma vida de nobreza significava uma vida de deusa.[13] *Kalokagathia* abarcava a perfeição moral e social; não apenas "uma mente/ alma sã em um corpo são" (*mens sana in corpore sano*), mas também uma dimensão moral e social.[14]

Embora Platão e Aristóteles discordem a respeito do que seja o belo, ambos o consideram como algo objetivo, no sentido de que não está localizado na resposta do observador. A concepção clássica trata o belo como uma questão de fundamentação de proporções definidas ou de relações entre partes, às vezes expressa em razão matemática, por exemplo, a "proporção áurea".[15] A concepção clássica é a de que o belo consiste na organização de partes integrais em

---

13 *Ibidem*, p. 285.
14 Marija-Ana Dürrigl, "Kalokagathia — beauty is more than just external appearance", *op. cit.*, p. 209.
15 <plato.stanford.edu/>

um todo coerente, de acordo com a proporção, a harmonia, a simetria e noções similares. Essa é uma concepção ocidental primordial de belo e é incorporada na arquitetura, na escultura, na literatura e na música clássica e neoclássica, onde quer que elas apareçam. Aristóteles diz na *Poética* que, "para ser belo, um ser vivo, e qualquer todo feito de partes, deve [...] apresentar certa ordem na organização de suas partes".[16] E na *Metafísica*: "As formas principais do belo são a ordem, a simetria e a definição, que as ciências matemáticas expressam em alto grau."[17] Essa perspectiva, conforme Aristóteles sugere, é às vezes reduzida a uma fórmula matemática, tal qual a proporção áurea, mas que não precisa ser pensada em termos tão restritivos. A concepção é exemplificada acima de tudo em textos como *Elementos*, de Euclides, e o *Cânone*, do escultor Policleto (final do século V/início do século IV a.C.), e na arquitetura, como no Partenon. O equilíbrio é essencial para sua doutrina ética da média, que requer que o agente busque a virtude no ponto médio entre excesso e falta — coragem, por exemplo, é o ponto médio entre covardia e imprudência.[18] A ação ética, além disso, é descrita por Aristóteles como algo ao mesmo tempo belo e feito em prol do belo (para *kalon*).[19] Equilíbrio e harmonia são também expressos através do famoso *Cânone* de Policleto — um texto e sua respectiva estátua (ambos agora perdidos) referidos como

---

16 Aristóteles, *The Complete Works of Aristotle* [Obras completes de Aristóteles], v. 2, Jonathan Barnes (org.), Princeton: Princeton University Press, 1984, 2322 [1450b34].
17 Aristóteles, *The Complete Works of Aristotle*, op. cit., 1705 [1078a36].
18 *Idem*, "Ética a Nicômaco", in *idem*, *The Complete Works of Aristotle*, op. cit. 1106a.
19 *Ibidem*, 1116b.

a demonstração de uma base matemática para a simetria e a proporção essenciais para retratar um nu belo.[20]

O belo está conectado ao amor e o amor se conecta à moral. Isso foi bem apresentado por Sócrates no *Simpósio*, conforme apresentado por seu discípulo Platão. Sócrates foi o primeiro a voltar sua atenção da filosofia dos ionianos, que era centrada na natureza, para uma filosofia que girasse em torno da humanidade.[21] Mihaela Fistioc[22] apresenta o *Simpósio* como uma alegoria da condição humana e como uma investigação sobre a melhor maneira de viver, com cada participante representando um estágio diferente de entendimento ou desenvolvimento moral, cada qual guiado, à sua própria maneira, pelo amor (*eros*). O amor como anseio por unidade, descrito no discurso de Aristófanes como perene afundamento no abatimento humano, torna-se capaz — no Mito de Diotima — de tornar os humanos outra vez inteiros. Nesse mito, conforme narrado por Sócrates, o amor inclui não apenas a necessidade, mas também a desenvoltura para nos livrar de um tatear perdido e cego em busca da plenitude. Somos inicialmente atraídos para os outros por um belo mais ou menos explícito, mas o que desejamos afinal é a sabedoria e o bom. Primeiro amamos um corpo, mas então descobrimos que o belo que nós amamos não está nesse ou naquele corpo como tal, mas sim em sua forma ou simetria, abrindo

---

20 Heather Reid, *Introduction to the Philosophy of Sport*, Maryland, Rowman & Littlefield Publishers, p. 284.

21 Georgios Petrochilos, "Kalokagathia: The Ethical Basis of Hellenic Political Economy and Its Influence from Plato to Ruskin and Sen", *op. cit.*

22 Mihaela Fistioc, *The Beautiful Shape of the Good: Platonic and Pythagorean Themes in Kant's Critique of the Power of Judgment* [A bela forma do bem: temas platônicos e pitagóricos na crítica de Kant ao poder de julgamento], Londres, Routledge, 2002.

assim uma porta para o universal. E, como apaixonados por esse corpo em particular, nós também descobrimos pela primeira vez uma preocupação altruísta pelo amado, e então uma preocupação com o outro em geral, desenvolvendo, dessa maneira, um entendimento das leis sociais. Em termos kantianos, nos tornamos capazes de fazer essas leis serem nossas, e assim nos tornamos autolegisladores. Somos atraídos por algo que oferece tanto prazer quanto entendimento, e isso encontramos em uma forma — de início física, mas depois mais abstrata. O belo se torna um tipo de legalidade; experienciar o belo é responder com prazer à descoberta de uma proporção ideal ou de uma forma inteligível. Ou, como sintetiza Fistioc, "Uma pessoa, quando se apaixona, ganha novos olhos, e com esses novos olhos ela pode ver a estrutura do mundo de um jeito que não conseguia ver antes".[23]

De acordo com Platão, o belo era uma ideia ou forma da qual coisas belas eram consequência. O belo, por comparação, surge no domínio dos objetos inteligíveis, uma vez que há uma Forma de belo. A teoria das formas de Platão sustenta que existem dois níveis distintos de realidade: o mundo sensível das visões e dos sons, em que vivemos, e o mundo inteligível das formas, que está acima do mundo sensível e lhe dá existência. Para Platão, as coisas belas que podemos ver são belas apenas porque estão presentes na forma do belo em geral. Essa Forma do Belo em si é invisível, eterna e imutável, diferentemente das coisas do mundo sensível, que podem envelhecer e perder sua beleza. A explicação de Platão no *Simpósio* conecta o belo a uma resposta de amor e desejo, mas localiza o belo em si no reino das formas e a beleza de objetos particulares

---

23 *Ibidem*, p. 95.

em sua participação na Forma. Quanto mais reconhecemos o belo, mais conseguimos nos conectar ao bom. A estética é o caminho da moral. Os efeitos pedagógicos distintivos do belo mostram o porquê de Platão falar sobre sua bondade e suas boas consequências, algumas vezes até mesmo definindo sua identidade como "o bom".[24]

Filósofos neoplatônicos assumiram a noção de *kalokagathia* na Antiguidade Tardia e na Idade Média (a partir de Dionísio, o Areopagita) e a cristianizaram fundamentalmente. A atenção mudou para aquilo que se pode chamar "beleza interna", a beleza da alma e suas virtudes.[25] A moral é a primeira parte da razão prática de Kant, uma ideia antiga e venerável. Já proeminente no pensamento de Platão e de Aristóteles, ela continua a florescer na Antiguidade Tardia e é levada adiante por Aquino e seus seguidores até os tempos modernos, e chega à sua expressão mais plena nos ensinamentos de Kant. Um fio comum que passa por todos eles une essas figuras em uma tradição cognitivista na filosofia prática, que encontra no conhecimento o modelo para a vida. Como outros filósofos desse período, Kant classifica sob o título de juízo um amplo conjunto de operações mentais que realizamos frequentemente nos dias de hoje.[26] Não se deve esquecer, é claro, que alguns juízos podem ser *pré-requisitos* do conhecimento: juízos de gosto, que constituem uma classe dos juízos "estéticos",

---

24 *Leis* 841c; *Filebo* 66a-b; *A república*, 401c; *Simpósio* 201c, 205e. <aquiieana. wordpress.com/2015/11/25/%E2%96%BAphilosophy-beauty-according-to--plato-mythology-some-greek-myths-based-on-beauty%E2%AD%90>
25 Marija-Ana Dürrigl, "Kalokagathia — beauty is more than just external appearance", *op. cit.*
26 Immanuel Kant, *Critique of Judgement*, trad. J. H. Bernard, Nova York, Macmillan, 1951, 203-4; cf. 188-9. [Ed. bras.: *Crítica da faculdade de julgar*, Petrópolis, Vozes, 2016.]

são condições materiais necessárias para a aplicação empírica do conceito de bom no conhecimento prático.[27]

Kant questionava o juízo do belo como um juízo de conhecimento e acreditava, consequentemente, que não fosse lógico, mas estético, pelo qual compreendemos aquilo cujo fundamento determinante *não pode ser outro senão subjetivo*. Cada referência a representações, mesmo aquelas das sensações, pode ser objetiva (e, dessa maneira, ela expressa o [elemento] real de uma representação empírica), salvo, apenas, a referência à sensação de prazer e de dor, pela qual nada no objeto é expresso, mas através da qual se gera uma sensação no sujeito conforme ele é afetado pela representação.[28] Embora não examine a verdade estética *per se*, Kant é suficientemente platônico para perceber que o Belo, a Verdade e a Bondade estão interligados. Dessa maneira, ele não se contenta em explicar a legalidade estética vinculando consciência estética à cognição. Ele examina a veracidade e a certeza da esteticidade e chega próximo ao reino suprassensível da moral racional. Lá, Kant reconhece que a verdade estética não é meramente uma questão de correção lógica. Ele vê que ela envolve uma certeza comum moldada por uma perspectiva compartilhada sobre a origem, a função e a esperança da existência humana.[29]

Entretanto, se o belo é inteiramente subjetivo — ou seja, se qualquer coisa que alguém considere ou experiencie como belo é belo —, então parece que a palavra não tem sentido algum,

---

27 <plato.stanford.edu/>
28 Immanuel Kant, *Critique of Judgement, op. cit.,* 1790, seção 1.
29 Lambert Paul Zuidervaart, "Kant's Critique of Beauty and taste: Explorations into a Philosophical Aesthetics" [Crítica da beleza e do gosto de Kant: explorações em uma estética filosófica], tese [doutorado], 1975.

ou que não estamos comunicando nada quando chamamos algo de belo, exceto, talvez, uma atitude pessoal de aprovação. Além disso, embora pessoas diferentes possam, é claro, divergir em juízos particulares, é também óbvio que nossos juízos coincidem em um nível considerável: seria esquisito ou perverso para qualquer um negar que uma rosa perfeita ou um pôr do sol espetacular é belo. E é possível, na verdade, discordar e discutir sobre se algo é belo, ou tentar mostrar a alguém que algo é belo, ou aprender de alguém o porquê de ser belo.[30]

FREIRE E *BONITEZA*

Para Paulo Freire, essa dimensão, a boniteza, é parte da concepção da vida, bem como o amor, a valorização, a solidariedade, a utopia, a alegria, a esperança, a estética e as pessoas. A vida deve ser bela, não só a vida de um indivíduo, mas a satisfação de um povo. "Um dia esse país vai se tornar menos feio. Ninguém nasceu para ser feio. Esse país terá mais boniteza conforme o povo lute com alegria e esperança [...] o que muda é a forma de lutar."[31]

Pensar e ensinar requerem estética e ética, sem as quais influenciaremos uma "forma altamente negativa e perigosa de pensar errado". Em *Pedagogia da autonomia*,[32] Paulo Freire afirma conclusivamente:

---

30 <plato.stanford.edu/>
31 Depoimento para ONG Centro de Estudos e Pesquisas em Educação (Cenpec) em "Profissão Professor".
32 Paulo Freire, *Pedagogia da autonomia: saberes necessários à prática educativa*, São Paulo, Paz e Terra, 1996, pp. 32-3.

A necessária promoção da ingenuidade à criticidade não pode ou não deve ser feita à distância de uma rigorosa formação ética ao lado sempre da estética. Decência e boniteza de mãos dadas. Cada vez me convenço mais de que, desperta com relação à possibilidade de enveredar-se no descaminho do puritanismo, a prática educativa tem de ser, em si, um testemunho rigoroso de decência e de pureza.

Paulo Freire escolheu a palavra *boniteza*, que em português tem uma conotação mais popular, enquanto *beleza* é mais erudita, elitizada e clássica. Ele entendeu *boniteza* como um comprometimento estético que leva à moral e da moral à *conscientização*. Streck[33] acredita que boniteza é a dimensão estética da conscientização. De acordo com Ana Cruz,[34]

> *Conscientização* é o processo ativo através do qual um entendimento crítico das circunstâncias sociopolítico-econômicas é adquirido, permitindo que se alterem ativamente circunstâncias opressoras. Considerar o conceito de *conscientização* como um processo meramente de aumento da consciência é impreciso; a *conscientização* sempre vai incluir o passo a seguir, transformar ativamente as circunstâncias que causam a opressão (Freire, 1994).

Conscientização significa não só ter conhecimento da realidade que oprime, mas também se tornar consciente de que um pro-

---

33 Danilo R. Streck, *A New Social Contract in Latin American Education Context* [Um novo contrato social no contexto educacional latino-americano], Londres, Palgrave Macmillan, 2010.
34 Ana Cruz, "Paulo Freire's Concept of Conscientização", *op. cit.*, p. 173.

cesso de libertação é possível enquanto houver envolvimento concreto para a transformação dessa realidade. Uma vez que esse processo ocorre por dentro das contradições históricas, a nova realidade não vai emergir do nada, de uma hora para outra. A partir disso, Freire cunhou as expressões "inédito viável" e "sonho possível" para expressar, ao mesmo tempo, que ninguém cria um mundo novo num toque de mágica, mas que o mundo desejado também nunca vai surgir se não for dado o primeiro passo hoje e o segundo amanhã para sua construção. Esperar com esperança é uma espera ativa e propositiva.[35]

A *conscientização* é amparada por uma fundação ética sólida. Freire define sua ética como uma ética universal do ser humano em contraste a uma ética do mercado, que vê o ser humano como parte da engrenagem na produção e no consumo de bens. A base dessa ética é encontrada na humanização como um processo que acontece na história e se manifesta de diferentes modos, mas que, apesar disso, é um fenômeno que diz respeito a todas as pessoas. A universalidade é expressa precisamente na diversidade cultural e histórica. O fato de ser humano, entretanto, não pode ser tomado como evidente, uma vez que homens e mulheres vivem em uma tensão permanente entre humanização e desumanização.[36] A boniteza tem a ver em primeiro lugar com os sonhos e os projetos de mundo que se cultivam e se estende até o ponto em que se luta por eles. Como disse Freire: "Um dia esse país vai se tornar menos feio. Ninguém nasceu para ser feio. Esse país terá mais

---

35 Danilo R. Streck, *A New Social Contract in Latin American Education Context*, *op. cit.*, p. 114.
36 *Ibidem.*

boniteza conforme o povo lute com alegria e esperança [...] o que muda é a forma de lutar."[37] Um país menos feio é um país com menos injustiça, um país melhor para todos os cidadãos. O fato de ele usar o termo *boniteza* em vez de *beleza* sinaliza sua intenção de não associar o belo e o estético com algum estilo elitista, com o gosto da erudição. A estética pode estar em todos os lugares onde se permite que as pessoas vivam uma vida decente: é a boniteza do corpo, da escola, das cidades, da natureza, enfim, do mundo.[38]

De acordo com Paulo Freire, o bom é o belo. "A necessária promoção da ingenuidade à criticidade não pode ou não deve ser feita a distância de uma rigorosa formação ética ao lado sempre da estética. Decência e boniteza de mãos dadas." Essas palavras de *Pedagogia da autonomia* revelam Paulo Freire, em sua maturidade, confirmando a inseparabilidade do *bom* daquilo que é *belo* na prática educacional.[39] Paulo Freire fala em sua *Pedagogia da autonomia* da "boniteza de ser gente"; a) da boniteza de ser professor: "ensinar e aprender não podem dar-se fora da procura, fora da boniteza e da alegria"; e b) Paulo Freire chama atenção para a essencialidade do componente estético do treinamento do educador. O "sentido" significa um caminho que ainda não foi trilhado, mas que se deseja trilhar; além disso, significa projeto, sonho, utopia. Aprender e ensinar com sentido é aprender e ensinar com um sonho em mente. A pedagogia serve como um guia para realizar esse sonho.[40]

---

37 Paulo Freire, *Pedagogia da autonomia*, op. cit.

38 *Ibidem*, pp. 113-5.

39 *Ibidem*.

40 Moacir Gadotti, *Boniteza de um sonho: ensinar-e-aprender com sentido*, São Paulo, Cortez, 2002, p. 2.

Na *Pedagogia da indignação: cartas pedagógicas e outros escritos*,[41] boniteza aparece em três cartas. Aqui, também, nos veremos diante de um conceito que, unificado com a ética, "articula em toda a sua extensão metafórica o belo, a bondade, a verdade, a legitimidade, a liberdade e a civilidade política das ações humanas", especialmente em ações pedagógicas. Essa boniteza inclui a educação e a escola, que refletem o futuro da humanidade. Se a tristeza for implementada em seu lugar, é capaz de deteriorar a alegria de viver. Viver com alegria na escola significa mudá-la, significa lutar para aumentar, melhorar, aprofundar a mudança.

BONITEZA, KALOKAGATHIA E DEMOCRACIA

Paulo Freire traz com o termo *boniteza* a conexão entre estética, moral e razão. Há espaço para uma estética que seja divorciada do amor, da alegria, da igualdade, da articulação ética da percepção e do comprometimento com as lutas por um mundo justo? O que é preciso, então, é uma pedagogia crítica na sala de aula que cultive a boniteza do estudante e que crie as condições para um cidadão, através da conscientização, lutar por um mundo moralmente justo. E, numa pedagogia emancipatória assim, o egocentrismo, as certezas narcisistas e a constante acumulação de experiências são postos em questão. No lugar disso, valores comunitários devem ser desenvolvidos.[42]

---

41 Paulo Freire, *Pedagogy of Indignation*, Boulder, Paradigm Publishers, 2005. [Ed. bras.: *Pedagogia da indignação*, São Paulo, Paz e Terra, 2019.]
42 Maria Nikolakaki, *Critical Pedagogy in the New Dark Ages* [Pedagogia crítica na nova idade das sombras], [s.l.]: Peter Lang, 2012.

De acordo com Aristóteles em *Ética a Nicômaco*,[43] uma vida guiada pela virtude moral é uma vida política. Ele sustenta que a pessoa boa e o cidadão bom são o mesmo, ao menos no Estado ideal. Ser uma pessoa boa é simplesmente usar suas faculdades bem, e a atividade política constitui uma forma na qual se pode exercitar bem as próprias faculdades. Aristóteles defende que o bem da comunidade é mais nobre e mais divino que o bem de qualquer indivíduo; proteger e preservar o primeiro é uma atitude mais importante e mais completa. Uma vez que a pessoa boa é alguém que leva uma boa vida, e uma vez que quem trabalha com outros cidadãos também melhora sua própria vida, a pessoa boa (*kalokagathos*) deve ser um cidadão bom. Por outro lado, o cidadão bom não é apenas uma pessoa boa (*kalokagathos*), mas é através de atos impostos aos cidadãos que eles podem perceber seu potencial humano. Em um Estado ideal, o interesse pessoal e cívico e o privado e público convergem. Em outras palavras, o indivíduo não pode ser feliz sozinho, mas apenas dentro de uma comunidade, e a comunidade não pode prosperar sem a contribuição dos seus cidadãos. Educar o cidadão ativo e crítico a participar na pólis é considerado pela pedagogia crítica como um meio essencial para a emancipação da sociedade.

Freire sugere que a boniteza pode ser colocada em prática na educação e na escola. Se a tristeza for implementada em seu lugar, pode deteriorar a alegria de viver. Viver com alegria na escola significa mudá-la, significa lutar para aumentar, melhorar, aprofundar a mudança. Trata-se de um ato político. A utopia, a coisa inédita viável sobre a qual ele fala tanto em

---

43 Aristóteles, "Nicomachean Ethics", in *idem*, The *Complete Works of Aristotle*, *op. cit.*, 1.2.1094b7-10. [Ed. bras.: *Ética a Nicômaco*, São Paulo, Edipro, 2018.]

seus textos, o sonho possível, não vai se realizar sem que se denuncie a realidade injusta e se anuncie um mundo melhor:

> Uma das bonitezas do anúncio profético está em que não anuncia o que virá necessariamente, mas o que pode vir, ou não. Na real profecia, o futuro não é inexorável, é problemático. Há diferentes possibilidades de futuro [...] contra qualquer tipo de fatalismo, o discurso profético insiste no direito que tem o ser humano de comparecer à História não apenas como seu objeto, mas também como sujeito. O ser humano é, naturalmente, um ser da intervenção no mundo à razão de que faz a História. Nela, por isso mesmo, deve deixar suas marcas de sujeito, e não pegadas de puro objeto.[44]

De acordo com Freire,[45] "Lidar com a cidade — a pólis — não é meramente uma questão técnica; é, acima de tudo, uma questão política". A pólis é uma área para a ação política. Além disso, como expressão da autonomia individual, ela assegura mais que a sobrevivência humana. A política torna possível o desenvolvimento do homem como uma criatura capaz de autonomia genuína, liberdade e excelência, de acordo com a prática grega antiga. A pedagogia crítica, diferentemente de modos dominantes de ensino, insiste que uma das tarefas fundamentais dos educadores é garantir que o futuro aponte para o caminho de um mundo socialmente justo, um mundo no qual os discursos de crítica e de possibilidade em conjunção aos valores da razão, da liberdade e da igualdade de função

---

44 Paulo Freire *apud* Danilo R. Streck, *A New Social Contract in Latin American Education Context, op. cit.*, p. 76.

45 *Ibidem*, 2004, p. 17.

alterem, como parte de um projeto democrático mais amplo, os fundamentos a partir dos quais a vida é vivida.[46] Para isso, é preciso reconhecer a boniteza de fazê-lo. A pedagogia crítica contribui para um *éthos* democrático para o benefício tanto do indivíduo quanto do coletivo. A liberdade não pode ser presumida; é algo que precisa ser ensinado. Aristóteles defende que a liberdade não é um meio, mas um fim coordenado.[47] A boniteza torna possível essa luta por uma democracia genuína. A boniteza faz o amor radical se realizar e é capaz de derrubar o medo da existência. Conectando a alegria e a boniteza, podemos redescobrir o mundo e torná-lo propositado. Somente assim a liberdade pode surgir. De acordo com Freire:[48]

> A liberdade não é um presente dado, mas é conquistada por aqueles que se enriquecem através da luta por ela. Isso é verdade ao ponto de que não pode haver vida sem, ao menos, uma presença mínima de liberdade. Ainda que a vida em si implique liberdade, isso não significa de maneira alguma que nós podemos dá-la gratuitamente.[49]

Conclusão

As similaridades entre *boniteza* e *kalokagathia* são impressionantes. Conforme Paulo Freire amadureceu, ele foi capaz de alcançar verdades eternas nascidas na Antiguidade. Não sabe-

---

46 Henry Giroux, "Prologue" [Prólogo], Roberty Lake, Tricia Kress (orgs.), *Paulo Freire's Intellectual Roots Toward Historicity in Praxis*, *op. cit.*, p. XIV.
47 Maria Nikolakaki, *Critical Pedagogy in the New Dark Ages*, 2012.
48 Paulo Freire, 2004.
49 *Ibidem*, p. 120.

mos se Paulo foi inspirado pelos gregos antigos ou se chegou lá a partir de seu próprio pensamento filosófico. Como Ana Cruz[50] diz, o trabalho de Paulo Freire foi influenciado por um conjunto amplo e eclético de filósofos e cientistas sociais. Freire foi um leitor fervoroso que nunca perdeu o senso de curiosidade. Nita Freire, em seu livro *Paulo Freire: uma história da vida*,[51] listou os autores que foram citados em cada um dos numerosos livros escritos por Paulo Freire.

O que sabemos, de fato, é que ele foi capaz de alcançar essas verdades presentes em Sócrates no *Simpósio* através do amor de sua querida esposa, Nita Freire. Como Nita descreve na introdução a este volume:

Desde que Paulo começou a chamar-me de "minha boniteza", fiquei fascinada com essa nova dimensão de minha identidade. Isso aconteceu quando estávamos começando uma relação de amor, que mudou, radicalmente, as nossas presenças no mundo. Essa palavra pronunciada do mais profundo do seu ser, não posso e não devo negar, carregava a sua amorosidade, do seu âmago dirigindo-se a mim.

Pouco tempo depois, ele incorporou a nova palavra no seu vocabulário de escritos teóricos, colocando-a como uma categoria de sua teoria epistemológica. Senti que *boniteza* tinha uma força grande, que atraía seus leitores e leitoras tanto quanto a mim, porque ela tinha uma dimensão afetivo-amorosa, indubitavelmente, forte e sensível ao mesmo tempo.

---

50 Ana Cruz, "Paulo Freire's Concept of Conscientização", *op. cit.*

51 Ana Maria Araújo Freire, *Paulo Freire: uma história de vida*, São Paulo, Paz e Terra, 2017.

O amor muda nossa visão de mundo e nos empodera para a mudança social. Badiou[52] chama isso de comunismo a dois:

> Por "comunista" eu entendo aquele que faz o bem comum prevalecer sobre o egoísmo, a realização coletiva sobre o interesse privado. Já que estamos tratando disso, podemos também dizer que o amor é comunista nesse sentido, se se aceitar, como eu faço, que a temática real de um amor é a transformação do casal e não a mera satisfação dos indivíduos que são as partes componentes. Então outra definição possível de amor: comunismo mínimo!

É por amor a este mundo que a luta vem a ser. Amar neste mundo é resistir à desumanização. *Boniteza* e *kalokagathia* são o que Aristóteles chamou de *eu zein* (ευ ζην), que significa trazer o aspecto de qualidade de vida para a essência do ser. Ou, como Badiou[53] coloca: amar é lutar, para além da solidão, com tudo no mundo que possa animar a existência.

REFERÊNCIAS BIBLIOGRÁFICAS

ARISTÓTELES. *The Complete Works of Aristotle* [Obras completes de Aristóteles]. 2 v. Jonathan Barnes (org.). Princeton: Princeton University Press, 1984.

BADIOU, Alain; TRUONG, Nicolas. *In Praise of Love* [Elogio do amor]. Londres: Serpent's Tail, 2012.

---

52 Alain Badiou, Nicolas Truong, *In Praise of Love* [Elogio do amor], Londres, Serpent's Tail, 2012, p. 90.

53 *Ibidem*, p. 104.

CRUZ, Ana. "Paulo Freire's Concept of Conscientização" [Conceito de conscientização de Paulo Freire]. In: LAKE, Roberty; KRESS, Tricia (orgs.). *Paulo Freire's Intellectual Roots Toward Historicity in Praxis* [As raízes intelectuais de Paulo Freire em direção à historicidade da práxis]. Bloomsbury, 2013.

DÜRRIGL, Marija-Ana. "*Kalokagathia* — beauty is more than just external appearance", *Journal of Cosmetic Dermatology*, 1, 208-210, Blackwell Science, 2002.

FISTIOC, Mihaela. *The Beautiful Shape of the Good: Platonic and Pythagorean Themes in Kant's Critique of the Power of Judgment* [A bela forma do bem: temas platônicos e pitagóricos na crítica de Kant ao poder de julgamento]. Londres: Routledge, 2002.

FREIRE, Ana Maria Araújo. *Paulo Freire: uma história de vida.* São Paulo: Paz e Terra, 2017.

FREIRE, Paulo. *Pedagogia da autonomia: saberes necessários à prática educativa.* São Paulo: Paz e Terra, 1996.

_____. *Pedagogy of Indignation.* Boulder: Paradigm Publishers, 2005. [Ed. bras.: *Pedagogia da indignação.* São Paulo: Paz e Terra, 2019.]

_____. *Pedagogy of the Oppressed.* Nova York: Seabury Press, 1971. [Ed. bras.: *Pedagogia do oprimido.* São Paulo: Paz e Terra, 2020.]

GADOTTI, Moacir. *Boniteza de um sonho: ensinar-e-aprender com sentido.* São Paulo: Cortez, 2002.

GIROUX, Henry. "Prologue" [Prólogo]. LAKE, Roberty; KRESS, Tricia (orgs.). *Paulo Freire's Intellectual Roots Toward Historicity in Praxis.* Bloomsbury, 2013.

KANT, Immanuel. *Critique of Judgement.* Trad. J. H. Bernard. Nova York: Macmillan, 1951. [Ed. bras.: *Crítica da faculdade de julgar.* Petrópolis: Vozes, 2016.]

LA AUDÁCIA de Aquiles. "El mundo visible es sólo un pretexto/The Visible World is Just a Pretext". Disponível em: <aquileana.wordpress.com/2015/11/25/%E2%96%B Aphilosophy-beauty-according-to-plato-mythology-some--greek-myths-based-on-beauty%E2%AD%90/>. Acesso em: 18 nov. 2020.

NIKOLAKAKI, Maria. *Critical Pedagogy in the New Dark Ages* [Pedagogia crítica na nova idade das sombras]. [S.l.]: Peter Lang, 2012.

OLIVOVA, Vera. *"Kalokagathia* — The Greek Ideal of the Harmonious Personality" [*Kalokagathia* — o ideal grego da personalidade harmoniosa]. *Canadian Journal of History of Sport*, 14(2), 1-15, 1983. <doi:10.1123/cjhs.14.2.1>.

PETROCHILOS, Georgios. *"Kalokagathia*: The Ethical Basis of Hellenic Political Economy and Its Influence from Plato to Ruskin and Sen" [Kalokagathia: a base ética da economia política helênica e sua influência de Platão a Ruskin e Sen]. *History of Political Economy*, v. 34, n. 3, outono 2002, Durham, Duke University Press, pp. 599-63.

PLATÃO. *Collected Dialogues*. Edith Hamilton e Huntington Cairns (orgs.). Princeton: Princeton University Press, 1961.

REDIN, Euclides. "Boniteza". In: STRECK, Danilo; REDIN, Euclides; ZITKOSKI Jaime José (orgs.). *Diccionario Paulo Freire*. Guadalajara: Ceaal, 2015, p. 60. [Ed. bras.: *Dicionário Paulo Freire*. Belo Horizonte: Autêntica, 2018.]

STRECK, Danilo R. *A New Social Contract in Latin American Education Context* [Um novo contrato social no contexto educacional latino-americano]. Londres: Palgrave Macmillan, 2010.

WEILER, Ingomar "Inverted *Kalokagathia*, Slavery & Abolition", *A Journal of Slave and Post-Slave Studies*, 23:2, 9-28, 2002.

ZUIDERVAART, Lambert Paul. "Kant's Critique of Beauty and taste: Explorations into a Philosophical Aesthetics" [Crítica da beleza e do gosto de Kant: explorações em uma estética filosófica]. Tese [doutorado]. 1975.

12.

Sobre a boniteza de ser professor

Júlio Emílio Diniz-Pereira[*]

Não lembro exatamente quando disse para os meus pais que eu queria ser professor da educação básica. Porém, recordo bem as expressões de preocupação no rosto deles quando lhes disse isso a primeira vez. Eu ainda era criança e não era capaz de compreender o motivo daquela preocupação. E todas as vezes que eu tocava no assunto eles desconversavam. À medida que eu crescia e que a certeza em ser professor da educação básica em mim aumentava, a minha mãe resolveu usar uma estratégia diferente: tentar me convencer que eu podia fazer Medicina — o sonho dela — e "dar aulas" no ensino superior. O fato de ter sido um estudante que tirava boas notas e estava sempre entre os melhores alunos da turma só fazia aumentar a preocupação dos meus pais em relação à minha escolha profissional. Na opinião deles, seria um desperdício enorme eu me tornar um professor da edu-

---

[*] Doutor em Educação pela University of Wisconsin, em Madison, nos Estados Unidos (2004), e professor da Faculdade de Educação da Universidade Federal de Minas Gerais (UFMG). Bolsista de produtividade em pesquisa do CNPq (nível 2).

cação básica. Para eles, eu deveria fazer "algo melhor": um curso de Medicina, de Direito ou de Engenharia. Aliás, esse era um sentimento compartilhado por várias outras pessoas que me conheciam: avôs, avós, tios, tias — alguns deles/as professores/as da educação básica! —, e até mesmo meus próprios professores do colégio!

Paulo Freire disse certa vez que estranhava este comportamento das classes mais abastadas da sociedade brasileira: exigiam que seus filhos tivessem bons professores, mas não queriam que seus filhos se tornassem professores. Pois, isso era exatamente o que se passava com a minha família.

Quando, finalmente, chegou a hora de escolher um curso para prestar o vestibular, a estratégia da minha mãe deu certo: optei por Medicina. Apesar de ter me esforçado bastante para ser aprovado no vestibular, 2,5 pontos (dois pontos e meio!) me separaram da área da Saúde para sempre. Fiquei em quinto excedente. Os quatro candidatos colocados à minha frente foram chamados. Parafraseando Cazuza, parece que o meu destino estava mesmo traçado na maternidade.

No ano seguinte, resolvi enfrentar os meus pais e tomei a decisão de prestar o vestibular para um curso que oferecesse a modalidade de Licenciatura. Estava determinado: eu queria ser professor da educação básica!

Eu tinha certeza de que queria ser professor da educação básica, mas não estava seguro sobre professor "de quê" eu gostaria de ser. A princípio, eu gostava de todas as matérias da escola. Saía bem em todas elas. Usei, então, o seguinte raciocínio para escolher o curso: como eu havia me preparado, no ano anterior, para prestar o vestibular para Medicina, aproveitaria parte dessa preparação para prestar o vestibular para um curso de uma área afim. Optei por Ciências Biológicas. Resultado: fui aprovado em primeiro lugar!

Na época, o vestibular para o curso de Ciências Biológicas era único para ambas as modalidades: bacharelado e licenciatura. A opção entre uma ou outra modalidade deveria ser feita apenas ao final do quinto semestre — sem ser assumido formalmente, esse era o tempo que o Instituto de Ciências Biológicas da Universidade Federal de Minas Gerais (ICB/UFMG) julgava suficiente para convencer alguém com o perfil parecido com o meu a optar pelo bacharelado. Você passava cinco semestres no ICB/UFMG ouvindo comentários positivos sobre o bacharelado e críticas à licenciatura, para, então, optar "livremente" entre uma ou outra modalidade. Aquelas pessoas que, mesmo assim, insistissem em fazer licenciatura eram rotuladas como incapazes de seguir a carreira acadêmica. A lógica velada era a seguinte: iriam para a licenciatura apenas os que "não deram certo" no bacharelado. O destino destes (assumido como uma punição!) seria mesmo a escola básica!

Pois, o primeiro lugar do vestibular daquele ano entrou para esse curso já decidido sobre qual modalidade fazer: a licenciatura! E não foi convencido do contrário depois de passar dois anos e meio (olha o 2,5 aí de novo!) no ICB/UFMG. Logo que iniciei o curso, percebi que a opção consciente do primeiro colocado no vestibular pela Licenciatura foi recebida como uma verdadeira heresia dentro do ICB. Eu fui o único entre os meus colegas de turma que entrei para o curso com a certeza de que queria ser professor da educação básica. Muitos

A PALAVRA *BONITEZA* NA LEITURA DE MUNDO | 265

diziam que optaram pelo curso de Ciências Biológicas para fazer Engenharia Genética — era o que estava na moda na época e o que dava mais *status* no curso. Ouvi dos professores desse curso, desde o encontro de recepção dos calouros, que a missão do ICB/UFMG era formar cientistas (ou seja, para eles, o ICB não teria compromisso com a formação de professores da educação básica. "Isso é lá com a Faculdade de Educação!", repetiam insistentemente).

Como eu estava convicto de que queria ser professor da educação básica, comecei, desde o segundo semestre do curso, a "dar aulas". Entrei para o maior programa de extensão da UFMG: o Programa de Educação Básica de Jovens e Adultos (Proeja) em que os professores eram alunos dos diversos cursos de licenciatura da universidade. Lá eu tive importantes lições sobre o que é ser professor, o que é ensinar, o que é uma aula. Aprendi que escola é um projeto em permanente construção; que ela tem que ter a cara dos sujeitos que dela participam: no nosso caso, jovens e adultos trabalhadores em processo de reescolarização. Aprendi que a docência é sempre coletiva; construímos coletivamente sobre o que e como ensinar, tomamos decisões conjuntas sobre o que fazer e também avaliamos coletivamente. Aprendi que os estudantes não são sujeitos passivos no processo de ensino-aprendizagem. Pelo contrário! Os/as meus/minhas alunos/as do Proeja me ensinaram, por meio das histórias que insistiam em contar em sala de aula, a vê-los/as como seres humanos de direitos, a notá-los/as como sujeitos de conhecimento (sujeitos cognoscentes), a enxergá-los/as em suas especificidades econômicas e socioculturais, a inseri-

-los/as ativamente nos processos de ensino-aprendizagem e, talvez, o mais importante: eles/as me ensinaram a boniteza de ser professor.

Não há por que eu descrever esse processo, se Paulo Freire o fez tão bem por meio de sua extraordinária capacidade de síntese e de sua incomparável sensibilidade. Eu prefiro, obviamente, citá-lo:

> A prática educativa como processo do conhecimento e não como processo de transmissão do conhecimento é uma coisa linda, porque, enquanto o educando começa a conhecer o objeto proposto, o educador reconhece o objeto no processo de conhecimento que o educando faz, quer dizer, no fundo é um ciclo de conhecer, que inclusive confirma o conhecimento. Esse processo é de uma indiscutível boniteza.[1]

A partir do sexto semestre do curso, passei a frequentar a Faculdade de Educação (FaE) da UFMG na condição de aluno da licenciatura. Chegara a hora de fazer as tão aguardadas disciplinas pedagógicas do meu curso! A minha identificação com aquele espaço foi imediata. Tratava-se de um prédio de um único piso — diferente do ICB, que era verticalizado e fisicamente hierarquizado (enquanto a Bioquímica ocupava um enorme espaço do quarto andar, a Botânica se espremia em uma única ala do primeiro piso!). O prédio da FaE, apesar de provisório e pequeno, era claro, naturalmente iluminado,

---

1 Paulo Freire, *Pedagogia da tolerância*, São Paulo, Editora Unesp, 2004, p. 175.

A PALAVRA *BONITEZA* NA LEITURA DE MUNDO | 267

quente — não apenas em razão das altas temperaturas na primavera e no verão, mas também graças ao calor humano que fazia daquele lugar um espaço humanizante; humanizado. O ICB, ao contrário, era sombrio (não havia aproveitamento de luz solar), frio (em qualquer época do ano e, principalmente, nas relações humanas).

Formar professores da educação básica não podia mesmo ser a missão daquele prédio frio, sombrio e verticalizado. Não seria ali que alguém aprenderia sobre a boniteza de ser professor. Isso deveria acontecer em um espaço humano, humanizado, culturalmente diverso, naturalmente iluminado (ecologicamente sustentável) e horizontalizado (inclusive, nas relações humanas!). Ao escrever sobre o que chamou de "educação democrática", Paulo Freire, mais uma vez, explicita a boniteza do processo educacional:

> Quando nós pensamos em uma situação educacional nós talvez possamos descobrir que em toda a situação educacional, além dos dois lados, dos dois polos, estudantes e professores, há um componente mediador, um objeto de conhecimento, a ser ensinado pelo professor e a ser aprendido pelos estudantes. Esta relação é, para mim, mais bonita quando o professor tenta ensinar o objeto, a que nós podemos chamar de conteúdos do programa, de uma forma democrática. Neste caso, o professor faz um esforço sincero para ensinar o objeto que ele ou ela supostamente já conhece e os estudantes fazem um esforço sincero para aprender o objeto que eles ainda não conhecem. Entretanto, o fato de que o

professor supostamente sabe e que o estudante supostamente não sabe não impede o professor de aprender durante o processo de ensinar e o estudante de ensinar o processo de aprender. A *boniteza* do processo é exatamente esta possibilidade de reaprender, de trocar. Esta é a essência da educação democrática.[2]

Logo depois que concluí a licenciatura em Ciências Biológicas, comecei a lecionar no ensino fundamental e médio de escolas públicas e particulares de Belo Horizonte. Ali, a boniteza de ser professor se confirmava em algumas situações e em alguns momentos, principalmente, aqueles em que eu estava em contato direto com os meus alunos pré-adolescentes e adolescentes. Porém, também fui apresentado a algumas feiuras do magistério que eu ainda não conhecia.

Era muito difícil para mim permanecer na sala dos professores durante o recreio, por exemplo. Ouvia indignado comentários negativos dos meus colegas sobre os alunos, e eu definitivamente não concordava com eles. Aprendi com a minha experiência no Proeja a valorizar as potencialidades dos nossos alunos em vez de trabalhar com a lógica do "déficit". Aprendi também por meio daquela experiência que todos os seres humanos, independentemente da sua condição econômica, sociocultural, física ou mental, são capazes de aprender. Eu preferia, então, passar o recreio com os meus alunos no pátio da escola a ficar ali escutando aquelas afir-

---

2 *Idem, Pedagogia da solidariedade*, Indaiatuba, Villa das Letras, 2009, p. 26 [grifo meu].

A PALAVRA *BONITEZA* NA LEITURA DE MUNDO | 269

mações pejorativas e, muitas vezes, preconceituosas sobre os alunos. E o pior, aquela minha atitude era considerada "antiprofissional" por alguns dos meus colegas. Além disso, o intervalo e a sala dos professores tinham se transformado em um verdadeiro mercado persa. Vendia-se de tudo! Calcinhas, sutiãs, cosméticos etc. Os meus colegas justificavam aquilo dizendo que precisavam complementar a renda, pois o salário de professor era muito baixo. Ao ouvir aquilo, a primeira pergunta que fiz aos meus colegas foi a seguinte: "Mas vocês não são sindicalizados? Por que não nos organizamos e lutamos coletivamente para a melhoria das nossas condições de trabalho e de salário?" Alguns deles, depois de testemunharem tantos anos de falta de compromisso dos nossos governantes com a educação e de verem as condições laborais e de salário se deteriorarem ao longo do tempo, olhavam para mim com um olhar de desesperança e de desilusão.

Estou convencido de que o capitalismo explora o compromisso dos professores com os nossos alunos — afinal, são eles que realmente nos importam! —, o idealismo desses profissionais em querer contribuir para a construção de um mundo melhor e os valores morais de muitos deles (que não coincidem com os valores dominantes das sociedades capitalistas: o materialismo, o consumismo e a ostentação), pagando-os indignamente. Aliás, o capitalismo, que também é essencialmente machista, explora o fato de o magistério ser hoje exercido majoritariamente por mulheres, pagando-as indignamente. O problema é que, infelizmente, muitos professores e professoras competentes e comprometidos estão deixando o magistério em razão dessas condições de trabalho e salário indignas.

Outra coisa que me incomodava bastante no magistério era o excesso de burocracia e o aumento gradativo do controle sobre o trabalho docente. A supervisora da escola me obrigava a fazer coisas que nem ela mesma sabia justificar o porquê daquilo. Por que desconfiavam tanto da gente? Quando teríamos políticas públicas que partissem de uma relação de confiança com os professores em vez de tamanha falta de credibilidade?

O fato de o magistério poder ser exercido por pessoas que não têm compromisso com a profissão, as más condições laborais e de salário, bem como o excesso de burocracia e de controle sobre o trabalho docente são elementos que contribuem para a docência perder a sua boniteza intrínseca e essencial. Mais uma vez, me identifico com as palavras de Paulo Freire:

> Sou professor contra o desengano que me consome e imobiliza. Sou professor a favor da *boniteza* de minha própria prática, *boniteza* que dela some se não cuido do saber que devo ensinar, se não brigo por este saber, se não luto pelas condições materiais necessárias sem as quais meu corpo, descuidado, corre o risco de se amofinar e de já não ser o testemunho que deve ser de lutador pertinaz, que cansa mas não desiste. *Boniteza* que se esvai de minha prática se, cheio de mim mesmo, arrogante e desdenhoso dos alunos, não canso de me admirar.[3]

---

3 Paulo Freire, *Pedagogia da autonomia: saberes necessários à prática educativa*, São Paulo, Paz e Terra, 2011, p. 145 [grifos meus].

Todos os questionamentos colecionados ao longo da minha graduação e durante os anos iniciais da minha experiência docente me levaram precocemente para o mestrado em Educação, na FaE/UFMG. No mesmo ano em que defendi a minha dissertação, prestei o concurso para professor efetivo e me tornei docente da instituição com que eu havia me identificado tanto ainda como aluno da licenciatura. Eu havia me tornado, muito precocemente, um formador de professores! A partir de então, a minha responsabilidade era formar novos professores da educação básica. E o meu desafio passava a ser mostrar para os meus alunos de licenciatura a boniteza de ser professor da educação básica sem, obviamente, esconder as feiuras que às vezes fazem a profissão perder um pouco do seu brilho.

Em 2018, completei 25 anos que leciono na Faculdade de Educação da UFMG. Hoje, os meus estudantes de licenciatura já fazem estágio com professores da educação básica que foram meus alunos na universidade! E esta é sem dúvida outra boniteza do magistério: contribuir com a formação humana de seres humanos e, ao nos tornarmos melhores seres humanos, contribuir com a construção de um mundo melhor — mais justo, mais humano e mais fraterno. Ou, para terminar, como bem escreveu Paulo Freire: "quanto melhor a educação trabalhar os indivíduos, quanto melhor fizer seu coração um coração sadio, amoroso, tanto mais o indivíduo, cheio de *boniteza*, fará o mundo feio virar bonito".[4]

---

4 Paulo Freire, *Política e educação*, Indaiatuba, Villa das Letras, 2007, p. 36 [grifo meu].

Referências bibliográficas

FREIRE, Paulo. *Pedagogia da autonomia: saberes necessários à prática educativa*. São Paulo: Paz e Terra, 2011.

_____. *Pedagogia da solidariedade*. Indaiatuba: Villa das Letras, 2009.

_____. *Pedagogia da tolerância*. São Paulo: Editora Unesp, 2004.

_____. *Política e educação*. Indaiatuba: Villa das Letras, 2007.

13.

"EU NUNCA DEIXEI DE PROCURAR A BONITEZA DA VIDA"

*Olgair Gomes Garcia**

NUM DIA ENSOLARADO, NUMA ESCOLA pública de São Paulo, preparávamos a filmagem de *Reorientação curricular*, um filme em que o personagem central era o secretário de Educação, professor Paulo Freire, e que seria disponibilizado para todos os educadores e educadoras assistirem, discutirem e prepararem suas propostas para a reorientação do currículo. No momento em que eu coordenava uma atividade com os estudantes, Paulo Freire veio se juntar a nós, se sentou a meu lado e, quando achou que era oportuno, entrou na conversa. Com a naturalidade que lhe era peculiar, foi nos brindando com suas palavras e expressões, criando imediatamente um clima de escuta atenta, concentração, admiração e encanta-

---

* Pedagoga, mestre em Currículo e doutora em Psicologia da Educação pela Pontifícia Universidade Católica de São Paulo. Há vários anos, é professora universitária de Didática e Prática de Ensino no Ensino Médio. Desde 1997, é coordenadora pedagógica na Escola Municipal de Ensino Fundamental Mauro Faccio Gonçalves — Zacaria (periferia da Zona Sul), onde idealizou um projeto de formação continuada dos educadores, de base freireana, o Projeto de Valorização do Educador e Melhoria da Qualidade do Ensino (Prove).

mento. Tão logo começou a conversar com os estudantes, lhes disse: "Mas uma coisa eu quero lhes dizer, eu nunca deixei de procurar a boniteza da vida, a boniteza de ser gente."[1]

"A boniteza de ser gente!"

Como se constrói e se vive a boniteza de ser gente? Por que caminhos e direções a boniteza da vida pode ir se delineando como uma intenção ou possibilidade do próprio viver cotidiano? Até que ponto, no mundo tão desumanizado no qual estamos inseridos, é viável se falar em boniteza da vida?

A sensação é a de algo assim como "reorganizar uma biblioteca, colocar alguns textos junto a outros, com os quais não têm aparentemente nada a ver, e produzir, assim, um novo efeito de sentido."[2] Apesar da ousadia, buscar ultrapassar a simples repetição de uma frase "bonita", carregada de provocações fortes, para desentranhar-lhe uma reflexão mais pontual, apoiada numa base da antropologia, de maneira a ressaltar a questão da boniteza como o próprio nicho "da educação como prática da liberdade", é a difícil, mas prazerosa, tarefa à qual me proponho neste texto.

Acredito que, com o foco na forma de pensar de Paulo Freire, a melhor direção para se analisar "a boniteza de ser gente" seja a recuperação dos pressupostos antropológicos

---

1 A fala citada encontra-se no filme *Reorientação curricular*, de 1989, da Secretaria Municipal de Educação de São Paulo, que, a partir de um acordo com a TV Cultura, foi transmitido em toda a rede de ensino municipal em três horários distintos, no mês de agosto de 1989. Após os educadores e educadoras assistirem ao filme, houve debate sobre ele e, em seguida, uma problematização, registrada por escrito, sobre o processo de ensino e aprendizagem desenvolvido nas escolas junto a estudantes. O texto foi recolhido pela gestão de cada escola e enviado à administração para análise e produção de um documento maior.

2 Jorge Larrosa, "Tecnologias do eu e educação", in Tomaz Tadeu da Silva, *O sujeito da educação*, Petrópolis, Vozes, 1995.

que serviram de base para o sentido que foi se construindo historicamente sobre as práticas educativas produtoras das representações sociais, ainda muito presentes na atualidade. Estes devem ser problematizados na perspectiva da afirmação da importância da reflexão e análise das práticas da vida cotidiana, na constituição do sujeito livre e portador da boniteza de ser gente.

Isso porque, para Paulo Freire, "qualquer que seja a dimensão pela qual apreciemos a autêntica prática educativa, seu processo implica a esperança. Educadores desesperançosos contradizem sua prática"[3] e afastam gradativamente do olhar a boniteza como horizonte, que justifica e dá sentido ao quefazer cotidiano, que desperta o entusiasmo e a alegria.

BONITEZA, QUE BONITEZA?

Ao defender certa prática educativa, Paulo Freire explicita de maneira firme a boniteza como uma categoria a ser considerada e pesquisada, já que "estimula a boniteza da pureza como virtude e se bate contra o puritanismo enquanto negação da virtude".[4] Essa prática seria

> progressistamente pós-moderna [...] que se funda no respeito democrático ao educador como um dos sujeitos do processo, que tem no ato de ensinar-aprender um momento curioso e criador, em que os educadores

---

3 Paulo Freire, *Pedagogia da autonomia*, São Paulo, Paz e Terra, 1997.
4 Paulo Freire, "Discussões em torno da pós-modernidade", in *idem*, *Pedagogia dos sonhos possíveis*, Ana Maria Araújo Freire (org.), São Paulo, Editora da Unesp, 2001.

e educadoras reconhecem e refazem conhecimentos antes sabidos e os educandos se apropriam e produzem o ainda não sabido.[5]

Muitos provavelmente dirão que é perda de tempo, que falar em *boniteza* é discorrer sobre uma impossibilidade. Assumindo uma posição absolutamente contrária a isso e apostando no potencial de beleza e esperança que a boniteza nos traz, o apelo é seguir em frente. Assim, faz-se necessária uma primeira abordagem, de modo a desconstruir a desesperança que impregna e mascara muitos dos argumentos cotidianos utilizados para reafirmar a descrença na humanização dos sujeitos.

Essa abordagem talvez consista em explicitar como as representações sociais — aqui consideradas como "produzidas dentro de limites culturais e fronteiras teóricas, e, como tal, necessariamente implicadas em economias particulares de verdade, valor e poder",[6] que foram se construindo ao longo de toda a história da filosofia e muito especificamente da pedagogia — afetaram e têm afetado a vida cotidiana e as práticas pedagógicas, instalando formas de agir no convívio social. Estas só colaboram para aumentar o desentendimento e a distância entre os sujeitos, abrindo cada vez mais espaço para a intolerância e a discriminação em relação às diferenças, instaurando a feiura, e não a boniteza. Por se tratar de uma questão de conteúdo fecundo e instigante, acredito que, tendo a antropologia como cenário, abordar a boniteza em sua

---

5 *Ibidem.*
6 Henry Giroux e Peter McLaren, "Por uma pedagogia crítica da representação", in Tomaz Tadeu da Silva e Antonio Flávio Moreira (orgs.), *Territórios contestados*, Petrópolis, Vozes, 1995.

relação estreita com a subjetividade implica necessariamente uma breve retomada das relações interpessoais decorrentes das concepções a respeito da compreensão sobre o sujeito ao longo do tempo. Considera-se aqui que tais concepções se constituem em referências por excelência para a expressão e confirmação da boniteza como também da feiura.

Durante toda sua vida, Paulo Freire sempre defendeu que todos os sujeitos têm a possibilidade, junto com os outros, de se constituírem autores de si mesmos e construtores de sua própria vida e de sua dignidade, no seu jeito peculiar de ser, como possuidores da habilidade de sentir e expressar a boniteza. Isso porque aprendem a fazer uso constante e crítico da reflexão para se apropriarem da consciência de si mesmos como sujeitos de direitos fundamentais à dignidade humana, no exercício da liberdade como um bem. No entanto, o entendimento sobre o sujeito, que veio se construindo até a modernidade, durante um bom tempo se preocupou em determinar qual o lugar do homem na sociedade. Isso afasta, portanto, do horizonte dos sujeitos reais a possibilidade de inverterem tal ordem e poderem viver como sujeitos que necessitam uns dos outros, mas num ambiente onde não lhes é negada a possibilidade de viver, com dignidade, no convívio de uns com os outros.

Concordando com Todorov,[7] numa abordagem emancipatória, é necessária uma inversão dessa ordem, pois o tempo agora é o de perguntarmos qual o lugar da sociedade no homem. Acredito ser esta a posição freireana. Assim, são duas instâncias de entendimento sobre o sujeito humano na

---

7 Tzveran Todorov, *La vida en común*, Buenos Aires, Taurus, 2008. [Ed. bras.: *A vida em comum*, São Paulo, Editora Unesp, 2014.]

sua relação com os outros em sociedade que requerem uma elucidação e, consequentemente, uma abertura para a localização e compreensão da *boniteza* como categoria de investigação no campo da antropologia geral. Segundo Todorov, "a antropologia geral se situa entre as ciências humanas e a filosofia, sem se opor a nenhuma das duas. Se distingue da psicologia, da sociologia ou ainda da etnologia, pois intenta trazer clareza à definição implícita do humano mesmo".[8]

Esse é um caminho difícil, por certo, uma vez que, com variações, a busca de modelos ajustados às diferentes concepções que se sucederam — para serem copiados/desenvolvidos/seguidos/obedecidos — parece ser uma tônica. Isso se considerarmos essa questão desde a tradição grega, passando pela tradição judaico-cristã até a modernidade, para chegar à compreensão, defendida por muitos, da negação de tais modelos, uma vez que se opõem à ideia dos sujeitos humanos construindo-se a si mesmos no convívio social.

Buscando identificar, através do tempo, os possíveis "modelos" orientadores do modo de viver e ser que tem orientado a prática educativa, de acordo com Böhn,[9] pode-se dizer que uma visão crítica sobre a pedagogia se inicia quando os pensadores da Grécia Antiga começam a se libertar dos mitos e se voltam para o desenvolvimento do logos. Ou seja, a preocupação então passa a ser a ordem ontológica, mas, de qualquer forma, permanece a visão cosmocêntrica dos gregos e suas leis cósmicas até que, no processo, uma mudança radical começa a acontecer com o surgimento da visão teocêntrica

---

8 *Ibidem.*
9 Winfried Böhn, *Educar para ser persona* [Educar para ser pessoa], Córdoba, Universidad Católica, 2005.

da tradição judaico-cristã, substituindo-a em parte. Essa nova maneira de pensar, que gira em torno de um deus pessoal — o qual, por sua vontade e liberdade, criou do nada o Céu e a Terra —, passa a ser o dispositivo que deve ser reconhecido e aceito pelo homem para identificar seu lugar dentro dessa ordem, adaptando-se a ela. Confrontando-se essa visão — de um modelo externo a ser copiado e seguido — com o advento da razão como reguladora da vida, um novo modelo, já não mais externo, mas a ser apropriado e construído pelo próprio homem, se anuncia e tem como base elementar o racional como fonte do conhecimento. Pelo domínio do conhecimento e fazendo uso cada vez mais intenso do racional, o sujeito pode se proclamar dono de si mesmo, do seu querer e poder, de suas decisões. Segundo Adorno,

> O saber que é poder não conhece nenhuma barreira nem na escravização da criatura nem na complacência em face dos senhores do mundo. Do mesmo modo que está a serviço de todos os fins da economia burguesa na fábrica e no campo de batalha, assim também está à disposição dos empresários, não importa sua origem [...] o que os homens querem aprender da natureza é como empregá-la para dominar completamente a ela e aos homens.[10]

Não é de estranhar que esse novo homem, considerado sobretudo como um sujeito racional, quanto mais se apropria de si mesmo pelo conhecimento e os recursos advindos do uso dos recursos naturais e tecnológicos mais sofisticados (o/a

---

10 Theodor W. Adorno, *Educação e emancipação*, São Paulo, Paz e Terra, 1995.

especialista), mais se assume como "dono da verdade". Mais se afasta do coletivo por querer mais para si mesmo. Mais se julga superior aos demais por ter mais e se considerar privilegiado. O individualismo/o egoísmo/a ganância desmesurada/o desprezo e a desconsideração do outro/a esperteza/a opressão/a falsidade vão se tornando, com variações e intensidades diferentes, os novos valores reguladores da vida em sociedade. Infelizmente são características abundantes nos dias de hoje e que contribuem sobremaneira para o desenvolvimento de atitudes de preconceito, discriminação, rejeição, humilhação, segregação e tantas outras.

Recentemente, têm sido muitos os estudos e autores que reconhecem a importância de Comenius (século XVII) como o autor do esboço de um plano grandioso para a restauração da ordem do mundo por meio da educação, quando afirmou, no livro *Didática magna*, de 1657, ser a educação um direito de todas as crianças, às quais, sem distinção, devia se ensinar de tudo. A compreensão e interpretação de suas ideias, talvez de forma muito apressada e superficial, acabaram, no entanto, por instalar na prática a "ordem e a necessidade" como diretriz e modelo para a organização da educação ocidental. Isso originou o modelo que, a partir da modernidade, com o realce absoluto do racional, foi colocando a educação em suportes cada vez mais sofisticados de primazia do cognitivo e da tecnologia, ressaltando a organização e o funcionamento de toda a engrenagem como o mais importante para a obtenção dos resultados que se esperam alcançar. O novo modelo pretende assegurar que, para ser bem-sucedido na vida, todos devem obedecer e seguir as normas advindas da organização da regra básica "ensinar tudo para todos igualmente", para confirmar o slogan que diz "preparado para a vida, pronto para o mercado de trabalho". Por certo, essa ordem contribuiu fortemente para a consolidação da ideia de homogeneidade, da intolerância em relação às diferenças, da discriminação em relação ao que não aprende, ao que tem dificuldade, ao que é portador de alguma diferença, ao que simplesmente reivindica o direito de ser um sujeito singular e autor de si mesmo na heterogeneidade.

Em linhas gerais, o modelo mencionado no parágrafo anterior se transformou na grande norma. Segundo Böhn,[11] durante mais de dois séculos, foi entendida como "modelo básico" da educação escolar dos sujeitos. Quem não aceitava, e não aceita essa norma, era lido como sem compromisso com a educação escolar das crianças e jovens, como se não tivesse firmeza em relação ao "mau comportamento dos estudantes", como se fosse responsável pela deterioração do ensino. Esse é um modelo ainda nos dias de hoje bastante arraigado na prática escolar e que pode ser assim descrito:

1. A reflexão sobre a educação e o quefazer educativo parte do pressuposto de uma ordem objetiva dada (por exemplo, o currículo escolar convencional prescritivo).

2. Quem conhece, incorporou e domina essa ordem, por seu nível de compreensão pode chegar a ser professor e educador, pode transmitir e ensinar esta ordem aos seus alunos.

3. É tarefa e obrigação dos alunos aceitar essa ordem como parte de seu processo de formação, como instrumento essencial para lhes ensinar a pensar, a do-

---

11 Winfried Böhn, *Educar para ser persona*, op. cit.

minar a vontade e aprender a agir conforme a ordem estabelecida, aprendendo assim a se situarem na engrenagem "harmoniosa" da vida em sociedade.

Nos dias atuais, pode ser observada nos fatos da vida em sociedade e no ambiente escolar de uma forma muito generalizada, e na maioria das vezes não admitida, a insistência em não abrir mão "da ordem e da necessidade". Fazer isso significaria um rebaixamento no nível da qualidade de ensino, explicitada no tratamento rigoroso e na forma autoritária presente na relação dos adultos com as gerações mais jovens. O autoritarismo, a impaciência com aquele que não aprende o que se espera dele, a impaciência em aceitar e conviver com a diferença e o que é diferente excluem, humilham e abandonam. Larrosa[12] nos alerta para o fato de que as práticas pedagógicas que se podem observar são espaços de desenvolvimento ou de mediação, e algumas vezes de conflito, nunca de produção, quase nunca de enfrentamento e superação dos desafios.

Uma forma de explicitação das práticas opressoras e excludentes com a intenção de uma crítica consistente para a superação dessas práticas seria a problematização das ideias e concepções que as sustentam, apoiando-se em registros de observação/análise/estudo das barreiras e dificuldades. Aliada a isso, a utilização de meios que promovam a reflexão, o autoconhecimento, os depoimentos e os relatórios pessoais que contribuam para o desenvolvimento da autonomia e dos mecanismos de produção da experiência de si mesmo. Estes, através da adoção de práticas menos diretivas, podem pro-

---

12 Jorge Larrosa, "Tecnologias do eu e educação", *op. cit.*

piciar que as crianças e os jovens, no processo, se percebam como sujeitos com autonomia e autoria. "São as crianças unidas aos professores e professoras progressistas que podem propiciar os estímulos necessários à transformação do espaço escolar num local de cooperação, de coletividade, de partilha do saber."[13] Ou seja, num espaço onde a predominância da boniteza, de acordo com Paulo Freire, se efetive como um valor na relação de todos.

Nesse sentido, voltando à questão das representações sociais decorrentes dos slogans da velha ordem, elas aparecem muito fortemente e são muito resistentes nas práticas educativas. Funcionam como verdadeiras barreiras para a transformação das escolas e dos sistemas escolares, tendo em vista a construção de uma sociedade menos desigual, para uma organização focada na formação dos sujeitos. E não numa engrenagem que trata os sujeitos como meros objetos dessa engrenagem quando o assunto é a educação formal e não formal das crianças e dos jovens.

Eu fui um menino cheio de certos anúncios pedagógicos, curiosidade, inquietação por saber, gosto de ouvir, vontade de falar, respeito à opinião do outro, disciplina, perseverança, reconhecimento dos meus limites. Minha carreira de educador começou exatamente na minha experiência de educando, quando, bem ou mal, aqueles gostos foram estimulados, atendidos ou recusados.[14]

---

13 Georges Snyders, *Escola, classe e luta de classes*, Lisboa, Moraes, 1977.
14 Paulo Freire, *A educação na cidade*, São Paulo, Paz e Terra, 1991.

A escola se mostra plenamente no sentido e significado de sua existência quando o descrédito e a desconfiança vão cedendo lugar à confiança recíproca entre educandos e educadores e se transformam na condição fundamental para que a escola se configure como um espaço de vivência coletiva, de forma que se aprenda a ser gente portadora da boniteza e da alegria de estudar com alegria. O não confiar ou confiar pouco no outro, seja ele um educando ou educanda, seja um professor ou professora, ou qualquer outra pessoa envolvidos na interação social, tira o foco do interesse ou curiosidade e impede a aprendizagem e o diálogo, substitui a relação dialógica por uma relação autoritária, inibidora.

A educação de que falo é uma educação do agora e é uma educação do amanhã. É uma educação que tem de nos pôr, permanentemente, perguntando-nos, refazendo-nos, indagando-nos. É uma educação que não aceita que, para poder ser boa, deva sugerir tristeza aos educandos. Eu acredito na educação séria e rigorosa que me faz contente e alegre. E descreio completamente da educação que, em nome da rigorosidade, enfeia o mundo.[15]

Considerar o sentir e o olhar dos estudantes, nesse sentido, é da maior importância, pois é assim que Tamires Siqueira, estudante ao término do ensino fundamental, espontaneamente escreveu: "Viver é ser feliz na escola, pois há pessoas que só participam da escola porque acham que ela é uma

---

15 *Ibidem*, "Direitos humanos e educação libertadora", in Ana Maria Araújo Freire (orgs.), *Pedagogia dos sonhos possíveis, op. cit.*, 2001.

coisa essencial por causa dos estudos; mas não percebem que se pode muito mais do que só aprender na escola. Você pode viver e ser feliz na escola." Pode-se experimentar a boniteza como um toque de magia que desperta para a vontade de seguir em frente, de assumir novos desafios.

A educação que tenha o significado de libertação e emancipação aposta no potencial dos sujeitos em formação em sua busca de ser mais, tão presente em toda a obra de Paulo Freire, mas que nunca se constitui num requisito fundamental, uma vez que:

> uma educação crítica exige que os docentes e os estudantes aprendam também a interpretar criticamente as novas culturas tecnológicas e visuais que exercem uma poderosa influência em sua vida assim como em sua concepção do que significa ser um sujeito social comprometido em atos de cidadania responsável.[16]

Em outras palavras, uma educação escolar que efetivamente contribua para uma utilização dos recursos e possibilidades da tecnologia de forma crítica e consciente ao longo do processo de ensino e aprendizagem.

A importância da educação como alternativa para resolver questões político-sociais fundamentais não significa que seja vista como doação, mas antes como compromisso social, de atendimento prioritário digno e respeitoso para a formação dos sujeitos. Por isso mesmo, não pode ser decidida de cima para baixo pelos que se julgam donos do poder, mas com

---

16 Henry Giroux, *La inocencia robada* [A inocência roubada], Madri, Morata, 2000.

a participação efetiva de todos os envolvidos para crescer e melhorar o próprio fazer, o próprio saber fazer, prontas e com disposição para correr o risco de se desafiar e se inovar. Um exemplo bastante atual foi a rejeição dos estudantes das escolas públicas estaduais em São Paulo, em 2015, diante da imposição de uma nova organização das escolas decidida nos gabinetes, sem qualquer consulta à população estudantil e sua família.

Eu nunca deixei de procurar a *boniteza* da vida

O gosto em mim da liberdade que me fez, desde a mais tenra infância, sonhar com a justiça, com a equidade, com a superação dos obstáculos à realização jamais absoluta, na história, do que viria a chamar a vocação humana para *ser mais,* me engajou até hoje, à minha maneira, na luta pela libertação de mulheres e homens. O gosto da liberdade gerando-se no amor à vida, no medo de perdê-la.[17]

A compreensão do gosto e apreciação da liberdade como um bem acessível e possível a todos, desde que exercido com conhecimento e respeito pelas questões relacionadas à diversidade e desigualdade presentes na vida em sociedade, são como ingredientes fundamentais para a vivência da cidadania. Conviver e enxergar o outro como um sujeito com oportunidades e possibilidades diferentes — com talentos e interesses próprios e diferentes, com sonhos e projetos

---

17 Paulo Freire, *Cartas a Cristina*, São Paulo, Paz e Terra, 1994.

pessoais, com facilidades e dificuldades de natureza muito variável, com gostos e preferências diferentes e mesmo excêntricas, com características pessoais e físicas distintas — se constituem em fatores de aproximação e crescimento de uns e outros, e não de antagonismo. Diante disso, no processo de formação de cada um, de cada uma, os fatores e características que diferenciam uns de outros não podem ser utilizados e/ou menosprezados pelas escolas, já que a vida em sociedade aproxima uns e outros nas igualdades e diferenças, na dinâmica do mundo do trabalho e da cultura.

Ora, muitos e muitas de nós fomos acostumados a ouvir repetidas vezes "a minha liberdade começa onde termina a liberdade do outro", sem que alguém nos convidasse a uma reflexão maior sobre o significado desta frase. Assim fomos permanecendo numa cegueira, sem atinar sobre o invólucro de um individualismo que repetíamos. Não nos demos conta da imposição de um slogan que prega, sem meias-palavras, a indiferença, o oportunismo, o egoísmo e a desconsideração pelo outro. O desrespeito pelo outro como sendo uma coisa natural, sentir-se com direito a maltratar, subjugar, punir e mais um sem-fim de atrocidades pelo simples fato da não aceitação da diferença do outro, que é sempre visto como inferior, incapaz. Em outras palavras, não nos demos conta do cultivo e da prática da feiura nas relações interpessoais.

Em minha formação, e acredito que também de outros tantos mais, fomos tendo a oportunidade de perceber o grande equívoco. E, a partir de Paulo Freire, pudemos descobrir que a liberdade é um exercício que se aprende e se vive cotidianamente no convívio com os outros, na medida em que se admite que cada um de nós se torna sujeito na relação com os outros, em nossas semelhanças e diferenças. Repetindo o que Freire afirma, "o gosto da liberdade gerando-se no amor à vida", minha e do outro. Valores como justiça, equidade, aceitação e respeitó pelo outro, confiança em si mesmo e no outro, solidariedade, companheirismo, cuidado, acolhimento, e tantos outros que configuram aquilo que ele chamou de amorosidade, se constituem sem dúvida em manifestações do exercício de se sentir livre, de ser livre com os outros, em gostar do outro, em gostar dos outros. Nesse exercício contínuo de construção e manifestação da liberdade, não deixamos de ser quem somos. Queremos ser na construção de nós mesmos, mas, nem por isso, desprezamos quem é diferente de nós, quem consegue ter o que não conseguimos, quem não tem ou tem mais que nós. Não nos deixamos levar pelas aparências para emitir considerações a respeito de quem quer que seja ou para demonstrar nossa superioridade.

Há uma tristeza e uma insatisfação profundas diante desse fenômeno que abala a saúde e o bem-estar de todos, a dificuldade sentida e manifestada por um contingente muito grande de pessoas frente à desigualdade e ao constatar o quanto essa desigualdade nos dias de hoje é escandalosa, perversa. É a negação absoluta do direito de viver com o mínimo de condições básicas para se sentir um sujeito com dignidade. A desigualdade como um mal anunciando é uma tragédia iminente: constatar o escândalo que é a existência superaguda da pobreza para a maioria da população, não só brasileira, mas mundial, e a concentração da quase totalidade da riqueza do mundo nas mãos de alguns. Sem dúvida, a feiura está predominando sobre a boniteza.

Conviver com a desigualdade que oprime, que exclui, que trapaceia, que distorce a realidade dos fatos para obter privilégios não pode ser cartão de visita para nenhuma sociedade que se pretenda democrata. Não pode ser motivo de ufanismo alguns se vangloriarem dos ganhos desonestos que escondem a feiura, a discriminação do outro, a ganância, a indiferença em relação às dificuldades e ao sofrimento dos outros.

Quanto mais me volto sobre a infância distante, tanto mais descubro que tenho algo a aprender dela. Dela e da adolescência difícil. É que não faço este retorno como quem se embala sentimentalmente numa saudade piegas ou como quem tenta apresentar a infância e a adolescência pouco fáceis como uma espécie de salvo-conduto revolucionário. Esta seria uma pretensão ridícula. No meu caso, as dificuldades que enfrentei, com minha família, na infância e adolescência, forjaram em mim, ao contrário de uma postura acomodada diante do desafio, uma abertura curiosa e esperançosa diante do mundo.[18]

Não há como negar que vivemos num mundo muito perverso, que exige, principalmente das gerações mais jovens, verdadeiros atos de heroísmo, de luta, de enfrentamento de desafios, de forma a conseguir um espaço para realização de sonhos e projetos, de manifestação de talentos e habilidades, de obstinação para serem reconhecidos e admirados em meio a tanta opressão e desconsideração. Mas a esperança e o compartilhamento com o pensamento de Paulo Freire nos convidam sempre a um olhar atento e curioso para o cotidiano, muitas vezes obscurecido pelo pragmatismo e pela repetição, algumas vezes involuntária, de alguns slogans e falsas verdades e promessas sobre valores e escolhas.

---

18 *Ibidem.*

A PALAVRA *BONITEZA* NA LEITURA DE MUNDO | 291

Apesar das circunstâncias nem sempre favoráveis, acredito ser pertinente olhar para o cotidiano e nos deixar conduzir para uma reflexão curiosa sobre a boniteza, a partir de algumas situações do cotidiano escolar:

Com essa professora dá para conversar, porque ela não usa de ignorância com a gente.

Você veio para cá para humanizar esta escola. Pensa como eu era e como sou agora, uma professora competente e respeitada. Você mudou a minha vida.

Eu nunca me esqueço do dia na escola em que eu machuquei o braço e você cuidou de mim.

Ah... não precisa de guardanapo, eles vão jogar fora, não estão acostumados com isso... Mas se eles aprenderem a usar vão ver como é melhor o sabor do sanduíche sem ficar sujando as mãos, a roupa e o chão.

Naquela noite, na oficina de culinária, os pães não ficaram prontos a tempo de os alunos de EJA poderem comê-los na escola, mas, na saída, os levaram para casa. No dia seguinte, uma aluna veio sorridente contar para a professora: ontem quando eu cheguei em casa com o pão quentinho e cheiroso, meu marido disse: "Você pode fazer um café para a gente tomar com o pão?" Fiz o café, arrumei a mesa com o café e o pão; com meu marido e meus filhos. A gente se sentou, e ficamos comendo e conversando. Foi tão bom...

No início do ano, no início da segunda semana de aulas, antes de se dirigirem às salas de aula, os estudantes do ensino fundamental II e do ensino médio se reuniram no pátio e solicitaram que o diretor da escola fosse conversar com eles. Com as mudanças ocorridas em relação ao ano anterior, com a saída da coordenadora pedagógica e vários professores e professoras, a reivindicação era que queriam de volta a democracia que havia antes.

O professor de português desenvolvia, com os alunos do 7º ano do ensino fundamental, um projeto de produção de um jornal mural que ficava exposto no pátio da escola no intervalo do recreio. Naquela semana, o grupo de alunos preparara o jornal da semana seguinte, malicioso do começo ao fim. O professor, ao perceber aquilo, foi correndo conversar com a coordenadora. A partir do que conversaram, dirigiram-se à sala de aula, propuseram organizar uma roda e colocaram o problema para os alunos. Sugeriram circular os artigos do jornal para que todos os lessem na roda, passando de uns para os outros ao fim da leitura. Quando todos tivessem lido tudo, iriam discutir. A discussão foi difícil, porque no início todos acharam que o jornal estava ótimo e não havia nada o que mudar. A coordenadora e o professor começaram a argumentar com eles sobre a conveniência ou não, já que o jornal iria para fora e os leitores poderiam não gostar e fazer críticas. À medida que as ideias iam sendo discutidas, foi possível perceber a mudança de opinião dos alunos e a argumentação ganhando em objetividade, até chegar à decisão de revisão de algumas partes ou até mesmo supressão de algumas matérias e possível substituição. O jornal foi revisto e exposto sem problemas.

Na assembleia com os alunos para decidirem sobre as normas de convivência daquele ano, um item era bastante polêmico, dividindo opinião de professores e estudantes. Dizia respeito ao tipo de cadernos a ser adotado. A coordenadora pedagógica que mediava a discussão percebeu que uma garotinha do 6º ano (ensino fundamental) estava querendo falar, mas se sentia muito temerosa. A coordenadora perguntou se ela queria falar e encorajou-a a pegar o microfone e expor sua sugestão. Ao final, a proposta defendida por ela foi aprovada pela assembleia.

Professora, ao finalizar este módulo, eu quero dizer que descobri nestas aulas de Didática que é possível aliar rigor e seriedade com amorosidade.

Quando a professora entrou em sala, o garotinho de 7 anos olhava para a lousa muito concentrado, com as mãozinhas apoiando o queixo; olhou para a professora e lhe perguntou: "Ali está escrito 'o sapo sonolento'?" A professora respondeu que sim e ele, batendo as mãos na mesa disse: "Eu sabia que eu já sabia ler!..."

Considerando que o cotidiano não precisa ser sempre a mesma coisa, a observação curiosa e a reflexão necessária sobre o que acontece em nossos movimentos e ações, as surpresas/os desafios/os acontecimentos decorrentes de nossa própria prática no viver cotidiano nos oferecem sempre ricas situações de análise/reflexão/observação. Assim podemos ir delineando as alternativas possíveis e necessárias para ultrapassar os desafios e obstáculos e engendrar jeitos novos e pertinentes de superação, criação, libertação, boniteza. As situações descritas anteriormente colocam em destaque diferentes contextos de interação com o outro e supõem, de certa forma, a constatação de avanço na relação interpessoal. Algumas delas permitem pressupor um nível inicial de desconfiança e comparação com modelos e situações anteriores. Outras, certo ciúme, competição ou rivalidade. Ou o surgimento de uma admiração, de manifestações de alegria e confiança no outro. E ainda o embate entre ideias e a reconciliação de pontos de vista. Ou o desejo de consideração e reconhecimento.

As convicções compartilhadas intersubjetivamente vinculam os participantes na interação em termos de reciprocidade. O potencial da razão associado às convicções constitui, então, uma base aceita, em que um pode sustentar o bom sentido do outro. Este efeito de vínculo não pode ter uma convicção quando um se limita a induzir o outro.[19]

A música de Chico Buarque, que ecoa em nossos ouvidos e que nos toca, sugere compartilhar o pensamento de que "Tem certos dias em que eu penso em minha gente [...] / E aí me dá uma tristeza no meu peito [...] / É gente humilde, que vontade de chorar". Sem dúvida, nestes últimos tempos de

---

19 Jürgen Habermas, *Teoria da la acción comunicativa*, Madri, Cátedra, 2001. [Ed. bras.: *Teoria do agir comunicativo*, 2 v., São Paulo, WMF Martins Fontes, 2012.]

nossa vida, a pandemia do Covid-19 embaçou nosso horizonte e, não só isso, trouxe à tona toda a feiura que estava escondida ou encoberta. A pobreza imensurável de um contingente enorme de pessoas vivendo em estado desumano, sem o mínimo de condições de saneamento básico para viver com dignidade. Desnudou-se o mundo de mentiras que envolvia de ilusão tudo o que muitos consideravam sinais de progresso e conquistas no modelo de sociedade que admirava muitos. Estamos no ano de 2020 e podemos nos perguntar:

> o que significa uma pandemia para Roma, para a Itália, para a humanidade como um todo? Como ela age na mente e no coração de todos nós que, armados com tecnologias poderosas e inteligência artificial, até poucas semanas atrás nos sentíamos os senhores do Céu e da Terra? Subitamente nos descobrimos os pigmeus diante da impotência imaterial de um vírus?[20]

Foi necessário um vírus tão devastador para acordar os humanos sobre a responsabilidade de fazer parte deste mundo junto com tantos mais? Foi necessário um vírus assim para descobrir que a solidariedade é tão importante na vida cotidiana? Que o respeito, a solidariedade, a cooperação, o acolhimento, o saber, a doação, a compreensão são valores imprescindíveis na vida em sociedade? Como será o mundo depois da pandemia? Como seremos e estaremos nós? Estas e outras muitas perguntas nos ocorrem e aumentam em nós uma saudade imensa de Paulo Freire, uma saudade de ouvir

---

20 Domenico De Masi, "Coronavírus anuncia revolução no modo de vida que conhecemos", *Folha de S.Paulo*, Ilustríssima, C8, 22 mar. 2020.

dele as reflexões e análises ponderadas, visionárias, esclarecedoras, alimentadoras de nossa esperança e de nossa crença de que a boniteza sempre pode superar a feiura.

O diálogo e a análise sobre a prática a respeito da vida cotidiana nos propiciam a exposição plena da boniteza, já que são complementos indispensáveis. O diálogo, pelo fato de levar em consideração o outro como alguém com quem posso compartilhar igualmente a fala, o saber e o não saber, a dúvida, o questionamento, a discordância, o sentimento, simultaneamente desencadeia nos sujeitos envolvidos o pensar, a reflexão como forma de desfrute da beleza do vivido. Ora, se o diálogo põe as pessoas em movimento, inquieta, faz pensar, a reflexão apresenta-se então como parceira inseparável do diálogo. É o alimento que o mantém vivo, dinâmico, enriquecido, pronto para desvendar o que ainda obscurece a compreensão, dificulta o movimento, impede a transformação. O hábito de refletir sobre o cotidiano nos permite estar de olhos e ouvidos sempre prontos para nos assegurar uma presença consciente no mundo em que vivemos e um posicionamento crítico e atualizado no mundo; uma presença inteligente, solidária, cooperativa, confiável.

"Em um movimento verdadeiramente dialético, não é possível superestimar a objetividade reduzindo o papel do sujeito nem conceber a subjetividade como uma instância poderosa, capaz de determinar por si mesma a realidade."[21] O diálogo, a reflexão e a análise sobre a prática, na medida em que passam a ser presença no próprio viver cotidiano, assumem cada vez mais um papel importante no sentido de nos alertar para não

---

21 Jaime José Zitkoski, *Horizontes da (re)fundamentação em educação popular: um diálogo entre Freire e Habermas*, Frederico Westphalen, URI, 2000.

dogmatizarmos nossas teorias, nossa visão de mundo, nossas explicações sobre a realidade, fatos e acontecimentos. Funcionam como faróis a nos lembrar sempre que somos sujeitos em processo permanente de construção, destinados *a buscar a boniteza como mote que alimenta a esperança*, sempre.

Assim, refletir e analisar a prática precisa se constituir, efetivamente, num exercício de pensar o próprio fazer cotidiano para conferir-lhe sentido, o sentido e o significado da boniteza. As situações vividas — especialmente pelos professores e professoras, com seus alunos e alunas em situações de ensino-aprendizagem — são tão peculiares, tão singulares e tão desafiadoras que nenhum suporte teórico e/ou técnico, por mais eficiente que seja, dá conta de inspirar e orientar, por si só, as ações mais adequadas, os conteúdos abordados, os recursos e procedimentos utilizados. Para viver isso de fato, com segurança, pertinência e seriedade, é realmente imprescindível a reflexão sobre a prática. É ela que possibilita a tomada de decisão sobre a continuidade do processo, a argumentação fundamentada a respeito da própria experiência, a objetividade do relato, a criticidade necessária sobre o objeto da própria ação, o reconhecimento da própria competência e do próprio não saber, a transparência do jeito singular da autoria do fazer que se mostra. A reflexão sobre a prática é uma forma de trazer a relação sujeito-objeto para o âmbito do próprio sujeito.

As considerações sobre a boniteza ao longo deste texto, de certa forma, procuram explicitar como as questões envolvidas com a educação e a formação dos sujeitos, ao longo da vida, evidenciam, mais que a utilização de uma metodologia de ensino, a necessidade de um pensar antropológico no delineamento de uma proposta de educação. A visão de Paulo Freire sobre a educação, em toda sua obra, está plena desse modo de pensar antropológico quando afirma e reafirma sempre sua crença arraigada no homem como ser social e histórico, pensante, transformador, criador, capaz de se assumir na construção de si mesmo na relação de uns com os outros.

Nos dias atuais, os que têm se dedicado a um aprofundamento no campo da bioética têm afirmado que, na verdade, o genoma humano é o portador do patrimônio da dignidade humana e, nesse sentido, acredito que se possa afirmar ser a boniteza aquilo que confere a dignidade aos homens. Assim configurada, nas palavras do próprio Paulo Freire,

> minha presença no mundo não é a de quem a ele se adapta mas de quem nele se insere [...]. Gosto de ser homem, de ser gente porque sei que a minha passagem pelo mundo não está dada, predeterminada. Que o meu destino não é um dado mas algo que precisa ser feito e de cuja responsabilidade não posso me eximir.[22]

"Eu nunca deixei de procurar a boniteza da vida, a boniteza de ser gente." Uma busca que pode ser de todos nós, pois a melhor maneira de nos mantermos vivos, esperançosos e conectados com o mundo "é tomar uma situação educativa qualquer como objeto de nossa curiosidade e procurar, desvelando-a criticamente, detectar nela seus elementos necessariamente constitutivos".[23] Sem dúvida, um jeito primoroso de viver permanentemente a aventura humana cultivando a boniteza.

---

22 Paulo Freire, *Pedagogia da autonomia*, São Paulo, Paz e Terra, 1997.
23 *Idem, À sombra desta mangueira*, São Paulo, Olho d'Água, 1995.

REFERÊNCIAS BIBLIOGRÁFICAS

ADORNO, Theodor. W. *Educação e educação*. Rio de Janeiro: Paz e Terra, 1995.

BÖHN, Winfried. *Educar para ser persona*. Córdoba: Universidad Católica, 2005.

DE MASI, Domenico. "Coronavírus anuncia revolução no modo de vida que conhecemos". *Folha de S.Paulo*. Ilustríssima. C8. 22 mar. 2020.

FREIRE, Paulo. *A educação na cidade*. São Paulo: Paz e Terra, 1991.

_____. *À sombra desta mangueira*. São Paulo: Olho d'Água, 1995.

_____. *Cartas a Cristina*. São Paulo: Paz e Terra, 1994.

_____. *Pedagogia da autonomia*. São Paulo: Paz e Terra, 1997.

_____. *Pedagogia dos sonhos possíveis*. Ana Maria Araújo Freire (org.). São Paulo: Editora Unesp, 2001.

_____. *Professora, sim; tia, não*. São Paulo: Olho d'Água, 1993.

GIROUX, Henry. *La inocencia robada* [A inocência roubada]. Madri: Morata, 2000.

_____. e McLAREN, Peter. *Por uma pedagogia crítica da representação*. In: SILVA, Tomaz Tadeu da e MOREIRA, Antonio Flávio. *Territórios contestados*. Petrópolis: Vozes, 1995.

HABERMAS, Jürgen. *Teoria da la acción comunicativa*. Madri: Cátedra, 2001. [Ed. bras.: *Teoria do agir comunicativo*. 2 v. São Paulo: WMF Martins Fontes, 2012.]

LARROSA, Jorge. "Tecnologias do eu e educação". In: SILVA, Tomaz Tadeu da. *O sujeito da educação*. Petrópolis: Vozes, 1995.

"Reorientação curricular". São Paulo: Secretaria Municipal de Educação, 1989. Filme.

SNYDERS, Georges. *Escola, classe e luta de classes*. Lisboa: Moraes, 1977.

TODOROV, Tzvetan. *La vida en común*. Buenos Aires: Taurus, 2008. [Ed. bras.: *A vida em comum*. São Paulo: Editora Unesp, 2014.]

ZITKOSKI, Jaime José. *Horizontes da (re)fundamentação em educação popular: um diálogo entre Freire e Habermas*. Frederico Westphalen: Editora URI, 2000.

14.

FRAGMENTOS DE HAVANA: "AL FINAL DE ESTE VIAJE..."* COM NITA E PAULO FREIRE

*Marcos Reigota**

"Acho que uma das melhores coisas que podemos experimentar da vida, homem ou mulher, é a boniteza em nossas relações, mesmo que de vez em quando salpicadas de descompassos, que simplesmente comprovam a nossa 'gentetude'."[1]

Paulo Freire

---

* "Al final de este viaje..." é o título de uma canção do compositor e cantor cubano Silvio Rodriguez e também de uma compilação com suas músicas de 1968 a 1970.

** Professor do Programa de Pós-graduação em Educação e do curso de Filosofia da Universidade de Sorocaba. Pesquisador do CNPq (nível 2). Doutor pela Université Catholique de Louvain, com estágio de pós-doutorado na Université de Genève. Recebeu bolsas de pesquisas da The Japan Foundation (2000 e 2005), do DAAD (1997) e de outras agências nacionais e internacionais.

1 Paulo Freire, *Pedagogia da esperança: um encontro com a Pedagogia do oprimido*, São Paulo, Paz e Terra, 2011a, pp. 126-7.

I.

Quando recebi o convite de Nita Freire para participar deste livro, eu estava empenhando na conclusão de um artigo em homenagem ao filósofo venezuelano Álvaro B. Marquéz-Fernández. O foco desse artigo anterior foi a amizade como relação que possibilita a produção de conhecimentos, numa perspectiva freireana. Argumentava no texto a importância da amizade na consolidação de argumentos ecológicos, epistemológicos e políticos.[2]

Alguns dias depois recebi dela um segundo e-mail com mais detalhes sobre o livro e com um anexo trazendo algumas passagens sobre a noção de boniteza no conjunto da obra de Paulo Freire. Aqueles dias em que Nita e eu trocamos e-mails estiveram marcados por acontecimentos, tais como: a vitória da Estação Primeira de Mangueira com um samba que faz uma radical releitura da história do Brasil, a identificação dos supostos assassinos de Marielle Franco e o assassinato de funcionários e estudantes de uma escola pública na cidade de Suzano (SP).

Li o anexo que a Nita me enviou e, ao encontrar a noção de boniteza citada como epígrafe, não tive dúvidas em escolhê-la para conduzir minha reflexão e escrita.

II.

Sempre quis ir a Cuba. Da mesma forma que sentia atração pelo país, tinha inúmeras reservas sobre o sistema político,

---

2 Marcos Reigota, "Arqueologia y devires de una amistad" [Arqueologia e devires de uma amizade], *Utopia y Praxis Latinoamericana: Revista Internacional de Filosofía Iberoamericana y Teoría Social*, v. 24, 2019a, pp. 128-36.

principalmente no que se relacionava com a perseguição e prisão dos dissidentes e homossexuais, da militarização da vida cotidiana, do culto à personalidade e ao fuzilamento sumário dos adversários, traidores e inimigos. Movido pela possibilidade de encontrar Joel Moreira Acosta, professor na Universidad de Ciencias y Artes de Chiapas, no México, que se encontrava em ano sabático no seu país natal, providenciei a viagem. Ele e eu nos conhecemos quando atuamos no projeto Red Latinoamericana-Europea de Trabajo Social (Reletran).[3]

Os seminários do Reletran ocorreram em vários países da Europa e da América Latina, e neles eu tive a oportunidade de expor a presença da pedagogia freireana no grupo de pesquisa Perspectiva Ecologista de Educação, que coordeno na Universidade de Sorocaba.[4] O Joel sempre se mostrou muito interessado em conhecer o pensamento político e pedagógico de Paulo Freire. Ele é físico e fez o doutorado em física nuclear na Universidad Nacional Autónoma de México (Unam). Em Chiapas, o Joel realiza com sua equipe projetos

---

3 Johannes Kniffki e Christian Reutlinger, "Trabajo social y conocimiento transnacional: reflexiones sobre la construcción del conocimiento em el marco del proyecto Reletran" [Trabalho social e conhecimento transnacional: reflexões sobre a construção do conhecimento no marco do projeto Reletran], *Avaliação*, n. 20, v. 3, 2015, pp. 779-809.

4 Marcos Reigota, "Environmental Education in Brazil and the Influence of Paulo Freire" [Educação ambiental no Brasil e a influência de Paulo Freire], *Oxford Research Encyclopedia of Education*, abr., 2020, pp. 1-10. Ariane Diniz Silva, "Cartas para Paulo Freire e sua rede: o cotidiano de extensão em uma universidade comunitária". Tese (Doutorado) — Universidade de Sorocaba, Programa de Pós-Graduação em Educação, 2017. Ariane Diniz Silva e Marcos Reigota, "O Reletran na Uniso: seu impacto na construção de processos comunitários através das narrativas", *Espacios Transnacionales: Revista Latinoamericana-Europeia de Pensamiento y Acción Social*, ano 4, v. 7, 2016, pp. 66-72. André Luiz Chaves Yang, "Práticas sociais e processos comunitários: narrativa de um universitário", *Espacios Transnacionales*, ano 2, v. 3, 2014, pp. 172-80.

de conversão energética em comunidades vulneráveis e com grupos de mulheres.[5] Ele me dizia que tinha como certo que não é possível fazer projetos técnicos sobre a conversão energética sem levar em consideração os conhecimentos e interesses da população.

III.

Logo após as eleições de 2018, conversei com a Nita e contei a ela que em janeiro de 2019 eu iria a Cuba. Ela me perguntou se eu poderia levar alguns livros para seus amigos e me disse que me colocaria em contato com eles. Os resultados das eleições brasileiras foram num sentido bem oposto ao que Paulo Freire pensava e expressou quando conversou com Edson Passetti: "Eu acho que os partidos políticos deveriam insistir na necessidade e na boniteza que é uma eleição. O bacana é quando você vota porque sabe da responsabilidade que tem e porque é livre."[6]

IV.

Procurei por textos e livros que abordassem a presença e recepção de Paulo Freire em Cuba. Encontrei, além de matérias jornalísticas e breves depoimentos (como, por exemplo, os do

---

5 Y. Hernández, L. Vélez, L. Ramirez, J. Moreira, "Mujeres en el fomento de las energias renovables", *Espacios Transnacionales*, v. 4, n. 8, 2017.
6 Paulo Freire in Paulo Freire e Edson Passetti, *Conversação libertária com Paulo Freire*, São Paulo, Imaginário, 1998, p. 100.

Frei Betto), artigos e entrevistas. Paulo Freire esteve em Cuba uma única vez, em 1987. Na ocasião, deu uma entrevista a Esther Pérez e Fernando Martínez Heredia na qual diz: "Creio que podem saber do que significa para mim, um brasileiro, um homem de ideias — ainda que conserve certas ingenuidades de interpretação — que fiz uma opção a favor das classes populares, chegar a Cuba pela primeira vez."[7] E complementa: "Creio que vim em um bom momento, ainda me pergunto qual é o mau momento para vir a Cuba. Esse momento não existe."[8]

Essa entrevista traz importantes argumentos de Paulo Freire em relação ao que ele define como "pedagogos da revolução" (Amílcar Cabral, Ernesto Che Guevara e Fidel Castro). E também sobre a precisão conceitual da educação popular, a escola de forma geral, sua participação no Instituto Cajamar e sobre a sua relação com o Partido dos Trabalhadores e com a revolução cubana. Quando indagado se gostaria de acrescentar alguma coisa a essa primeira entrevista a ser publicada em Cuba, Paulo Freire diz:

> Gostaria agora de enfatizar uma questão que me é muito cara e que tem a ver com não ter medo dos meus sentimentos e escondê-los. Gostaria de expressar meus agradecimentos a vocês, cubanos, pelo testemunho histórico que dão, pela possibilidade e tudo o que vocês representam como uma revolução: o que vocês representam de esperança. Não há nisso nenhum discurso

---

7 <rebelion.org/dialogo-con-paulo-freire/>
8 *Ibidem.*

falso: sei que não verei a mesma coisa em meu país, mas estou vendo aqui. É uma contradição dialética: não verei, mas já estou vendo.[9]

Outros textos encontrados estão relacionados com a publicação do livro *Pedagogia de la autonomia y otros textos* [Pedagogia da autonomia e outros textos]. A resenha que Mario G. Castillo Santana escreveu sobre esse livro enfatiza o pouco acesso, em Cuba, às obras de Paulo Freire e o contexto político e epistemológico em que "chamamos atenção sobre a impostergável necessidade de publicar a obra do pedagogo e militante revolucionário brasileiro Paulo Freire".[10] Santana escreve que:

> Para Freire, a autonomia do sujeito de aprendizagem não é um objetivo final expresso na fundamentação introdutória de um programa docente autodeclarado libertador, nem tampouco é um horizonte utópico ao qual se chegará logo depois de passar pela caixa-preta de um programa pré-desenhado em seus menores detalhes. A possibilidade da autonomia do sujeito de aprendizagem deve estar inscrita na lógica da relação professor-aluno, correndo o risco de não estar em lugar nenhum.[11]

---

9 Esther Pérez, Fernando Martinez, "Diálogo com Paulo Freire", in Martha Alejandro Delgado, Maria Isabel Romero Sarduy, José Ramón Vidal Valdez (orgs.), *Qué es la educación popular?* [O que é a educação popular?], Havana, Editorial Caminos, 2012.

10 Mario G. Castillo Santana, "Pedagogia de la autonomia y la educación popular en Cuba", *Camiños: Revista Cubana de Pensamineto Socioteológico*, n. 66, 2012, p. 82.

11 *Ibidem.*

Nas suas conclusões o autor, observa:

> Percebe-se nessa compilação de textos e diálogos de Paulo Freire a carência de suas reflexões sobre os contextos institucionais onde ocorreram suas experiências pedagógicas. Essas reflexões poderiam ter sido úteis para uma análise de ampliação dos horizontes do público na educação cubana, administrada por instâncias que não se caracterizam por envolver os coletivos de professores, estudantes, pais e comunidades além do definido por instituições localizadas acima desses atores do processo docente.[12]

A educadora Esther Pérez escreveu sobre o livro *Pedagogia de la autonomia y otros textos*, observando que:

> Para que servem hoje os textos de Freire? Para que serve em Cuba hoje sua pedagogia dialógica? Creio que, para responder essas perguntas, primeiro temos que ter claro o que Freire fez e o que não fez. O mais importante de suas intuições, a meu ver, é que, a partir da independência relativa dos campos que formam a chamada superestrutura, é possível avançar no terreno da educação, como em outros, em uma práxis libertadora, mais além do que as chamadas "condições objetivas" parecem dar de si. Isto é, é possível construir uma educação mais inclusiva, mais democrática, mais libertadora de todas as opressões, mais justa e mais e mais bonita, mais do

---

12 *Ibidem.*

futuro do que as relações sociais realmente existentes em uma sociedade parecem permitir.[13]

No artigo de Felipe de J. Pérez Cruz, "Paulo Freire y la revolución cubana: reflexiones para las urgencias de la praxis" [Paulo Freire e a revolução cubana: reflexões para as urgências da práxis],[14] o autor analisa como que, no mesmo período em que Paulo Freire se torna conhecido em vários países, ele é praticamente desconhecido em Cuba. E assinala que, no caso dos que o conheciam, esses o criticavam por considerarem "seu método como algo idealista, cristão"[15] e não viam com bons olhos a sua passagem por Harvard e pelo Conselho Mundial de Igrejas em Genebra, pois essa instituição era vista pelos "serviços de inteligência soviéticos e da área socialista como uma fachada das agências da CIA e Otan".[16]

Uma informação importante que Cruz fornece está relacionada com os encontros de Paulo Freire com Raúl Ferrer, que foi o "arquiteto pedagógico da Campanha Nacional de Alfabetização, de 1961, e depois promotor máximo da educação de adultos no país".[17]

O primeiro encontro entre os dois aconteceu em 1965 em Paris, quando ambos se dirigiam a Teerã para participar da

---

13 Esther Pérez, "Freire y Cuba hoy" [Freire e Cuba hoje], *Camiños: Revista Cubana de Pensamiento Socioteológico*, n. 59, 2011, p. 77.

14 Felipe de J. Pérez Cruz, "Paulo Freire y la revolución cubana: reflexiones para las urgências de la praxis" [Paulo Freire e a revolução cubana: reflexões para as urgencias da práxis], *Symposium 40 Years from Education as the Practice of Freedon: New Perspectives on Paulo Freire from Latin America*, Adult Education Research Conference/Mount Saint Vicent University, Halifax, 2007.

15 *Ibidem*, p. 4.

16 *Ibidem*, p. 5.

17 *Ibidem*, p. 3.

Conferência Mundial contra o Analfabetismo. Paulo Feire e Raúl Ferrer voltariam a se encontrar catorze anos depois, no contexto da revolução sandinista na Nicarágua. Antes da visita de Paulo Freire a Cuba, Ferrer impulsionou a formação de grupos para o estudo dos textos do brasileiro.[18]

Em outra passagem, Felipe de J. Pérez Cruz afirma que a forte influência, nos anos 1960 e 1970, dos especialistas em educação da União Soviética e da Alemanha Oriental na formulação de políticas educativas e na formação de profissionais cubanos foi um dos motivos para que a proposta política e pedagógica de Paulo Freire não tivesse a devida atenção. Isso porque seu olhar se dirigia "definitivamente ao mundo das sensibilidades, à psicologia, à vida espiritual dos sujeitos, temas então subvalorizados pela maioria dos marxistas".[19]

Cruz enfatiza o fato de que Cuba não seguia todas as orientações soviéticas quando se engajou, por exemplo, nas lutas anticoloniais na África, incluindo países em que Paulo Freire era uma referência incontornável. Ele observa que a visita de Freire a Cuba pode ser considerada como um dos resultados da influência de Frei Betto, no seu empenho de aproximação do regime com a Igreja Católica e com a Teologia da Libertação. Dessa aproximação originou o clássico livro *Fidel e a religião*, publicado em Cuba em 1985.

Felipe de J. Pérez Cruz continua a sua reflexão oferecendo-nos vários exemplos do interesse e da crescente influência de Paulo Freire em Cuba, nos anos seguintes. Pela leitura dos artigos da autora e dos autores cubanos citados, arrisco

---

18 *Ibidem*, pp. 3-4.
19 *Ibidem*, p. 4.

A PALAVRA *BONITEZA* NA LEITURA DE MUNDO | 311

considerar que a influência de Freire está profundamente relacionada com a ideia de que:

> A utopia possível não somente na América Latina, mas também no mundo, é a reinvenção das sociedades no sentido de fazê-las mais humanas, menos feias. No sentido de transformar a feiura em boniteza. A utopia possível é trabalhar para fazer que nossa sociedade seja mais visível, mais respeitada em todo o mundo, para todas as classes sociais.[20]

V.

O padre Román Espadas chegou no horário combinado. Eu trazia o presente que a Nita havia lhe enviado. Ele falava muito rápido e fazia várias perguntas ao mesmo tempo.

Quando lhe entreguei o pacote com os livros, o rosto desse homem de 81 anos parecia o de um menino recebendo um presente há muito tempo esperado. Retirou delicadamente do envelope a edição de 2018 do livro *Pedagogia do compromisso: América Latina e educação popular*[21] e, ao se deparar com a foto da Nita no folheto publicado pela Universidade Federal do Mato Grosso do Sul, por ocasião da atribuição a ela do doutorado *honoris causa*, "pelo conjunto de sua obra e relevância dos serviços prestados como divulgadora do pensamento

---

20 Paulo Freire, *Pedagogia do compromisso: América Latina e educação popular*, Indaiatuba, Villa das Letras, 2008, p. 40.
21 *Idem, Pedagogia do compromisso: América Latina e educação popular*, São Paulo, Paz e Terra, 2018.

do professor Paulo Régis Neves Freire",[22] comentou sobre a importância e legitimidade dessa honraria e também sobre a beleza da Nita.

Emocionado, leu as dedicatórias que ela lhe escreveu no livro e no folheto. Disse que estava envolvido, com outros colegas, com a inauguração da Cátedra Paulo Freire na Universidad de la Havana, prevista para fevereiro. Disse também que o mesmo grupo de cubanos freireanos preparava um colóquio dedicado a Freire na Feira do Livro de Havana, que ocorreria em fevereiro de 2019.

Entre tantos assuntos, o padre Román abordou o impacto da conferência que Nita Freire fez na Casa de las Américas e, no dia anterior, na Universidade de la Havana, quando esteve lá para receber, em nome de Paulo Freire, o título de doutor *honoris causa* que lhe foi outorgado pouco antes do seu falecimento. Contou que há em Cuba um grupo empenhado em divulgar o pensamento de Freire e que ele havia, juntamente com Tamara Roselló, atuado na publicação do livro *Hablan dos educadores populares: Paulo Freire y Frei Betto*, que no Brasil saiu com o título *Essa escola chamada vida: depoimentos ao repórter Ricardo Kotscho*.[23]

Por um instante, o padre interrompeu o relato e me perguntou quanto tempo eu ficaria na cidade, o que eu gostaria de fazer e as pessoas que eu gostaria de encontrar. Disse-lhe que precisava ir até a Casa de las Américas entregar um livro que a Nita havia enviado para a instituição e encontrar, por indicação dela, o professor Mariano Isla Guerra. Ele se pron-

---

22 Universidade Federal de Mato Grosso do Sul, *Ana Maria Araújo Freire: doutora honoris causa*, Campo Grande, UFMS, 2018, p. 6.
23 Paulo Freire e Frei Betto, *Essa escola chamada vida: depoimentos ao repórter Ricardo Kotscho*, São Paulo, Ática, 1985.

tificou em preparar esses encontros e me perguntou: "Como foi que você conheceu a Nita?" Eu esbocei uma resposta que provocou outras tantas questões. Quando lhe disse que fui aluno do Paulo Freire na PUC de São Paulo, ele imediatamente me convidou para gravar uma entrevista em que eu contasse essa experiência.

Ao nos despedirmos, já tínhamos uma agenda fechada para os dias seguintes. Ele concluiu a conversa dizendo que estava lendo os contos de Guimarães Rosa, em português, e que não tinha ideia de quantos anos levaria para terminar a leitura. Acrescentou que o livro de Rosa foi um presente recebido do professor Alípio Casali, da PUC-SP.

VI.

Enquanto o padre Román preparava os encontros para os próximos dias e o Joel Moreira Acosta organizava a vinda dele de Santiago de Cuba à capital, eu aproveitei para caminhar pelas ruas de Havana, que têm nomes como Amistad e Lealdad.

Eu observava a arquitetura rota, as pessoas, os pequenos comércios privados e as lojas estatais com cheiro de mofo, os restaurantes populares e as lojas de livros e discos usados. Tentava fazer percursos que trazia de memória dos livros de Reinaldo Arenas, Pedro Juan Gutiérrez, Leonardo Padura, Guillermo Cabrera Infante e Alejo Carpentier. Lembrava dos personagens dos filmes: *Morango e chocolate*, *Últimos dias em Havana*, *Habana Blues*, *Sete dias em Havana* e *Buena Vista Social Club*. Cantarolava alguns boleros que aprendi com a minha mãe, conversava com as pessoas e observava os inúmeros grafites com imagens de Che Guevara, Fidel Castro e Camilo

Cienfuegos Gorriarán e também os dedicados a Bob Marley, Jim Morrison e Omara Portuondo. Desviava das poças d'água e de esgoto a céu aberto e me perguntava sobre as possíveis consequências disso para a saúde pública. Não evitei adentrar os hotéis luxuosos para observar o previsível frenesi dos milionários. A anárquica fiação elétrica, as crianças nas ruas saindo das escolas, as bicicletas na contramão e a música por todos os lados provocavam sem cessar a minha reflexão sobre os modos de viver e os sessenta anos da revolução cubana.

Os carros dos anos 1950 traziam a lembrança do meu pai e dos meus tios conversando sobre as diferenças entre um Chevrolet e um Ford e a paixão deles pela beleza de um Simca Chambord.

Procurei ouvir e entender os comentários nas ruas sobre a nova versão da Constituição, que estava para ser promulgada e cujo texto era vendido a preço irrisório nas esquinas e bancas de jornal. Entrava nos espaços de organização comunitária em que jovens dançavam, pintavam, escreviam ou namoravam. Fiquei particularmente interessado nas pinturas dos jovens cubanos e tive a sensação de estar diante de arte contemporânea de grande qualidade e de vanguarda. Perguntei para um dos jovens artistas para quem eles vendiam os quadros (caros) e ele me disse que para os japoneses, suecos, holandeses, finlandeses...

Conversei com um dos artistas que vendia um quadro de um amigo dele, não assinado, que mostrava Che Guevara e Fidel Castro, um mirando o outro, com olhar de profunda cumplicidade. O artista me perguntou se eu era um admirador dos dois revolucionários e respondi que tinha sido atraído pelo olhar entre eles. Ficou claro que o vendedor e o amigo não tinham nenhuma simpatia pelo regime e que o quadro era mais um produto cultural para turistas engajados.

A PALAVRA *BONITEZA* NA LEITURA DE MUNDO | 315

Entrei numa "área de vendedores por conta própria", atraído pela propaganda escrita numa das portas e pelo movimento intenso de pessoas que dali entravam e saíam. Nesse lugar, encontrei um senhor que vendia livros e discos usados, além de objetos dos anos 1960 e 1970 (broches, postais, pôsteres, flâmulas, etc...) relacionados com a revolução. Havia também um caderno escolar distribuído pelo governo revolucionário, provavelmente nos seus primeiros anos, que trazia na capa frases sobre a revolução; entre elas, a frase de José Martí "Ser culto é o único modo de ser livre". A contracapa interna trazia dados sobre medidas e suas equivalências em Cuba, assim como uma tabela de conversão de medidas do sistema anglo-americano ao sistema métrico decimal.

Nas páginas em branco, o estudante havia colado fotografias de atrizes, de cantoras e de artistas do rádio dos anos 1950. Algumas dessas fotos traziam assinaturas de celebridades.

No dia seguinte fui ao Museu Nacional de Belas Artes, interessado em ver as pinturas e esculturas dos artistas cubanos e principalmente a sala dedicada a Wilfredo Lam. Antes de chegar a essa sala, me deparei com o retrato de Amílcar Cabral quando jovem, e com uma leve referência aos cantores de reggae, pintado por Aldo Soler em 1974. Diante da obra, foi inevitável pensar: *olhe aí, o camarada do Paulo Freire!*

O encontro inesperado com esse quadro de Aldo Soler me fez lembrar do trabalho que os dois realizaram e que levou Freire a dedicar ao companheiro o livro *Cartas à Guiné-Bissau: registros de uma experiência em processo.*[24]

---

24 Paulo Freire, *Cartas à Guiné-Bissau: registros de uma experiência em processo*, São Paulo: Paz e Terra, 2011b, p. 6.

Relendo os meus registros desses dias em Havana, os situo com uma das noções de *boniteza* de Paulo Freire: "Esse esforço de desocultar verdades e sublinhar bonitezas une, em lugar de afastar, como antagônicas, a formação científica com a artística. O estético, o ético, o político não podem estar ausentes nem da formação nem da prática científica".[25]

VII.

O padre Román chegou ao nosso segundo encontro no horário marcado, trazendo na mochila um exemplar de *Que es la educación popular?*[26] Trata-se de uma compilação de textos de vários autores e autoras, na qual também se encontram a entrevista que Paulo Freire concedeu a Esther Pérez e Fernando Martinéz, a entrevista que o educador brasileiro concedeu a Rosa Maria Torres e dois textos dele: "Educación popular y proceso de aprendizaje"[27] e "La esencia del diálogo", este extraído da *Pedagogia do oprimido*.

O padre Román parecia conhecer muito bem o segundo texto, pois citava trechos, enfatizando que "o diálogo é esse encontro dos homens, mediados pelo mundo".[28] Fazia isso quando caminhávamos pelas ruas de Havana ou quando, dentro de um Chevrolet ou de um Ford dos anos 1950, in-

---

25 *Idem, Política e educação*, Indaiatuba, Villa das Letras, 2007, p. 20.
26 Martha Alejandro Delgado, Maria Isabel Romero Sarduy, José Ramón Vidal Valdez (orgs.), *Qué es la educación popular?, op. cit.*
27 Publicado anteriormente em *Tarea*, n. 23, Lima, maio de 1990.
28 Paulo Freire, "La esencia del diálogo", in Martha Alejandro Delgado, Maria Isabel Romero Sarduy, José Román Vidal Valdez (orgs.), *Qué es la educación popular?, op. cit.* p. 89.

terrompia a conversa com os taxistas e se virava para mim, para repetir, como um mantra, essa frase de Paulo Freire.

Ele é autor da monografia, que apresentou como conclusão de um curso que fez no México, "Pensadores del Sur en educación: Edgar Morin y Paulo Freire",[29] na qual esboça um paralelo entre os dois autores, observando que, em relação a Paulo Freire:

> Li em português todos os livros de Paulo Freire, incluindo os cinco volumes póstumos publicados por sua viúva, Nita Freire; estou em comunicação frequente com pessoas (Nita Freire, Frei Betto, Danilo Streck, Alípio Casali, Sérgio Guimarães, Oscar Jara, Mariano Isla, Nydia González...) que conhecem sua vida e obra; neste momento sou colaborador ativo para evitar a canalhice que estão forjando no Brasil contra Paulo Freire: retirar dele sua válida e bem recebida condição de Patrono da Educação Brasileira, para poder erradicar sua humana e humanizadora proposta educativa.[30]

Tendo a questão "Como e por que Paulo Freire e Edgar Morin tornaram-se pensadores complexos, contextualizadores, humanos e humanizadores, antropológicos, epistemológicos, ético-estéticos, políticos, cosmológicos, ecológicos e pedagógicos?"[31] como orientadora do seu estudo, ele procurou analisar experiências pedagógicas que reivindicam seu

---

29 Román Espadas, "Pensadores del Sur em educación: Edgar Morin y Paulo Freire" [Pensadores do Sul em educação: Edgard Morin e Paulo Freire], monografia (diplomado), Universidad Jesuíta de Guadalajara, 2017.

30 *Ibidem*, p. 5.

31 *Ibidem*, p. 12.

suporte epistemológico e político na obra desses autores para concluir que a educação popular na América Latina

> produz aportes pedagógicos significativos para repensar a educação diante dos desafios contemporâneos, particularmente nos seguintes aspectos: a) pensar em outro sistema educativo; b) contribuir para a democratização participativa nas políticas públicas; c) gerar inovações educativas e replantar a formação docente.[32]

Entre os diversos encontros que o padre Román me proporcionou em Havana, um deles aconteceu com jovens do Centro Fé y Cultura Loyola encarregados de pesquisas e seminários de formação de lideranças comunitárias, incluindo nesse processo as temáticas ambientais. As e os jovens expuseram suas reflexões sobre o regime político, sobre as relações entre o Estado cubano e as religiões, sobre racismo e políticas participativas dos grupos marginalizados, sobre a pedagogia freireana e a sua relação com o cotidiano escolar e com a educação ambiental. Enfatizaram as alternativas que elas e eles têm buscado para que a participação cidadã seja ampliada, aprofundada e praticada.

Em outro momento, o padre indicou o *Diccionario Paulo Freire*,[33] que havia sido publicado em espanhol pelo Consejo de Educación Popular de América Latina y Caribe (Ceaal), com apoio do Ministério Alemão de Cooperação Econômica e Desenvolvimento. No prefácio, Oscar Jara Holliday observa que:

---

32 *Ibidem*, p. 51.

33 Danilo Streck, Euclides Redin, Jaime José Zitkoski (orgs.), *Diccionario Paulo Freire*, Guadalajara, Ceaal, 2015. [Ed. bras.: *Dicionário Paulo Freire*. Belo Horizonte: Autêntica, 2018.]

Não se trata, portanto, de "citar" Paulo Freire por citá-lo, sem identificar o contexto social, cultural ou teórico em que surgiu tal ou qual frase ou ideia, mas de encontrar pistas que nos permitam registrar as diferentes zonas de seu pensamento, sempre surgidas de desafios que enfrentava em sua prática.[34]

No processo pedagógico e político desses encontros com o padre Román e os provocados por ele, marcados pelas relações de solidariedade e de confiança assim como pelas possibilidades que anunciavam, fica evidente que "A boniteza do processo é exatamente esta possibilidade de re-aprender, de trocar".[35]

VIII.

A última vez que Joel Moreira Acosta e eu estivemos juntos foi há mais de quatro anos em Berlim. E por um desencontro deixamos a cidade sem nos despedirmos. Na ocasião, a professora Miriam Calvillo, da Universidade Autónoma Metropolitana del México, e eu apresentamos na Alice Salomon University o resultado das pesquisas narrativas que realizamos no projeto Reletran. Escolhemos apresentar a narrativa do Joel Moreira Acosta devido à aproximação do seu relato com o quadro teórico e a proposta política do nosso trabalho,

---

34 Oscar Jara Holliday, "Um livro para dialogar com Paulo Freire", in Danilo Streck, Euclides Redin, Jaime José Zitkoski (orgs.), *Diccionario Paulo Freire, op. cit.*, p. 13.
35 Paulo Freire, *Pedagogia da solidariedade*, Indaiatuba, Villa das Letras, 2009, p. 26.

centrado basicamente na pedagogia freireana e na sua noção de "sujeito da história".[36]

Pelo projeto Reletran, nos encontramos várias vezes. Nossas posições teóricas e políticas apresentadas nos seminários eram muito coincidentes, e o interesse pela cultura e pela história dos nossos respectivos países, assim como nossa posição política clara e constantemente explicitada nos aproximaram mais do que podíamos esperar.

Quando ele me comunicou que iria passar um ano sabático em Cuba — no mesmo período da campanha pelas eleições presidenciais no Brasil, em que os conservadores e totalitários bradavam "Se você não estiver contente com o que faremos, vá para Cuba" —, não tive dúvidas de que havia chegado o momento de fazer essa viagem e torná-la, assim como o reencontro com o meu amigo em Havana, um gesto político de conhecimento público.

O primeiro lugar que Joel queria me mostrar era a Universidad de la Havana, onde estudou. Caminhando pelas ruas, ele me contava como havia feito para deixar a pequena cidade em que vivia, nas imediações de Santiago de Cuba, com pouco dinheiro, para estudar na capital. Distante mais de 600 quilômetros de sua família, lá estava o jovem interiorano iniciando a sua trajetória de físico renomado. Na época, o governo enfatizava que Cuba precisava de físicos. Ele disse que nunca havia

---

36 Marcos Reigota, "Bases teóricas y políticas de las narrativas: un ensayo desde el Sur" [Bases teóricas e políticas das narrativas: um ensaio do Sul], in Johannes Kniffki, Christian Reutlinger (orgs.), *El trabajo social desde miradas transnacionales: experiências empíricas y conceptuales* [O trabalho social a partir de perspectivas transnacionais: experiências empíricas e conceituais], Berlim, Frank&Timme Gmbh, 2016, pp. 301-13.

pensado na possibilidade de estudar algo que não tivesse sido estabelecido como uma prioridade pelo governo e estivesse relacionado com as necessidades do país. Joel deixava claro que só foi possível cursar a universidade graças à revolução cubana.

Da Universidade de la Havana, ele propôs irmos ao Museo Napoleonico. O luxo do local e a riqueza das peças testemunhavam fortunas incalculáveis que existiam em Cuba antes da revolução.

Para cada sala tínhamos uma pessoa muito solícita e com conhecimentos fartos sobre o acervo para nos guiar e responder às nossas perguntas. Quando chegamos ao terceiro andar, encontramos duas senhoras e perguntamos se eram as guias. Uma delas respondeu dizendo que não, que eram zeladoras e que não podiam nos dizer nada sobre o acervo. Agradecemos e iniciamos a visita por nossa conta, até que de repente a senhora mais velha, que tinha ficado calada quando a outra nos respondeu, chegou até nós e se ofereceu a nos dar as informações necessárias, lembrando-nos que ela não era guia e ia falar o que havia aprendido ouvindo as guias profissionais nos 25 anos em que trabalhava no museu.

Aceitamos a gentileza e ela se transformou. Os gestos, a entonação e a explicação de cada detalhe eram os de uma especialista. Ela nos apresentava as várias versões para cada objeto, para os quadros e para o processo de aquisição das peças. Trazia consigo uma dignidade verdadeira e construída ao longo do tempo, além de uma admirável capacidade de escuta às nossas perguntas e observações. Não deixou de nos responder, com riqueza de detalhes, nenhuma de nossas questões e comentários.

Perguntei a ela como tinha sido, após a revolução, a proteção do acervo e da casa. Ela contou que uma senhora da família do antigo proprietário, muito próxima de Fidel, falou a ele da importância de conservar tudo aquilo e que Fidel acatou a sugestão de manter o museu em funcionamento.

Foi difícil nos despedirmos dela. Fizemos fotos juntos e, quando já saíamos, Joel disse a ela que eu era brasileiro. Ela externou toda a sua admiração pelas novelas, particularmente pela *Roque santeiro* e pela atriz Regina Duarte.

Considerei desnecessário incluir na conversa a posição política que a famosa atriz, que ela tanto admirava, havia assumido nas eleições presidenciais de 2018. Joel e eu descemos as escadas de mármore impactados pelo encontro com a dona Maria e pela provável espera dela para poder expressar os seus conhecimentos, nos 25 anos que ali trabalha como zeladora.

O Joel me perguntou: "O que presenciamos com a dona Maria tem tudo a ver com o Paulo Freire, não é?"

IX.[37]

Eram amigos. Segundo relatos, os dois ficavam conversando por horas seguidas em frente à casa de um ou de outro. Iam juntos a uma lan house, cuja funcionária observou aos jornais que os dois quando lá chegavam diziam "bom dia", "boa tarde" ou "boa noite"; quando iam embora diziam "obrigado", e nada mais que isso. Os dois amigos estudaram

---

37 Uma segunda versão deste texto, intitulada "The Production of an Absence of Sense Permeates the Everyday of Schools... and Kills. Paulo Freire: Education and Politics when Facing Obscurantism" [A produção de uma ausência de sentido permeia o cotidiano das escolas... e mata. Paulo Freire: educação e política no enfrentamento do obscurantismo], foi apresentada na mesa redonda em homenagem a Paulo Freire, no Instituto Sedes Sapientiae, em São Paulo, em setembro de 2019. Foi traduzida para o inglês e publicada na revista *Espacios Transnacionales* (Marcos Reigota, "Arqueología y devires de una amistad", *op. cit.*).

em escola pública. Estudaram na mesma escola, numa cidade provinciana não muito distante da capital.

O mais velho dos dois, com 25 anos, trabalhava com o pai fazendo serviços gerais. Naquela manhã de 14 de março de 2019, foi com ele até a estação de trem, mas alegou que não estava se sentido bem e voltou para casa. O mais jovem, com 17 anos, antes de ir ao encontro com o amigo, postou nas redes sociais fotos em que aparecia vestido para o evento, portando uma arma de fogo. Os dois se encontraram e foram primeiro até o local de trabalho do tio do mais jovem. Ali o rapaz de 17 anos matou o tio e os dois seguiram para a escola onde estudavam até pouco tempo atrás.

Chegaram armados e descarregaram a munição em cinco estudantes e em duas funcionárias. Dentre elas, a coordenadora do colégio, que havia postado nas redes sociais a frase "Mais livros e menos armas".

As merendeiras, mulheres negras, quando perceberam o perigo que as crianças corriam naquela manhã, construíram barricadas com o que encontraram, impedindo a chegada dos assassinos e assim salvando a vida de muitas crianças. Professores e professoras que estavam com seus alunos em sala de aula fizeram o mesmo. Apagaram as luzes e, rezando, ficaram em silêncio.

Quando a polícia chegou, o mais jovem atirou no amigo e cometeu suicídio. Essa maquinaria de guerra, difundida por poderosos e acatada por grande parte da população brasileira, é mais uma das barbáries que o Brasil tem vivido nos últimos anos. Para o que aconteceu na Escola Estadual Professor Raul Brasil, na cidade de Suzano, em São Paulo, não faltaram vozes oficiais e oficiosas para alegar que, se os professores e os funcionários estivessem armados, os assassinos não teriam tido êxito.

Nessa direção, seguiram durante alguns dias os debates até que esse acontecimento fosse substituído rapidamente por outro tanto quanto sanguinário, esquizofrênico e relacionado com a política de morte e de extermínio apoiado pelo Estado, que encontra nos conceitos de "banalidade do mal"[38] e de "necropolítica"[39] exemplos concretos. A tristeza, a desolação e o envergonhado sentimento de impotência ficaram então para aqueles e aquelas que são cotidianamente atingidos, no corpo e nos valores mais profundos, pelo movimento constante de produção de ausência de sentido, que anula, despreza, desqualifica e ironiza qualquer importância dada aos sentimentos básicos de convivência e de respeito.

A maquinaria de produção de ausência de sentidos está entranhada nos espaços mais sofisticados de poder bélico, econômico, político, social e cultural para difundir o elogio da ignorância e o menosprezo aos modos de viver não convencionais. Ela faz com que vizinhos ou pessoas muito próximas — com as quais foram anteriormente estabelecidos sólidos laços afetivos — sejam elos e difusores da política de extermínio de vidas, de sensibilidades e de alternativas pacíficas, viáveis, propositivas e criativas. O que aconteceu na sociedade brasileira contemporânea para que pessoas que antes faziam parte do nosso círculo social e afetivo mais próximo tenham se tornado nossos detratores, juízes e algo-

---

38 Hannah Arendt, *Eichmann em Jerusalém: um relato sobre a banalidade do mal*, São Paulo, Companhia das Letras, 1999.

39 Achille Mbembe, *Necropolítica*, São Paulo, n-1 edições, 2018.

zes que proferem sentenças cruéis e injustas? O movimento político e cotidiano de produção de ausência de sentido enfatiza a mais completa indiferença sobre a boniteza da vida de forma geral e sobre a boniteza das relações de solidariedade, de reponsabilidade e de empenho na construção de uma "sociedade justa".[40]

Os mesmos senhores e senhoras que se empenham em armar a população com artefatos bélicos e em difundir intensivamente seus discursos e gestos de indiferença e desprezo coletivo à história, ao patrimônio ecológico e cultural, assim como aos conhecimentos produzidos pela humanidade desprezam e ironizam a democracia, os direitos humanos, as lutas sociais e individuais pela liberdade e pela justiça e a constante luta dos anônimos e marginalizados para se tornarem cidadãos e cidadãs. Desprezam e humilham os necessitados de atenção, de amparo e de políticas públicas que visam ao bem comum. Anulam qualquer possibilidade de se ampliarem os processos culturais, sociais e de subjetivação solidária que resistem no Brasil profundo.

Eles e elas que intensificam o processo coletivo de produção de ausência de sentido nas relações básicas cotidianas são os responsáveis por acontecimentos como o ocorrido na Escola Estadual Professor Raul Brasil, em Suzano, e são cúmplices dos que alegam, sem nenhum pudor, que Paulo Freire e suas propostas políticas e pedagógicas devem ser banidos.

Mas não. Enquanto mulheres negras, jovens da periferia das grandes cidades, sem-terra, LGBTQs e tantos outros grupos étnicos e identitários lutarem contra as injustiças; enquan-

---

40 Philippe Van Parijs, *O que é uma sociedade justa? Introdução à prática da filosofia política*, São Paulo, Ática, 1997.

to pessoas e grupos desobedientes disserem não ao processo de extermínio de diferentes formas de vida e de maneiras de viver não convencionais e se posicionarem contra a maquinaria de produção de ausência de sentido na vida cotidiana; enquanto os encontros nos quais o sentimento universal e atemporal de amizade se fizer presente, no que ela tem de mais profundo, solidário e bonito, será possível produzir conhecimentos e ampliar as possibilidades de existência em direções opostas à crueldade, à indiferença e ao sangue derramado em Suzano.

Quando as e os necropolíticos alegam que é necessário banir Paulo Freire da educação brasileira, só podemos responder que não permitiremos que isso aconteça e que estamos e estaremos empenhados em ampliar a sua presença com as inúmeras referências que dele herdamos. Incluindo a sua indignação, que lembra: "Uma das bonitezas do anúncio profético está em que não anuncia o que virá necessariamente, mas o que pode vir ou não."[41]

REFERÊNCIAS BIBLIOGRÁFICAS

ARENDT, Hannah. *Eichmann em Jerusalém: um relato sobre a banalidade do mal.* São Paulo: Companhia das Letras, 1999.

CRUZ, Felipe de J. Pérez. "Paulo Freire y la revolución cubana: reflexiones para las urgências de la praxis" [Paulo Freire e a revolução cubana: reflexões para as urgências da práxis]. *Symposium 40 Years from* Education as the Practice of Freedom: *New Perspectives on Paulo Freire from Latin Ame-*

---

41 Paulo Freire, *Pedagogia da indignação: cartas pedagógicas e outros escritos*, São Paulo, Editora Unesp, 2000, p. 119.

rica. Adult Education Research Conference/Mount Saint Vicent University, Halifax, 2007. Disponível em: <alhim. hypotheses.org/files/20/16/10/Texto-Paulo-Freire-y-la--Revolución-Cubana-Reflexiones-para-las-urgencias-de--la-praxis.doc>. Acesso em: 3 nov. 2018.

DELGADO, Martha Alejandro; SARDUY, Maria Isabel Romero; VALDEZ, José Ramón Vidal (orgs.). *Qué es la educación popular?* [O que é a educação popular?]. Havana: Editorial Caminos, 2012.

ESPADAS, Román. "Pensadores del Sur em educación: Edgar Morin y Paulo Freire" [Pensadores do Sul em educação: Edgard Morin e Paulo Freire]. Monografia (Diplomado) — Universidad Jesuíta de Guadalajara, 2017.

FREIRE, Paulo. *Cartas à Guiné-Bissau: registros de uma experiência em processo*. 5ª ed., São Paulo: Paz e Terra, 2011b.

_____. "La esencia del diálogo". In: DELGADO, Martha Alejandro; SARDUY, Maria Isabel Romero; VALDEZ, José Román Vidal (orgs.). *Qué es la educación popular?* Havana: Editorial Caminos, 2012, pp. 87-96.

_____. *Pedagogia do compromisso: América Latina e educação popular*. São Paulo: Paz e Terra, 2018.

_____. *Pedagogia do compromisso: América Latina e educação popular*. Indaiatuba: Villa das Letras, 2008.

_____. *Pedagogia da esperança: um encontro com a Pedagogia do oprimido*. São Paulo: Paz e Terra, 2011a.

_____. *Pedagogia da indignação: cartas pedagógicas e outros escritos*. São Paulo: Editora Unesp, 2000.

_____. *Pedagogia da solidariedade*. Indaiatuba: Villa das Letras, 2009.

_____. *Política e educação*. Indaiatuba: Villa das Letras, 2007.

_____; BETTO, Frei. *Essa escola chamada vida: depoimentos ao repórter Ricardo Kotscho.* São Paulo: Ática, 1985.

_____; PASSETTI, Edson. *Conversação Libertária com Paulo Freire.* São Paulo: Imaginário, 1998.

HERNÁNDEZ, Y.; VÉLEZ, L.; RAMIREZ, L.; MOREIRA, J. "Mujeres en el fomento de las energias renovables", *Espacios Transnacionales: Revista Latinoamericana-Europeia de Pensamiento y Acción Social,* v. 4, n. 8, 2017.

HOLLIDAY, Oscar Jara. "Um livro para dialogar com Paulo Freire". In: STRECK, Danilo; REDIN, Euclides; ZITKOSKI, Jaime José (orgs.). *Diccionario Paulo Freire.* Guadalajara: Ceaal, 2015, pp. 11-3. [Ed. bras.: *Dicionário Paulo Freire.* Belo Horizonte: Autêntica, 2018.]

KNIFFKI, Johannes; REUTLINGER, Christian. "Trabajo social y conocimiento transnacional: reflexiones sobre la construcción del conocimiento em el marco del proyecto Reletran" [Trabalho social e conhecimento transnacional: reflexões sobre a construção do conhecimento no marco do projeto Reletran], *Avaliação,* n. 20, v. 3, 2015, pp. 779-809.

MBEMBE, Achille. *Necropolítica.* São Paulo: n-1 edições, 2018.

PÉREZ, Esther. "Freire y Cuba hoy" [Freire e Cuba hoje], *Camiños: Revista Cubana de Pensamiento Socioteológico,* n. 59, 2011, pp. 77-8.

_____; HEREDIA, Fernando Martínez. *Diálogo con Paulo Freire.* Disponível em: <rebelion.org/dialogo-con-paulo-freire/>. Acesso em: 1 dez. 2020.

_____; _____. "Diálogo com Paulo Freire". In: DELGADO, Martha Alejandro; SARDUY, Maria Isabel Romero; VALDEZ, José Ramón Vidal (orgs.). *Qué es la educación popular?* Havana: Editorial Camiños, 2012, pp. 147-71.

REIGOTA, Marcos. "Arqueologia y devires de una amistad" [Arqueologia e devires de uma amizade]. *Utopia y Praxis Latinoamericana: Revista Internacional de Filosofía Iberoamericana y Teoría Social*, v. 24, 2019a, pp. 128-36.

_____. "Bases teóricas y políticas de las narrativas: un ensayo desde el Sur" [Bases teóricas e políticas das narrativas: um ensaio do Sul]. In: KNIFFKI, Johannes; REUTLINGER, Christian (orgs.). *El trabajo social desde miradas transnacionales: experiências empíricas y conceptuales* [O trabalho social a partir de perspectivas transnacionais: experiências empíricas e conceituais]. Berlim: Frank&Timme Gmbh, 2016, pp. 301-13.

_____. "Environmental Education in Brazil and the Influence of Paulo Freire" [Educação ambiental no Brasil e a influência de Paulo Freire]. *Oxford Research Encyclopedia of Education*, abr., 2020, pp. 1-10.

_____. "The Production of an Absence of Sense Permeates the Everyday of Schools... and Kills. Paulo Freire: Education and Politics when Facing Obscurantism" [A produção de uma ausência de sentido permeia o cotidiano das escolas... e mata. Paulo Freire: educação e política no enfrentamento do obscurantismo]. *Espacios Transnacionales: Revista Latinoamericana-Europeia de Pensamiento y Acción Social*, v. 7/13, jul.-dez., 2019b, pp. 104-7. Disponível em: <www.youtube.com/watch?v=MUtod7mMUCQ?>. Acesso em: 14 dez. 2020.

RODRIGUEZ, Silvio. *1968/1970: Al final de este viaje.* [1968/1970: Ao final desta viagem]. Havana: Ojalá Estudios, 1978.

SANTANA, Mario G. Castillo. "Pedagogia de la autonomia y la educación popular en Cuba". *Camiños: Revista Cubana de Pensamiento Socioteológico*, n. 66, 2012, pp. 79-82.

SILVA, Ariane Diniz. "Cartas para Paulo Freire e sua rede: o cotidiano de extensão em uma universidade comunitária". Tese (Doutorado) — Universidade de Sorocaba, Programa de Pós-Graduação em Educação, 2017.

_____; REIGOTA, Marcos. "O Reletran na Uniso: seu impacto na construção de processos comunitários através das narrativas". *Espacios Transnacionales: Revista Latinoamericana-Europeia de Pensamiento y Acción Social*, ano 4, v. 7, 2016, pp. 66-72.

STRECK, Danilo; REDIN, Euclides; ZITKOSKI, Jaime José (orgs.). *Diccionario Paulo Freire*. Guadalajara: Ceaal, 2015, pp. 11-3. [Ed. bras.: *Dicionário Paulo Freire*. Belo Horizonte: Autêntica, 2018.]

UNIVERSIDADE FEDERAL DE MATO GROSSO DO SUL. *Ana Maria Araújo Freire: doutora* honoris causa. Campo Grande: UFMS, 2018.

VAN PARIJS, Philippe. *O que é uma sociedade justa? Introdução à prática da filosofia política*. São Paulo: Ática, 1997.

YANG, André Luiz Chaves. "Práticas sociais e processos comunitários: narrativa de um universitário". *Espacios Transnacionales: Revista Latinoamericana-Europeia de Pensamiento y Acción Social*, ano 2, v. 3, 2014, pp. 172-80.

15.

A BONITEZA DE PAULO FREIRE EM PRÁTICAS DE EDUCAÇÃO POPULAR EM AMBIENTES HOSPITALARES

Ivanilde Apoluceno de Oliveira*

INTRODUÇÃO

O NÚCLEO DE EDUCAÇÃO POPULAR Paulo Freire (NEP) da Universidade do Estado do Pará vem, desde 2002, realizando práticas de educação popular em ambientes hospitalares, com crianças, jovens e adultos oriundos de classes populares e de comunidades rurais ribeirinhas, indígenas, quilombolas, entre outras, que estão em tratamento hospitalar.

---

* Pós-doutora em Educação pela Pontifícia Universidade Católica do Rio de Janeiro (PUC-Rio). Doutora em Educação pela PUC-SP e Universidad Nacional Autónoma de México/Universidad Autónoma Metropolitana (Iztapalapa/México). Docente e pesquisadora do Programa de Pós-Graduação em Educação e professora titular da Universidade do Estado do Pará. Coordena o Núcleo de Educação Popular Paulo Freire e a Cátedra Paulo Freire da Amazônia. E-mail: <nildeapoluceno@uol.com.br>.

O NEP, nesse período, realizou práticas de educação popular em diferentes espaços: na Associação de Apoio à Oncologia (AVAO), com pessoas em tratamento oncológico; no Hospital Dia, com homens e mulheres em tratamento psiquiátrico; no Banco de Leite do Hospital da Santa Casa, com mulheres em período em aleitamento que possuem filhos em tratamento hospitalar; entre outros. Desde 2004, realiza atividades educacionais em parceria com a Secretaria de Estado de Educação do Pará, no Espaço Acolher, que recebe mulheres escalpeladas, vítimas de acidente de motor de barco.

No hospital, além do sofrimento físico, há uma dor psicológica devida ao distanciamento da comunidade, de familiares e amigos, às sequelas deixadas por doenças e acidentes e à discriminação de que padecem em função delas. Nesses espaços em que se defronta com situações de vida-morte, sofrimentos e dores, a *boniteza* de Paulo Freire se faz presente, porque o seu conceito está vinculado ao ético, ao político, à amorosidade, ao humanismo e à esperança.

O objetivo deste artigo é analisar a categoria *boniteza* freireana em práticas de educação popular em ambientes hospitalares, as quais têm por base o pensamento educacional de Paulo Freire. Trata-se de uma pesquisa bibliográfica, tendo como fontes obras do Patrono da Educação Brasileira e produções bibliográficas e pesquisas de educadores/as populares do NEP.

Neste texto, inicialmente apresentamos a categoria boniteza no pensamento educacional de Paulo Freire e, em seguida, a boniteza freireana em práticas de educação popular em ambientes hospitalares.

A CATEGORIA *BONITEZA* NO PENSAMENTO EDUCACIONAL DE PAULO FREIRE

Boniteza no pensamento educacional de Paulo Freire é uma categoria que apresenta um sentido estético de bonito/a, de beleza. "A educação é também um evento estético [...]. A educação é, em si, uma experiência da beleza. Porque a educação tem a ver com formação e não com treinamento.[1]

Na natureza, no canto dos pássaros, no mundo, nas ações humanas e culturais, na linguagem, na educação, nas práticas educativas, no processo de conhecer, entre outras, há uma boniteza. Freire destaca:

> Afinal, faz parte da natureza da prática educativa a esteticidade, quer dizer, a qualidade de ser estética, de não ser alheia à boniteza.[2]

> Boniteza real: lagos, alpes, campos, paisagens, cidades--postais.[3]

> Minha paixão se moveu sempre na direção dos mistérios da linguagem, na busca, se bem que não angustiada, inquieta, do momento de sua boniteza.[4]

---

1 Paulo Freire, *Pedagogia da solidariedade*, Indaiatuba, Villa das Letras, 2009, p. 32.
2 *Idem, Cartas a Cristina: reflexões sobre minha vida e minha práxis*, São Paulo, Paz e Terra, 2013, p. 211.
3 *Ibidem*, p. 35.
4 *Ibidem*, p. 153.

Minha terra é boniteza de águas que se precipitam, de rios, de praias, de vales, de florestas, de bichos, de aves.[5]

Esse conceito está vinculado, também, a um significado moral, na perspectiva de uma atitude certa, moralmente correta.

Outro testemunho que não nos deve faltar em nossas relações com os alunos é o de nossa permanente disposição em favor da justiça, da liberdade, do direito de ser. A nossa entrega à defesa dos mais fracos, submetidos à exploração dos mais fortes. É importante, também, neste empenho de todos os dias, mostrar aos alunos como há boniteza na luta ética. Ética e estética se dão as mãos.[6]

Mas aí entra a questão da ética. Eu até sempre digo, ética e estética se dão as mãos toda vez. Não é possível moralidade sem boniteza. Quando você rompe com a boniteza, cedo ou tarde você cai na imoralidade.[7]

Atitudes éticas que perpassam pelo respeito ao outro, pela luta pelos direitos sociais, entre os quais a educação e pela supressão das desigualdades e opressões sociais e que estão relacionadas à necessidade da criticidade, da ciência e da politicidade. Assim, para Freire:

---

5 *Idem, À sombra desta mangueira*, Rio de Janeiro, Civilização Brasileira, 2012a, p. 43.
6 *Idem, Professora, sim; tia, não*, Rio de Janeiro, Civilização Brasileira, 2012b, p. 150.
7 *Idem, Pedagogia da tolerância*, São Paulo, Editora Unesp, 2005, p. 311.

Desocultar a verdade ou sublinhar a boniteza não podem ser exercícios intolerantes. Sublinhar, por exemplo, a boniteza de forma intolerante já é, em si, uma feiura. Como feiura é falar da verdade que se desoculta sem nenhum respeito a quem desoculta diferentemente, quase como quem oculta.

Este esforço de desocultar verdades e sublinhar bonitezas une, em lugar de afastar, como antagônicas, a formação científica com a artística. O estético, o ético, o político não podem estar ausentes nem da formação nem da prática científica.[8]

Além da ética, a boniteza de Freire está associada à seriedade.

Quando vivemos a autenticidade exigida pela prática de ensinar-aprender, participamos de uma experiência total, diretiva, política, ideológica, gnosiológica, pedagógica, estética e ética, em que a boniteza deve achar-se de mãos dadas com a decência e com a seriedade.[9]

Freire ainda acrescenta à boniteza a amorosidade, a afetividade. Considera que: "quanto melhor a educação trabalhar os indivíduos, quanto melhor fizer seu coração um coração sadio, amoroso, tanto mais o indivíduo, cheio de boniteza, fará o mundo feio virar bonito".[10]

---

8 Idem, *Política e educação*, Indaiatuba, Villa das Letras, 2007a, pp. 119-20.
9 Idem, *Pedagogia da autonomia: saberes necessários à prática educativa*, São Paulo, Paz e Terra, 2011, pp. 33-4.
10 Idem, *Política e educação, op. cit.*, p. 36.

Nessa perspectiva, Paulo Freire trata da pedagogia do oprimido como "uma pedagogia que enfatizaria a boniteza, o estético da vida e o ético, fundamentalmente. Uma pedagogia que não separaria o cognitivo do artístico, do afetivo, do sentimental, do apaixonante, do desejo!"[11]

A *BONITEZA* FREIREANA EM PRÁTICAS DE EDUCAÇÃO POPULAR EM AMBIENTES HOSPITALARES

As práticas de educação popular em ambientes hospitalares realizadas pelo Núcleo de Educação Popular Paulo Freire têm como principal referência teórico-metodológica a educação freireana. Por que Paulo Freire? Porque os/as educandos/as crianças, jovens e adultos/as oriundos/as de comunidades ribeirinhas, indígenas, quilombolas, entre outras, da Amazônia Paraense, apontam a necessidade de uma educação que supere o paradigma da educação tradicional (competitiva, meritocrática, de memorização, individualista, descontextualizada e opressora). E Paulo Freire propõe uma educação humanista, dialógica, ético-política e que expressa boniteza.

O ser humano é compreendido por Freire como ser inacabado, inconcluso e em permanente formação. E, no seu processo de humanização, gentificação e de ser mais, está presente a boniteza. "Exatamente porque nos tornamos seres humanos, fazedores de coisas, transformadores, contempladores, falantes, sociais, terminamos por nos tornar

---

11 *Idem, Dialogando com a própria história*, São Paulo, Paz e Terra, 1997, pp. 50-1.

necessariamente produtores de saber. Como por necessidade procuramos a boniteza e a moral."[12]

A boniteza, junto com a ética, não só constitui homens e mulheres como seres humanos, mas também faz parte das relações humanas. Freire afirma que: "uma das melhores coisas que podemos experimentar na vida, homem ou mulher, é a boniteza em nossas relações, mesmo que, de vez em quando, salpicadas de descompassos que simplesmente comprovam a nossa 'gentetude'".[13]

No ambiente hospitalar, segundo Rossi *et al*,[14] a vida além das dores das doenças é repleta de emoções, desejos, sonhos c esperanças. A educação alfabetizadora faz parte da luta pela vida, pelo direito de viver com dignidade. E essa luta pelo viver expressa a boniteza da fala do alfabetizando João, da Associação de Oncologia, ao enfatizar o desejo de aprender a ler e a escrever antes de morrer.

Há nos espaços hospitalares uma dialética vida-morte, mas, na boniteza da prática freireana de respeito e valorização da vida humana, trabalha-se pedagogicamente não a brevidade da vida, mas sim a luta cotidiana pela vida.

Oliveira *et al* destacaram:

> Tivemos a percepção de compreender que a fragilidade da vida não impedia — diante de todo o tratamento

---

12 *Idem, A educação na cidade*, São Paulo, Cortez, 2001, p. 112.

13 *Idem, Pedagogia da esperança: um reencontro com a Pedagogia do oprimido*, São Paulo, Paz e Terra, 2011b, p. 104.

14 Alessandra G. Rossi *et al.*, "Ação educativa com jovens e adultos na comunidade hospitalar", in Ivanilde Apoluceno de Oliveira, Mário Brasil Xavier, *Palavra-ação em educação de jovens e adultos*, Belém, CCSE-UEPA, 2002.

e privações por que passavam — a condição e obrigação de reconquistar nossa humanidade, valorizando quem somos e o que representamos no mundo e para o mundo [...]. Cabe a nós libertarmo-nos da opressão nutridos do amor à vida, sendo sujeitos de nossa história, intervindo na realidade, responsabilizando-nos pela própria humanização, cumprindo nossa vocação de ser mais.[15]

A alfabetizanda Ida, da Associação de Oncologia, expressou sua alegria de aprender a ler e escrever: "antes a minha vida era uma escuridão, agora tenho uma luz."[16]

A boniteza da valorização da vida estava presente também na brinquedoteca da Associação de Oncologia. Nela foi construída a "árvore da vida", brincadeira criada pelas educadoras, em cujos galhos as crianças deixavam penduradas suas atividades e que uma das alunas denominou de "árvore da felicidade". A árvore da vida possibilitava que a criança em tratamento quimioterápico pudesse retornar às atividades educativas, sem interferir no seu planejamento pedagógico. Porém:

a criação da árvore da vida no ambiente alfabetizador da brinquedoteca, além do caráter metodológico, nos

---

15 Kássya Christinna Oliveira *et al*, "Educação em ambiente hospitalar: a complexidade vida-morte", in Ivanilde Apoluceno de Oliveira (org.), *Caderno de atividades pedagógicas em educação popular: pesquisas e práticas educativas de inclusão social*, n. 1, Belém, NEP-CCSE-UEPA, 2004, pp. 23-4.

16 Alessandra G. Rossi *et al*., "Ação educativa com jovens e adultos na comunidade hospitalar", *op. cit.*, p. 32.

possibilitou desenvolver relações afetivas necessárias ao desenvolvimento das ações educativas em classe hospitalar. Passamos a fazer parte de uma nova realidade, a qual cada dia foi e é um nascer de novo. Valorizamos os afetos e cultivamos a sensibilidade, tornamo-nos cúmplices, e a cada sorriso fomos redescobrindo objetivos aparentemente perdidos, mas que a valorização da vida plenificou. A árvore da vida simbolizava na prática educativa a esperança de vida e o recomeçar constante.[17]

A proposta de educação libertadora de Paulo Freire é um projeto de humanização, em que a pessoa em tratamento de saúde é vista como sujeito da história, ser consciente de seu estar no mundo, e não somente como corpo biológico. E ser sujeito da história implica ter autonomia, participação e ingerência no contexto histórico e social do qual o indivíduo faz parte.

Educar na perspectiva freireana de autonomia significa: "ter o sujeito voz, viabilizando a sua participação crítica na sociedade, desenvolvendo elementos da sua subjetividade: a criatividade, a curiosidade e a criticidade e olhar para as necessidades de desenvolvimento integral da pessoa humana."[18]

---

17 Idem, "A construção de uma prática pedagógica na brinquedoteca da Associação Voluntariado de Apoio à Oncologia — AVAO", in Ivanilde Apoluceno de Oliveira (org.), Caderno de atividades pedagógicas em educação popular: pesquisas e práticas educativas de inclusão social, op. cit., p. 33.
18 Ivanilde Apoluceno de Oliveira (org.), Formação pedagógica de educadores populares: fundamentos teórico-metodológicos freireanos, Belém: NEP-CCSE-UEPA, 2011, p. 15.

Freire[19] fomenta a valorização da pessoa humana no processo educacional. Esta é compreendida na integralidade do seu ser, como indivíduo e cidadão, ser afetivo e racional, objetivando uma vivência social mais humana, justa e solidária.

A boniteza também faz parte da compreensão da integralidade do ser por Paulo Freire, que entende o ser humano como corpo-consciência, razão-sensibilidade, estético-ético etc. "Não vejo também por que devam ser os militantes progressistas, homens e mulheres descuidados de seu corpo, inimigos da boniteza, como coisa de burguês."[20] O corpo e a afetividade, assim como a consciência e a racionalidade, são valorizados na pedagogia freireana, diferentemente da educação bancária, racionalista e que secundariza a expressão corporal, o estético, o político e a afetividade.

A educação em Freire é uma prática formadora humana, cujo processo envolve a busca pela boniteza: "Como processo de conhecimento, formação política, manifestação ética, procura da boniteza, capacitação científica e técnica, a educação é prática indispensável aos seres humanos."[21] E também é vivência da boniteza: "A educação é sempre uma certa teoria do conhecimento posta em prática, é naturalmente política, tem que ver com a pureza, jamais com o puritanismo e é em si mesma uma experiência de boniteza."[22]

Essa se trata de uma educação engajada ético-politicamente com as classes oprimidas. Pretende a humanização

---

19 Paulo Freire, *Pedagogia da autonomia*, op. cit.
20 *Idem, À sombra desta mangueira*, op. cit., p. 100.
21 *Idem, Política e educação*, op. cit., pp. 17-8.
22 *Idem, Pedagogia da indignação: cartas pedagógicas e outros escritos*, São Paulo, Editora Unesp, 2000, p. 89.

dos seres humanos, na medida em que rejeita toda forma de manipulação humana e dimensiona os homens e as mulheres como sujeitos da educação. Além disso, problematiza a realidade social dos oprimidos, por questão de classe, etnia, gênero, idade, entre outras. Condena a exploração, a discriminação de homens e mulheres e o desrespeito à vida humana. Por isso, desperta a consciência crítica, denúncia as opressões sociais e anuncia perspectivas de transformação social. Nessa perspectiva, promove o empoderamento dos/das educandos/as ao problematizar questões do cotidiano social, para que tenham ação política como cidadãos na sociedade.

No caso das mulheres, vítimas de escalpelamento, a educanda Violeta apresentou a boniteza de pensar criticamente sobre a situação de violência social, que vive em sua comunidade ribeirinha, e como isso a fez se empoderar, levando-a a assumir ser sujeito de sua história.

> Ele só falava áspero comigo, só gritando, me maltratava, às vezes não conseguia fazer as coisas dentro de casa porque eu estava com dor de cabeça, aí ele me obrigava, "tu vai ter que fazer, porque se tu não fizer tu vai pegar porrada!". Era assim que ele me tratava, eu andava muito nervosa, quando eu enxergava ele eu ficava com muito medo.[23]

---

23 Priscila Costa Soares Leite, "Educação de Jovens e Adultos em ambiente hospitalar: representações sobre si, a educação e projetos de vida", dissertação (Mestrado), Programa de Pós-Graduação em Educação da Universidade do Estado do Pará, Belém: PPGED-UEPA, 2019, pp. 108-9.

> Quero ter minha liberdade. Também quero trabalhar, montar um negocinho para mim, uma venda de café, sanduíche, e não quero mais marido morando comigo.[24]

> Quando penso em mim, vem uma imagem de uma pessoa que reviveu de novo, que estava morta. Quando eu me deparo que hoje vejo que revivi, que hoje sou uma nova mulher.[25]

Assim como trata dialeticamente a humanização, denunciando o processo de desumanização, Paulo Freire anuncia a boniteza de ações boas e humanizadoras e denuncia a feiura das atitudes de discriminação e de opressão social. "Qualquer discriminação é imoral e lutar contra ela é um dever por mais que se reconheça a força dos condicionamentos a enfrentar. A boniteza de ser gente se acha, entre outras coisas, nessa possibilidade e nesse dever de brigar."[26]

> No momento em que os seres humanos, intervindo no suporte, foram criando o mundo, inventando a linguagem com que passaram a dar nome às coisas que faziam com a ação sobre o mundo, na medida em que se foram habilitando a inteligir o mundo e criaram por consequência a necessária comunicabilidade do inteligido, já não foi possível existir a não ser disponível à tensão radical e profunda entre o bem e o mal,

---

24 *Ibidem*, pp. 183-4.
25 *Ibidem*, pp. 108.
26 Paulo Freire, *Pedagogia da autonomia, op. cit.*, p. 84.

344 | PAULO FREIRE

entre a dignidade e a indignidade, entre a decência e o despudor, entre a boniteza e a feiura do mundo.[27]

Paulo Freire desenvolve uma luta pelos direitos de viver do ser humano e pressupõe novos valores gestados em experiências de solidariedade e ações coletivas dialógicas. A ação pedagógica realizada em educandos em tratamento psiquiátrico, segundo o educador Hugo, "contribuiu para o restabelecimento do vigor da vida dos educandos, do reconhecimento do afetar e ser afetado, de pôr as forças vitais novamente em jogo, seguindo não uma lógica pragmática ou mercadológica, mas estética, sensível, afetiva, micropolítica".[28]

Dessa forma, a luta pela democracia se reveste em Freire em uma ação moral, de respeito a uma pluralidade de vozes:

> Respeitar os diferentes discursos e pôr em prática a compreensão de pluralidade (a qual exige tanto crítica e criatividade no ato de dizer a palavra quanto no ato de ler a palavra) exigem uma transformação política e social [...]. A legitimação desses diversos discursos legitimaria a pluralidade de vozes na reconstrução de uma sociedade verdadeiramente democrática.[29]

---

27 *Ibidem*, p. 72.

28 Ivanilde Apoluceno de Oliveira e Rafael Grigório Reis Barbosa, "Educação popular e o processo de socialização de educandos de um hospital psiquiátrico de Belém-PA", *Revista Contexto & Educação*, n. 83, ano 25, jan-jun. 2010, p. 195.

29 Paulo Freire e Donaldo Macedo, *Alfabetização: leitura do mundo, leitura da palavra*, São Paulo, Paz e Terra, 1990, pp. 36-7.

A luta ética pelos direitos e pela liberdade consiste ainda em uma boniteza:

> Outro testemunho que não nos deve faltar em nossas relações com os alunos é o de nossa permanente disposição em favor da justiça, da liberdade, do direito de ser. A nossa entrega à defesa dos mais fracos, submetidos à exploração dos mais fortes. É importante, também, neste empenho de todos os dias, mostrar aos alunos como há boniteza na luta ética.[30]

O diálogo, a escuta pedagógica e a amorosidade são conceitos freireanos fundamentais no processo educacional em ambientes hospitalares. Aceitar e respeitar a diferença requerem no ato educativo, por parte do educador, saber escutar o outro e ter coerência entre o discurso e a ação. A escuta pedagógica "vai além da possibilidade auditiva de cada um. Escutar, no sentido aqui discutido, significa a disponibilidade permanente por parte do sujeito que escuta para a abertura à fala do outro, ao gesto do outro, às diferenças do outro".[31]

Castro *et al*, em relação à prática de educação popular do NEP em ambiente hospitalar, afirma que:

> é buscando a valorização do outro que se constituem as práticas educativas do NEP. Isto requer um aproximar-se que se distingue da mera aproximação física e das ações condicionadas, mecânicas, bem como requer

---

30 Paulo Freire, *Professora, sim; tia, não, op. cit.*, p. 150.
31 *Idem, Pedagogia da autonomia: saberes necessários à prática educativa*, 36 ed., São Paulo, Paz e Terra, 2007b, p. 119.

a disponibilidade para saber escutar, para saber falar com o outro.[32]

A educação freireana é um processo dialógico que possibilita aos sujeitos aprenderem e crescerem juntos, respeitando as diferenças. O cuidar-dialógico de Paulo Freire dimensiona-se como um escutar-aprender e aprender-ensinar, ou seja, uma atitude de abertura ao outro, de compreender e aprender com o outro para que melhor possa ensiná-lo; é uma atitude ética e educativa por ser formadora.

O diálogo em Freire é solidário, amoroso e viável por razões éticas, que expressam uma boniteza:

> Viver a abertura respeitosa aos outros e, de quando em vez, de acordo com o momento, tomar a própria prática de abertura ao outro como objeto da reflexão crítica deveriam fazer parte da aventura docente. A razão ética da abertura, seu fundamento político, sua referência pedagógica; a boniteza que há nela como viabilidade do diálogo.[33]

Além do diálogo é uma educação que estimula a curiosidade, o ato de perguntar e a práxis. Passa a ser importante que o/a educador/a ensine aos/às educandos/as perguntar, proble-

---

32 Carla Larissa Farias de Castro *et al*, "O NEP nas comunidades hospitalares: construindo uma prática socioeducativa com jovens e adultos em tratamento médico e seus acompanhantes", in Ivanilde Apoluceno de Oliveira (org.), *Cadernos de atividades pedagógicas em educação popular: relatos de pesquisas e de experiências dos grupos de estudos e trabalhos*, Belém, Eduepa, 2009, p. 82.
33 Paulo Freire, *Pedagogia da autonomia, op. cit.*, p. 192.

matizar, não recebendo os conteúdos prontos, acabados. Pressupõe o respeito ao/à educando/a que chega ao ambiente educativo com uma leitura de mundo que antecede a leitura e a escrita da palavra. Leitura de seu mundo existencial, social e cultural. Leitura que possibilita a participação dos/as educandos/as no processo educativo e assumirem a responsabilidade de serem sujeitos. Para Freire, consiste em uma boniteza singular: a "afirmação do educando como sujeito de conhecimento".[34]

A partir da leitura de mundo das educandas do Espaço Acolher, foram criadas cartografias dos saberes, pela educadora Isabell Neri, as quais expressam suas visões de mundo e práticas sociais cotidianas. Muitas destas narrativas sinalizam situações de exclusão e discriminação social, bem como experiências de vida sofrida, mas com significativos saberes culturais.

A educanda Iris narra a discriminação sofrida por causa do acidente de escalpelamento:

> por causa do acidente, eu usava um boné e ficava com cara de menino. Se eu não usava, me olhavam estranho. Se eu usava, era marginal. Ninguém queria me dar emprego. Quando eu fui ao Ministério Público para tentar meu benefício, o guarda me olhou dos pés a cabeça disse: se tiver confusão aí dentro, eu prendo você, porque você tem cara de malandra. Quis chorar de vergonha. Até os doutores de terno [advogados] me olhavam estranho. Nunca mais quis entrar lá.[35]

---

34 *Ibidem*, p. 176.

35 Isabell Theresa Tavares Neri e Ivanilde Apoluceno de Oliveira, "Vozes de educandas em práticas pedagógicas interculturais freireanas", in Vera Maria

Joana explica sobre o trabalho de mulheres em comunidades ribeirinhas: "nós, mulheres, no interior, trabalhamos muito. Eu faço farinha, muitas das vezes nós vamos para o mato com nosso marido para ajudar, já que não tem quem ajude, né? Aí vai pescar, chega e daí vai fazer comida para os filhos da gente."[36] Iris compreende a mulher sempre "guerreira, a mulher sempre lutadora."[37] Pillar destaca a importância e a boniteza de se aprender a ler: "para a mulher a vida já é difícil, você é enganada no trabalho, no troco, recebe ignorância de motorista, vendedor, corre o risco da violência. A gente tem que aprender a ler para lutar pelo que é nosso".[38]

A boniteza de suas histórias de vida, seus saberes culturais, vem possibilitando tanto a prática do ensinar-aprender e aprender e ensinar quanto à formação de sua identidade como povos ribeirinhos, das águas e das florestas da Amazônia Paraense.

Paulo Freire ressalta que a boniteza está no processo de curiosidade e de busca de compreensão e explicação dos fatos por homens e mulheres, bem como em sua possibilidade histórica de transformar o mundo: "Uma das bonitezas de nossa maneira de estar no mundo e com o mundo, como seres históricos, é a capacidade de, intervindo no mundo, conhecer o mundo."[39]

Candau (org.), *Interculturalizar, descolonizar, democratizar: uma educação* "outra"?, Rio de Janeiro, 7Letras, 2016, p. 368.

36 *Ibidem*, p. 363.

37 *Ibidem*, p. 366.

38 *Ibidem*, p. 371.

39 *Ibidem*, pp. 38-9.

Interessa-nos aqui a curiosidade ao nível da existência. Esta disposição permanente que tem o ser humano de espantar-se diante das pessoas, do que elas fazem, do que elas dizem, do que elas parecem; diante dos fatos, dos fenômenos, da boniteza, da feiura, esta incontida necessidade de compreender para explicar, de buscar a razão de ser dos fatos sem ou com rigor metódico.[40]

Paulo Freire aponta a boniteza de proferir o anúncio da mudança possível, da esperança de um mundo melhor: "Para mim, uma das bonitezas do anúncio profético está em que não anuncia o que virá necessariamente, mas o que pode vir ou não."[41] "Que a assistência se possa converter num estímulo ou num desafio capaz de transformar o 'assistido' de hoje no sujeito que, tomando amanhã sua história na mão, a refaz plena de justiça, de decência e de boniteza, é um ato de sabedoria e de esperança."[42]

No espaço de acolhimento de mulheres vítimas de escalpelamento, uma das estratégias metodológicas criadas pela educadora Priscila Soares foi a roda de sentimentos que, com base no círculo dialógico de Paulo Freire, promove o diálogo para tratar das emoções, dos afetos, dos sentimentos vividos pelas educandas, cujo sofrimento era tanto físico quanto psicológico.

A educanda Rosa contou sua experiência na roda de sentimentos:

---

40 Paulo Freire, *À sombra desta mangueira*, op. cit., p. 124.
41 *Idem, Pedagogia da indignação*, p. 119.
42 *Idem, Cartas a Cristina*, p. 204.

[essa vivência] me ajudou a superar o medo do preconceito, de alguém ser preconceituoso comigo, e me
ajudou muito porque a gente faz muitas coisas sobre
conversar sobre nossos planos e sonhos, e a gente deseja mais, começa desejar mais ainda o que já estava
desejando.[43]

A educação freireana respeita os saberes e a cultura dos/
as educandos/as e estimula a criatividade que envolve o
pensar, o agir e o criar. Metodologicamente, utiliza temas
geradores bem como dinâmicas pedagógicas diversifica-
das, tendo por base os saberes e experiências de vida dos/
as educandos/as.

Assim, a prática desenvolvida pelo NEP nesse espaço de
acolhimento vem contribuindo não só na aprendizagem
de conhecimentos escolares, como na superação dos problemas de saúde e sociais vivenciados pelas mulheres nas práticas educativas, como expressa a educanda Rosa: "quando
penso neste lugar aqui, penso em aprendizagem e superação;
me ajuda a superar e a entender que a gente pode ir além,
muito além do que pode imaginar."[44]

A educação freireana além da boniteza do processo de
escolarização contribui para a formação ética, política e
estética de pessoas, para que possam viver com dignidade
em sociedade.

---

43 Priscila Costa Soares Leite, "Educação de Jovens e Adultos em ambiente
hospitalar: representações sobre si, a educação e projetos de vida", *op. cit.*, p. 172.
44 *Ibidem*, p. 129.

Considerações finais

O pensamento educacional de Paulo Freire articula as dimensões éticas, estéticas, políticas, históricas, culturais, sociais e psicológicas, compreendendo o ser humano em sua integralidade e a educação de forma dialética, envolvendo o ser humano e o mundo, a cognição e os aspectos socioculturais e históricos.

O conceito de boniteza em Paulo Freire apresenta significado estético vinculado ao ético e à seriedade, que, por sua vez, estão relacionados à criticidade, à politicidade, à amorosidade, ao humanismo e à esperança. Nessa perspectiva, uma ação educativa é bonita pelas suas práticas que refletem atitudes éticas de respeito ao outro e de valorização da pessoa humana; de lutas ético-políticas de garantias de direitos, bem como de superação das opressões e desigualdades sociais; de amorosidade, afetividade, solidariedade e tolerância.

As práticas de educação popular freireana desenvolvidas em ambientes hospitalares do NEP, desde 2002, vêm contribuindo para a formação escolar crítica, para a superação de situações de desigualdades sociais e para o empoderamento de educandos/as, ao assumirem a boniteza de serem sujeitos de sua história.

A boniteza da educação freireana nas práticas educativas do NEP em ambientes hospitalares vem possibilitando o acesso de segmentos oprimidos sociais à educação, bem como sua inclusão educacional e social. Trabalha pedagogicamente, em uma perspectiva ética, estética e política, com a diferença, levando em conta a diversidade cultural do alunado no contexto amazônico.

Referências bibliográficas

CASTRO, Carla Larissa Farias de *et al*. "O NEP nas comunidades hospitalares: construindo uma prática socioeducativa com jovens e adultos em tratamento médico e seus acompanhantes". In: OLIVEIRA, Ivanilde Apoluceno de (org.). *Cadernos de atividades pedagógicas em educação popular: relatos de pesquisas e de experiências dos grupos de estudos e trabalhos*. Belém: Eduepa, 2009.

FREIRE, Paulo. *A educação na cidade*. São Paulo: Cortez, 2001.

_____. *À sombra desta mangueira*. Rio de Janeiro: Civilização Brasileira, 2012a.

_____. *Cartas a Cristina: reflexões sobre minha vida e minha práxis*. São Paulo: Paz e Terra, 2013.

_____. *Dialogando com a própria história*. São Paulo: Paz e Terra, 1997.

_____. *Pedagogia da autonomia: saberes necessários à prática educativa*. 36 ed., São Paulo: Paz e Terra, 2007b.

_____. *Pedagogia da autonomia: saberes necessários à prática educativa*. São Paulo: Paz e Terra, 2011a.

_____. *Pedagogia da esperança: um reencontro com a Pedagogia do oprimido*. São Paulo: Paz e Terra, 2011b.

_____. *Pedagogia da indignação: cartas pedagógicas e outros escritos*. São Paulo: Editora Unesp, 2000.

_____. *Pedagogia da tolerância*. São Paulo: Editora Unesp, 2005.

_____. *Pedagogia da solidariedade*. Indaiatuba: Villa das Letras, 2009.

_____. *Política e educação*. Indaiatuba: Villa das Letras, 2007a.

_____. *Professora, sim; tia, não*. Rio de Janeiro: Civilização Brasileira, 2012b.

_____; MACEDO, Donaldo. *Alfabetização: leitura do mundo, leitura da palavra*. São Paulo: Paz e Terra, 1990.

LEITE, Priscila Costa Soares. "Educação de Jovens e Adultos em ambiente hospitalar: representações sobre si, a educação e projetos de vida". Dissertação (Mestrado) — Programa de Pós-Graduação em Educação da Universidade do Estado do Pará. 230f. Belém: PPGED-UEPA, 2019.

NERI, Isabell Theresa Tavares; OLIVEIRA, Ivanilde Apoluceno de. "Vozes de educandas em práticas pedagógicas interculturais freireanas". In: CANDAU, Vera Maria (org.). *Interculturalizar, descolonizar, democratizar: uma educação "outra"?* Rio de Janeiro: 7Letras, 2016.

OLIVEIRA, Ivanilde Apoluceno de (org.). *Formação pedagógica de educadores populares: fundamentos teórico-metodológicos freireanos*. Belém: NEP-CCSE-UEPA, 2011.

_____; BARBOSA, Rafael Grigório Reis. "Educação popular e o processo de socialização de educandos de um hospital psiquiátrico de Belém-PA". *Revista Contexto & Educação*, n. 83, ano 25, jan.-jun. 2010.

OLIVEIRA, Kássya Christinna *et al.* "Educação em ambiente hospitalar: a complexidade vida-morte". In: OLIVEIRA, Ivanilde Apoluceno de (org.). *Caderno de atividades pedagógicas em educação popular: pesquisas e práticas educativas de inclusão social*, n. 1. Belém; NEP-CCSE-UEPA, 2004.

ROSSI, Alessandra G. *et al.* "A construção de uma prática pedagógica na brinquedoteca da Associação Voluntariado de Apoio à Oncologia — AVAO". In: OLIVEIRA, Ivanilde Apoluceno de (org.). *Caderno de atividades pedagógicas em educação popular: pesquisas e práticas educativas de inclusão social*, n. 1. Belém; NEP-CCSE-UEPA, 2004.

_____. "Ação educativa com jovens e adultos na comunidade hospitalar". In: OLIVEIRA, Ivanilde Apoluceno de; XAVIER, Mário Brasil. *Palavra-ação em educação de jovens e adultos*. Belém: CCSE-UEPA, 2002.

APÊNDICE

A BONITEZA NOS LIVROS DE PAULO FREIRE

Ana Maria Araújo Freire
*Nita Freire**
*Becky H. Gonçalves Milano***

ACREDITAMOS SER DE GRANDE VALIA para leitores e leitoras deste livro ter acesso às citações do termo *boniteza* nos diversos livros de Paulo Freire. Esses trechos funcionam como um excelente dicionário em torno da palavra e despertam

---

* Nasceu no Recife, em 1933, filha dos educadores Genove e Aluízio Araújo. É formada em Pedagogia, com título de mestre e doutora em Educação pela Pontifícia Universidade Católica de São Paulo. Recebeu diversas honrarias, como o título de professora honorária (Universidad de Lanús/Argentina) e de doutora *honoris causa* (Universidade Federal de Mato Grosso do Sul, Campus de Três Lagoas); A Chave do Saber (Ministério da Educação) e a medalha da Unesco, ambos por seu compromisso com a educação e pela divulgação da obra de seu marido Paulo Freire. Publicou diversos livros; dois deles receberam o Prêmio Jabuti: *Pedagogia da tolerância* (em coautoria com Paulo Freire, categoria Educação, 2º lugar, 2006) e *Paulo Freire: uma história de vida* (categoria Biografia, 2º lugar, 2007).

** Pedagoga e educadora. Doutora em Educação pela Pontifícia Universidade Católica de São Paulo. Docente universitária e pesquisadora freireana. E-mail: <bhgm@terra.com>.

a curiosidade epistemológica sobre esse conceito freireano, dentro do gosto de Paulo Freire de criar palavras e ressignificar palavras de uso cotidiano.

Para nossos intelectuais, que vivem assoberbados com os trabalhos cotidianos da academia — como dar aulas, analisar dissertações e teses, preparar conferências e escrever artigos para revistas e jornais —, ter acesso às citações pode ser uma grande ajuda pragmática, mas não despida de valor científico.

Assim, reunimos aqui estas citações, de modo a facilitar o acesso de todos e todas que queiram se inteirar da beleza e criatividade de Paulo Freire. Esses trechos trazem reflexões sempre inovadoras, palavras inéditas e oferecem formas novas de incentivo à curiosidade. Estimulam o amor, a estética, a ética, a política e a educação, que estão condensados na palavra *boniteza*.

Ao anoitecer do dia 15 de dezembro de 2020.

DISCIPLINA NA ESCOLA[1]

"Eu acho que a disciplina é uma das tarefas da autoridade, é trabalhar no sentido de a liberdade assumir a disciplina como necessidade e boniteza." (p. 4)

---

1 Paulo Freire e Arlette R. M. D'Antola, *Disciplina na escola: autoridade* versus *autoritarismo*, São Paulo, Editora Pedagógica e Universitária, 1989.

Direitos humanos e educação libertadora[2]

"É isso que a gente está querendo, quer dizer, é tratar o menino popular carinhosamente, é mostrar que a sua linguagem também é bonita mas que ela não existe sozinha, que há uma outra forma de falar e de escrever e que essa outra forma também tem sua boniteza, por exemplo, agorinha mesmo eu estou falando essa outra forma que é na verdade a que eu domino e não há dúvida sobre isso, eu quando moço era professor de sintaxe mesmo e isso até que eu sei um pouco." (p. 55)

"Entendemos que essa escola deva ser um espaço de *educação popular* e não apenas o lugar de transmissão de alguns conhecimentos cuja valorização se dá à revelia dos interesses populares; uma escola cuja boniteza se manifesta na possibilidade de formação do sujeito social." (p. 60)

"Não podemos falar aos alunos da boniteza de conhecer se sua sala de aula está invadida de água, se o vento frio entra decidido e malvado sala adentro e corta seus corpos pouco abrigados. Neste sentido é que reparar rapidamente as escolas é já mudar um pouco sua cara, não só do ponto de vista material mas, sobretudo, de sua 'alma'. Precisamos deixar claro que acreditamos e respeitamos quem se acha nas bases. Reparar, com rapidez, as escolas é um ato político que precisa ser vivido com consciência e eficácia." (p. 87)

---

2 Ana Maria Araújo Freire e Erasto Fortes Mendonça (orgs.), *Direitos humanos e educação libertadora: gestão democrática da educação pública na cidade de São Paulo*, São Paulo, Paz e Terra, 2019.

"Mas para ensinar o chamado padrão culto da língua portuguesa era preciso, primeiro, respeitar o chamado inculto que é o dos meninos populares; portanto respeitar a sintaxe, a forma de pensar do menino popular, e respeitar essa linguagem significam respeitar a boniteza que essa linguagem tem, porque a boniteza não é só essa, eu acho que a gente também pode falar bonito e deve, é até obrigação. Eu sempre digo que eu faço tudo para não enfear o mundo mais do que às vezes ele já está. E a linguagem gostosa, bonita, a linguagem redonda é uma forma de *bonitozar* o mundo, se eu posso dizer. E foi no contexto dessa conversa que eu falei na sintaxe muito comum dos meninos das áreas populares no 'a gente cheguemos'. Poxa, em primeiro lugar o 'a gente cheguemos' é bonito também; em segundo lugar, o menino que diz 'a gente cheguemos' porque o pai diz 'a gente cheguemos', o avô diz 'a gente cheguemos', os vizinhos que são de casa dizem 'a gente cheguemos', esse menino, afinal de contas, aprende assim, é assim que ele fala! É assim que ele está sendo. Ora, a professora tem o dever, dever de ensinar o menino a que ele aprenda que a gente ou diz 'a gente chegou', ou 'nós chegamos', mas que a compreensão dessa sintaxe não deve, em primeiro lugar, chocar o menino e assustar o menino. E aí eu chamava a atenção para o perigo disso, de pôr lápis vermelho embaixo de um eventual 'a gente cheguemos' e um zero arredondado e enfeitando o trabalho do menino. Com isso o que a gente faz? É dificultar o processo de aprendizagem do menino, é minimizá-lo, é diminuí-lo. Era isso que eu dizia." (p. 170)

"Eu até começo dizendo o seguinte: eu sou um cara muito preocupado com ética por 'n' razões, entre elas a de que para mim é inviável você existir sem ética. Em segundo lugar, e por isso também é impossível você fazer política sem ética, educação sem política, educação e política sem poder e poder sem ética. Então não dá para eu me despreocupar da eticidade que eu vejo muito próxima inclusive da esteticidade. Eu acho que a ética está ligada ao estético, quer dizer, há uma boniteza na vergonha, entendeu? Quer dizer, eu tenho horror ao puritanismo mas adoro a pureza. E isso é que é ética." (p. 187)

"Essa discriminação, ou essa ideologia que discrimina a classe popular, obviamente, se fundamenta numa superioridade das classes dominantes e seu discurso, sua linguagem, sua sintaxe. A boniteza, a certeza, a exatidão da linguagem estão na linguagem da gente. Não quer dizer que não se pode corrigir; eu nunca disse isso. Como pensador, como existente, estou convencido de que o fenômeno vital implica correção e autocorreção permanentemente." (p. 225)

"Se não apenas construirmos mais salas de aula mas também as mantemos bem-cuidadas, zeladas, limpas, alegres, bonitas, cedo ou tarde a própria boniteza do espaço requer outra boniteza: a do ensino competente, a da alegria de aprender, a da imaginação criadora tendo liberdade de exercitar-se, e da aventura de criar." (p. 240)

"O direito à contestação não se reduz a simplesmente contestar: isso porque há uma ética entre pessoas. Há também uma estética, vale dizer, uma boniteza, na contestação. Por isso é que eu não acredito nem politicamente nem esteticamente na chamada 'porralouquice'; esta é feia do ponto de vista da estética e é estúpida do ponto de vista da política. Confesso a vocês: eu gosto da beleza, exercida administrativamente com o povo; uma das negações que são impostas ao povo é essa: impõe-se a ele que viva feiamente. Rouba-se a ele muitas condições para embelezar a sua vida. E, quando o povo vive condições de feiura, também o entorno fica feio." (p. 259)

"Nossa ação se orientou pelo compromisso de construir 'uma escola bonita, voltada para a formação social crítica e para uma sociedade democrática, escola essa que deve ser um espaço de educação popular e não apenas o lugar de transmissão de alguns conhecimentos, cuja valorização se dá à revelia dos interesses populares; uma escola cuja boniteza se manifeste na possibilidade da formação do sujeito social." (p. 331)

Pedagogia da indignação[3]

"Estou convencido de que nenhuma educação que pretenda estar a serviço da boniteza da presença humana no mundo, a serviço da seriedade da rigorosidade ética, da justiça, da firmeza do caráter, do respeito às diferenças, engajada na luta pela realização do sonho da solidariedade pode realizar-se ausente da tensa e dramática relação entre autoridade e liberdade." (pp. 37-8)

---

3 Paulo Freire, *Pedagogia da indignação: cartas pedagógicas e outros escritos*, 5ª ed., São Paulo, Paz e Terra, 2019.

"O Movimento dos Trabalhadores Rurais Sem Terra, tão ético e pedagógico quanto cheio de boniteza, não começou agora, nem há dez ou quinze, ou vinte anos. Suas raízes mais remotas se acham na rebeldia dos quilombos e, mais recentemente, na bravura de seus companheiros das Ligas Camponesas que há quarenta anos foram esmagados pelas mesmas forças retrógradas do imobilismo reacionário, colonial e perverso." (p. 69)

"A posição do pobre, do mendigo, do negro, da mulher, do camponês, do operário, do índio neste pensar. Penso na mentalidade materialista da posse das coisas, no descaso pela decência, na fixação do prazer, no desrespeito pelas coisas do espírito, consideradas de menor ou de nenhuma valia. Adivinho o reforço deste pensar em muitos momentos da experiência escolar em que o índio continua minimizado. Registro o *todo poderosismo* de suas liberdades, isentas de qualquer limite, liberdades virando licenciosidade, zombando de tudo e de todos. Imagino a importância do viver fácil na escala de seus valores em que a ética maior, a que rege as relações no cotidiano das pessoas terá inexistido quase por completo. Em seu lugar, a ética do mercado, do lucro. As pessoas valendo pelo que ganham em dinheiro por mês. O acatamento ao outro, o respeito ao mais fraco, a reverência à vida não só humana mas vegetal e animal, o cuidado com as coisas, o gosto da boniteza, a valoração dos sentimentos, tudo isso reduzido a nenhuma ou quase nenhuma importância." (pp. 76-7)

"Daí, por isso mesmo, que sempre tenha entendido a alfabetização como um ato criador a que os alfabetizandos devem comparecer como sujeitos, capazes de conhecer e não como puras incidências do trabalho docente dos alfabetizadores. Daí a ênfase, no caso ainda da alfabetização, com que insisti sempre na crítica aos 'ba-be-bi-bo-bu', à memorização mecânica de letras e de sílabas, aos 'Eva viu a uva'; a ênfase jamais esmaecida com que chamei a atenção dos educadores para a necessidade de os alfabetizandos se exporem à substantividade misteriosa da linguagem, à boniteza de sua própria fala, rica de metáforas." (pp. 99-100)

"Jamais pude pensar a prática educativa, de que a educação de adultos e a alfabetização são capítulos, intocada pela questão dos valores, portanto da ética, pela questão dos sonhos e da utopia, quer dizer, das opções políticas, pela questão do conhecimento e da boniteza, isto é, da gnosiologia e da estética." (p. 101)

"A educação é sempre uma certa teoria do conhecimento posta em prática, é naturalmente política, tem que ver com a pureza, jamais com o puritanismo e é em si uma experiência de boniteza." (p. 101)

"Para mim, ao repensar nos dados concretos da realidade sendo vivida, o pensamento profético, que é também utópico, implica a denúncia de como estamos vivendo e o anúncio de como poderíamos viver. É um pensamento esperançoso, por isso mesmo. É neste sentido que, como o entendo, o pensamento profético não apenas fala do que pode vir, mas, falando de como está sendo a realidade, denunciando-a, anuncia um mundo melhor. Para mim, uma das bonitezas do anúncio profético está em que não anuncia o que virá necessariamente, mas o que pode vir, ou não. O seu não é um anúncio fatalista ou determinista. Na real profecia, o futuro não é inexorável, é problemático. Há diferentes possibilidades de futuro. Reinsisto em não ser possível anúncio sem denúncia e ambos sem o ensaio de uma certa posição em face do que está ou vem sendo o ser humano." (p. 137)

PEDAGOGIA DA ESPERANÇA[4]

"Na verdade, o clima preponderante entre as esquerdas era o do sectarismo que, ao mesmo tempo que nega a história como possibilidade, gera e proclama uma espécie de 'fatalismo libertador'. O socialismo chega necessariamente... por isso é que, se levarmos às últimas consequências a compreensão da história enquanto 'fatalismo libertador', prescindiremos da luta, do empenho para a criação do socialismo democrático, enquanto empreitada histórica. Somem, assim, a ética da luta e a boniteza da briga. Creio, mais do que creio, estou convencido de que nunca necessitamos tanto de posições radicais, no sentido em que entendo radicalidade na *Pedagogia do oprimido* quanto hoje." (p. 71)

"Minhas longas conversas com pescadores em suas caiçaras na praia de Pontas de Pedra, em Pernambuco, como meus diálogos com camponeses e trabalhadores urbanos, nos cór-

---

4 *Idem, Pedagogia da esperança: um reencontro com a pedagogia do oprimido*, São Paulo, Paz e Terra, 2011.

regos e morros do Recife, não apenas me familiarizaram com sua linguagem, mas também me aguçaram a sensibilidade à boniteza com que sempre falam de si, até de suas dores, e do mundo. Boniteza e segurança também." (p. 95)

"Acho que uma das melhores coisas que podemos experimentar na vida, homem ou mulher, é a boniteza em nossas relações, mesmo que, de vez em quando, salpicadas de descompassos que simplesmente comprovam a nossa 'gentetude'." (p. 104)

"Nunca me esqueço do impacto que causava em adolescentes de quem eu era professor de língua portuguesa, nos anos 1940, a leitura que fazia com eles de trechos da obra de Gilberto [Freyre]. Tomava-o, quase sempre, como exemplo para falar do problema da colocação dos pronomes objetivos nas sentenças, sublinhando a boniteza de seu estilo." (p. 101)

"Um desses julgamentos, que vem dos anos 1970, é o que me toma precisamente pelo que critico e combato, isto é, me toma como arrogante, elitista, 'invasor cultural', portanto desrespeitador da identidade cultural, de classe, das classes populares — trabalhadores rurais e urbanos. No fundo, esse tipo de crítica, a mim feito, fundando-se em uma compreensão distorcida da conscientização e em uma visão profundamente ingênua da prática educativa, vista como prática neutra, a serviço do bem-estar da humanidade, não é capaz de perceber que uma das bonitezas desta prática está exatamente em que não é possível vivê-la sem correr risco. O risco de não sermos coerentes, de falar uma coisa e fazer

366 | PAULO FREIRE

outra, por exemplo. E é exatamente a sua politicidade, a sua impossibilidade de ser neutra, que demanda da educadora ou do educador sua eticidade." (p. 107)

"Não creio, realmente, nisto, mas entendo, mesmo que lamente, o equívoco em que se acham enredados os militantes africanos referidos. A longa experiência, intensamente trágica, de que vêm sendo objetos há tanto tempo, a da sua negação como Pedro, como Antônia, como gente, como classe, como sexo, como raça, como cultura, como história, a do descaso por sua vida que, para a branquitude perversamente assassina, nada vale, por isso, tanto pode estar, ficar aí, como quase coisa que apenas se mexe, fala e anda e se acha sob seu poder, quanto pode partir, sumir, desaparecer, que a ela, branquitude, pouco se lhe dá. A longa e trágica experiência, dignamente humanizada pela luta de seu povo, pela boniteza da luta, lhes deixou, porém, no corpo inteiro, uma espécie daquele mesmo cansaço existencial a que me referi e que surpreendi nos trabalhadores imigrantes na Europa. É como se o momento histórico de hoje cobrasse dos homens e das mulheres de seu país uma luta totalmente diferente da anterior, uma luta em que o técnico substituísse por completo a formação política das gentes." (p. 185-6)

"Os colonizados jamais poderiam ser vistos e perfilados pelos colonizadores como povos cultos, capazes, inteligentes, imaginativos, dignos de sua liberdade, produtores de uma linguagem que, por ser linguagem, marcha e muda e cresce histórico-socialmente. Pelo contrário, os colonizados são bárbaros, incultos, 'a-históricos', até a chegada dos coloni-

A PALAVRA *BONITEZA* NA LEITURA DE MUNDO | 367

zadores que lhes 'trazem' a história. Falam dialetos fadados a jamais expressar a 'verdade da ciência', 'os mistérios da transcendência' e a 'boniteza *do mundo*'." (p. 211)

"Proibido de entrar no Haiti, foi organizado outro encontro na República Dominicana. Era um grupo de educação popular ligado à Igreja católica. Vinte a 25 educadores e educadoras que queriam discutir comigo sobretudo a questão da Temática Geradora, a programação dos conteúdos programáticos e a crítica à 'educação bancária'. Vindo em direção à República Dominicana, fizemos uma parada em Porto Príncipe. Eu viajava com um técnico das Nações Unidas e uma educadora jamaicana. Por questões técnicas, o voo para a República Dominicana só sairia três horas depois. Desta forma, o meu amigo, técnico das Nações Unidas, falou por telefone com uma amiga sua que, rapidamente, veio ao aeroporto nos buscar para um passeio pela cidade.

Entrei no país estando proibido de fazê-lo, com o meu documento suíço sob o passaporte de meu amigo. Um passaporte azul que, "azulando" o meu, o preservou de ser examinado.

Me impactou a pequena cidade. Sobretudo a presença de artistas populares, espalhando em recantos das praças seus quadros, cheios de cor, 'falando da vida de seu povo, da dor de seu povo, de sua alegria'. Era a primeira vez que, diante de tamanha boniteza, de tamanha criatividade artística, de uma tal quantidade de cores, eu me sentia como se estivesse, e de fato estava, em frente a uma multiplicidade de discursos do povo. Era como se as classes populares haitianas, proibidas de ser, proibidas de ler, de escrever, falassem ou fizessem o seu discurso de protesto, de denúncia e de anúncio, através da arte, única forma de discurso que lhes era permitida." (pp. 220-1)

"O ritual de profunda significação com que a solenidade se processava, ao mesmo tempo singelo e leve, me tocou e me emocionou. No fundo, a ação simbólica da cerimônia, como a entendi, pois que não foi explicada nem creio que devesse ser, me sugeria que eu, como estrangeiro e não portador de certas qualidades ou de certos requisitos fundamentais, estava, porém, sendo convidado a 'entrar' no espírito da cultura, dos valores, da fraternidade. Para isso, contudo, teria de 'sofrer' experiências de que resultasse em mim a capacidade de 'comungar' da boniteza e da eticidade daquela cultura." (p. 251)

"Foram dias, os meus naquela região toda, e não só na Austrália ou na Nova Zelândia ou em Papua-Nova Guiné ou em Fiji, em que me dividia entre a boniteza estonteante da natureza, da criação humana, o sentido vital, amoroso da terra, das populações chamadas aborígines, e a malvadez de mim já conhecida. A malvadez da discriminação racial e de classe. Discriminação agressiva, ostensiva, às vezes; às vezes disfarçada, mas malvada sempre." (pp. 252-3)

POLÍTICA E EDUCAÇÃO[5]

"Como processo de conhecimento, formação política, manifestação ética, *procura da* boniteza, capacitação científica e

---

5 *Idem, Política e educação*, São Paulo, Paz e Terra, 2020.

técnica, a educação é prática indispensável aos seres humanos e deles específica na História como movimento, como luta. A História como possibilidade não prescinde da controvérsia, dos conflitos que, em si mesmos, já engendrariam a necessidade da educação." (pp. 18-9)

"Uma coisa é a 'formação' que dão a seus filhotes os sabiás cujo canto e boniteza me encantam, saltitantes, na folhagem verde das jabuticabeiras que temos em frente à nossa biblioteca, e outra é o cuidado, o desvelo, a preocupação que transcende o instinto, com que os pais humanos se dedicam ou não aos filhos. O ser 'aberto' em que nos tornamos, a existência que inventamos, a linguagem que socialmente produzimos, a história que fazemos e que nos faz, a cultura, a curiosidade, a indagação, a complexidade da vida social, as incertezas, o ritmo dinâmico de que a rotina faz parte mas a que não o reduz, a consciência do mundo que tem neste um não *eu* e a de si como *eu* constituindo-se na relação contraditória com a objetividade, o 'ser programado para aprender', condicionado mas não determinado, a imaginação, os desejos, os medos, as fantasias, a atração pelo mistério, tudo isso nos insere, como seres educáveis, no processo permanente de busca de que falei. O que eu quero dizer é que a educação, como formação, como processo de conhecimento, de ensino, de aprendizagem, se tornou, ao longo da aventura no mundo dos seres humanos, uma conotação de sua natureza, gestando-se na história, como a vocação para a humanização de que falo na *Pedagogia do oprimido* e na *Pedagogia da esperança, um reencontro com a Pedagogia do oprimido*." (pp. 25-6)

370 | Paulo Freire

"Falemos sucintamente de algumas das diferentes maneiras de refletirmos sobre nossa presença no mundo em que e com que estamos. De acordo com uma primeira versão, mulheres e homens, seres espirituais, dotados de razão, de discernimento, capazes de separar o bem do mal, marcados pelo pecado original, precisam evitar a todo custo cair no pecado ou nele recair, pecado sempre precedido de fortes tentações, e procurar caminho da salvação. O pecado e a sua negação se tornam de tal modo, o primeiro, sinal de absoluta fraqueza, a segunda, um grito fácil de vitória, que a existência humana, reduzida a essa luta, termina por quase se perder no medo à liberdade ou na hipocrisia puritana, que é uma forma de ficar com a feiura e negar a boniteza da pureza." (p. 39)

"Uma outra maneira de entender a História é a de submetê-la aos caprichos da vontade individual. O indivíduo, de quem o social depende, é o sujeito da História. Sua consciência é a fazedora arbitrária da História. Por isso, quanto melhor a educação trabalhar os indivíduos, quanto melhor fizer seu coração um coração sadio, amoroso, tanto mais o indivíduo, cheio de boniteza, fará o mundo feio virar bonito." (p. 41)

"O respeito aos educandos não pode fundar-se no escamoteamento da verdade — a da politicidade da educação e na afirmação de uma mentira: a sua neutralidade. Uma das bonitezas da prática educativa está exatamente no reconhecimento e na assunção de sua politicidade que nos leva a viver o respeito real aos educandos ao não tratar, de forma sub-reptícia ou de forma grosseira, de impor-lhes nossos pontos de vista." (p. 44)

"É preciso aceitar a crítica séria, fundada, que recebemos, de um lado, como essencial ao avanço da prática e da reflexão teórica, de outro, ao crescimento necessário do sujeito criticado. Daí que, ao sermos criticados, por mais que não nos agrade, se a crítica é correta, fundamentada, feita eticamente, não temos como deixar de aceitá-la, retificando assim nossa posição anterior. Assumir a crítica implica, portanto, reconhecer que ela nos convenceu, parcial ou totalmente, de que estávamos incorrendo em equívoco ou erro que merecia ser corrigido ou superado. Isto significa termos de aceitar algo óbvio: que nossas análises dos fatos, das coisas, que nossas reflexões, que nossas propostas, que nossa compreensão do mundo, que nossa maneira de pensar, de fazer política, de sentir a boniteza ou a feiura, as injustiças, que nada disso é unanimemente aceito ou recusado. Isto significa, fundamentalmente, reconhecer que é impossível estar no mundo, fazendo coisas, influenciando, intervindo, sem ser criticado." (p. 69)

"Li muito naquela fase. Varei noites com as obras de Ernesto Carneiro Ribeiro, com as de Rui Barbosa. Estudei gramáticos portugueses, gramáticos brasileiros. Me experimentei em estudos de linguística e recusei sempre me perder em gramatiquices. Dei aula de gramática propondo aos alunos a leitura de Gilberto Freyre, de Graciliano Ramos, de Machado de Assis, de Lins do Rego, de Manuel Bandeira, de Drummond de Andrade. O que buscava incansavelmente era a boniteza na linguagem, oral ou escrita." (p. 95)

"Foram desses tempos as primeiras tentativas no sentido de desafiar ou de estimular, de instigar os alunos, adolescentes

372 | PAULO FREIRE

dos primeiros anos do então chamado curso ginasial, a que se dessem à prática do desenvolvimento de sua linguagem — a oral e a escrita. Prática impossível, quase, de ser vivida plenamente se a ela falta a busca do momento estético da linguagem, a boniteza da expressão, coincidente com a regra gramatical ou não. Busca da boniteza da expressão a que se junte a preocupação com a clareza do discurso, com a precisão rigorosa do pensamento e com o respeito à verdade. Estética e ética se dão as mãos." (p. 96)

"A sintaxe emergia esclarecedora da fala viva dos autores dos textos. Não era transplantada das páginas frias de uma gramática. Da mesma forma como a procura da boniteza do discurso se dava com o bom gosto sendo provado na experiência concreta que os alunos faziam com sua linguagem, na comparação que eu estabelecia muitas vezes entre a frase de um dos jovens autores e a de um Gilberto Freyre ou de um Lins do Rego ou de um Graciliano Ramos." (pp. 96-7)

"Refiro-me à tarefa, não importa qual seja a atividade universitária — a da docência, a da pesquisa ou a da extensão — de desocultar verdades e sublinhar bonitezas. Mas, aqui tanto quanto em qualquer outro momento da Universidade, se impõe a tolerância. Desocultar a verdade ou sublinhar a boniteza não pode ser exercício intolerante. Sublinhar, por exemplo, a boniteza de forma intolerante já é, em si, uma feiura. Como feiura é falar da verdade que se desoculta sem nenhum respeito a quem desoculta diferentemente, quase como quem oculta." (p. 137)

"Este esforço de desocultar verdades e sublinhar bonitezas une, em lugar de afastar, como antagônicas, a formação científica com a artística. O estético, o ético, o político não podem estar ausentes nem da formação nem da prática científica." (p. 137)

"A paixão da curiosidade, a desocultação da verdade, o gosto da boniteza, a transparência em tudo o que diz, em tudo o que busca e em tudo o que faz devem, a meu ver, caracterizar uma universidade que, sendo católica, não menospreza os que não o são ou que, não sendo católica, não se sente mal com a existência da que é". (p. 138-9)

PEDAGOGIA DOS SONHOS POSSÍVEIS[6]

"O que é triste é que o exemplo que vocês me deram hoje é um exemplo de boniteza mas que desperta em mim um desejo insatisfeito: eu achei essa manhã uma coisa linda; um grupo de jovens, meninos e meninas pensando, pensando sem medo, colocando as coisas, meditando, se analisando, perguntando, dando opinião, inteligente, emotiva... Quer dizer (puxa!), isso me dá uma alegria enorme como brasileiro. Agora, o que eu queria é que isso fosse para as massas populares, quer dizer, para as classes populares, para os meninos do córrego... Por isso é que eu sou pela escola pública boa, mas respeito a escola particular boa também. Eu quero felicitar vocês, felicitar as professoras de vocês, a direção da casa, porque hoje eu acho que eu tive uma das boas manhãs, que

---

6 *Idem, Pedagogia dos sonhos* possíveis, Ana Maria Araújo Freire (org.), 2ª ed., São Paulo, Paz e Terra, 2018.

fazia tempo que eu não tinha, e que para mim é uma beleza isso. Como eu me sinto quase da idade de vocês." (p. 147)

"Para mim, a prática educativa progressistamente pós-moderna — é nela que sempre me inscrevi, desde que vim à tona, timidamente, nos anos 50 — é a que se funda no respeito democrático ao educador como um dos sujeitos do processo, é a que tem no ato de ensinar-aprender um momento curioso e criador em que os educadores reconhecem e refazem conhecimentos antes sabidos e os educandos se apropriam, produzem o ainda não sabido. É a que desoculta verdades em lugar de escondê-las. É a que estimula a boniteza da pureza como virtude e se bate contra o puritanismo enquanto negação da virtude." (p. 200)

"O menino proletário, o menino camponês tem que, em primeiro lugar, assumir a legitimidade da sua linguagem, do seu discurso, contra o qual há toda uma barreira de classe, e essa é a tarefa do educador e da educadora. Em segundo lugar, ele tem que assumir — uso muito o termo assumir, porque entendo que é assunção mesmo — a boniteza da sua linguagem. E até vou mais longe e digo: ele tem que assumir a própria gramática que está por trás do seu discurso. Não há discurso sem gramática." (p. 294)

PEDAGOGIA DO COMPROMISSO[7]

"Há quem acredite que falando se aprende a falar, quando na realidade é escutando que se aprende a falar. Não pode falar

---

7 Idem, *Pedagogia do compromisso: América Latina e educação popular*, Ana Maria Araújo Freire (org.), São Paulo, Paz e Terra, 2018.

A PALAVRA *BONITEZA* NA LEITURA DE MUNDO | 375

bem quem não sabe escutar. E escutar implica sempre não discriminar. Como posso compreender os alunos da favela se estou convencido de que são apenas crianças sujas e que têm mau cheiro? Se sou incapaz de compreender que estão sujos porque não têm água para tomar banho? Ninguém opta pela miséria. No Rio de Janeiro, Joãosinho Trinta, um homem extraordinário que organiza com muita boniteza Escolas de Samba no Carnaval, disse uma vez uma grande verdade: 'Somente os intelectuais pequeno-burgueses gostam da miséria. O povo gosta de coisas bonitas, do luxo.' Obviamente o povo gosta de bem-estar, daquilo que não tem ou não pode ter. O que nós devemos querer não é que o povo continue na miséria, mas que supere a miséria." (p. 44)

"A utopia possível não somente na América Latina, mas também no mundo, é a reinvenção das sociedades no sentido de fazê-las mais humanas, menos feias. No sentido de transformar a feiura em boniteza. A utopia possível é trabalhar para fazer que nossa sociedade seja mais visível, mais respeitada em todo o mundo, para todas as classes sociais." (p. 48)

PEDAGOGIA DA SOLIDARIEDADE[8]

"Entretanto, o fato de que o professor supostamente sabe e que o estudante supostamente não sabe não impede o professor de aprender durante o processo de ensinar e o estudante

---

8 *Idem, Pedagogia da solidariedade*, Ana Maria Araújo Freire e Walter Ferreira de Oliveira (orgs.), 3ª ed., São Paulo, Paz e Terra, 2018.

de ensinar no processo de aprender. A boniteza do processo é exatamente esta possibilidade de reaprender, de trocar. Esta é a essência da educação democrática." (p. 30)

"A educação vai além da mera transferência de técnicas. Eu vejo como perigosa a possibilidade da educação se reduzir a técnicas, se transformar meramente em técnica, em uma prática que perde de vista a questão do sonhar, a questão da boniteza, a questão de ser, a questão da ética. Aquela é uma educação apenas para a produção, para o marketing." (pp. 37-8)

PEDAGOGIA DA AUTONOMIA[9]

"Quando vivemos a autenticidade exigida pela prática de ensinar-aprender, participamos de uma experiência total, diretiva, política, ideológica, gnosiológica, pedagógica, estética e ética, em que a boniteza deve achar-se de mãos dadas com a decência e com a seriedade." (p. 26)

"Só, na verdade, quem pensa certo, mesmo que, às vezes, pense errado, é quem pode ensinar a pensar certo. E uma das condições necessárias a pensar certo é não estarmos demasiado certos de nossas certezas. Por isso é que o pensar certo, ao lado sempre da pureza e necessariamente distante do puritanismo, rigorosamente ético e gerador de boniteza, me parece inconciliável com a desvergonha da arrogância de quem se acha cheia ou cheio de si mesmo." (pp. 29-30)

---

9 Idem, *Pedagogia da autonomia: saberes necessários à prática educativa*, 63ª ed., São Paulo, Paz e Terra, 2020.

"O professor que pensa certo deixa transparecer aos educandos que uma das bonitezas de nossa maneira de estar no mundo e com o mundo, como seres históricos, é a capacidade de, intervindo no mundo, conhecer o mundo. Mas, histórico como nós, o nosso conhecimento do mundo tem historicidade." (p. 30)

"A necessária promoção da ingenuidade à criticidade não pode ou não deve ser feita a distância de uma rigorosa formação ética ao lado sempre da estética. Decência e boniteza de mãos dadas. Cada vez me convenço mais de que, desperta com relação à possibilidade de enveredar-se no descaminho do puritanismo, a prática educativa tem de ser, em si, um testemunho rigoroso de decência e de pureza. Uma crítica permanente aos desvios fáceis com que somos tentados, às vezes ou quase sempre, a deixar as dificuldades que os caminhos verdadeiros podem nos colocar." (p. 34)

"Conhecer não é, de fato, adivinhar, mas tem algo que ver, de vez em quando, com adivinhar, com intuir. O importante, não resta dúvida, é não pararmos satisfeitos ao nível das intuições, mas submetê-las à análise metodicamente rigorosa de nossa curiosidade epistemológica. Não é possível também formação docente indiferente à boniteza e à decência que estar no mundo, com o mundo e com os outros substantivamente exige de nós. Não há prática docente verdadeira que não seja ela mesma um ensaio estético e ético, permita-se-me a repetição." (p. 46)

"No momento em que os seres humanos, intervindo no suporte, foram criando o mundo, inventando a linguagem com que passaram a dar nome às coisas que faziam com a ação sobre o mundo, na medida em que se foram habilitando a inteligir o mundo e criaram por consequência a necessária comunicabilidade do inteligido, já não foi possível existir a não ser disponível à tensão radical e profunda entre o bem e o mal, entre a dignidade e a indignidade, entre a decência e o despudor, entre a boniteza e a feiura do mundo". (pp. 51-2)

"Qualquer discriminação é imoral, e lutar contra ela é um dever por mais que se reconheça a força dos condicionamentos a enfrentar. A boniteza de ser gente se acha, entre outras coisas, nessa possibilidade e nesse dever de brigar." (p. 59)

"É assim que venho tentando ser professor, assumindo minhas convicções, disponível ao saber, sensível à boniteza da prática educativa, instigado por seus desafios que não lhe permitem burocratizar-se, assumindo minhas limitações, acompanhadas sempre do esforço por superá-las, limitações que não procuro esconder em nome mesmo do respeito que me tenho e aos educandos." (p. 70)

"A boniteza da prática docente se compõe do anseio vivo de competência do docente e dos discentes e de seu sonho ético. Não há nesta boniteza lugar para a negação da decência nem de forma grosseira nem farisaica. Não há lugar para puritanismo. Só há lugar para pureza." (pp. 92-3)

"Sou professor a favor da boniteza de minha própria prática, boniteza que dela some se não cuido do saber que devo ensinar, se não brigo por este saber, se não luto pelas condições materiais necessárias sem as quais meu corpo, descuidado, corre o risco de se amofinar e de já não ser o testemunho que deve ser de lutador pertinaz, que cansa mas não desiste. Boniteza que se esvai de minha prática se, cheio de mim mesmo, arrogante e desdenhoso dos alunos, não canso de me admirar." (p. 26)

"Ensinar e aprender têm que ver com o esforço metodicamente crítico do professor de desvelar a compreensão de algo e com o empenho igualmente crítico do aluno de ir entrando como sujeito em aprendizagem, no processo de desvelamento que o professor ou professora deve deflagrar. Isso não tem nada que ver com a transferência de conteúdo e fala da dificuldade, mas, ao mesmo tempo, da boniteza da docência e da discência." (p. 116)

"Todo ensino de conteúdos demanda de quem se acha na posição de aprendiz que, a partir de certo momento, vá assumindo a autoria também do conhecimento do objeto. O professor autoritário, que se recusa a escutar os alunos, se fecha a esta aventura criadora. Nega a si mesmo a participação neste momento de boniteza singular: o da afirmação do educando como sujeito de conhecimento." (p. 122)

"Me sinto seguro porque não há razão para me envergonhar por desconhecer algo. Testemunhar a abertura aos outros, a disponibilidade curiosa à vida, a seus desafios são saberes necessários à prática educativa. Viver a abertura respeitosa aos outros e, de quando em vez, de acordo com o momento, tomar a própria prática de abertura ao outro como objeto da reflexão crítica deveria fazer parte da aventura docente. A razão ética da abertura, seu fundamento político, sua referência pedagógica; a boniteza que há nela como viabilidade do diálogo. A experiência da abertura como experiência fundante do ser inacabado que terminou por se saber inacabado. Seria impossível saber-se inacabado e não se abrir ao mundo e aos outros à procura de explicação, de respostas a múltiplas perguntas." (pp. 132-3)

"A atividade docente de que a discente não se separa é uma experiência alegre por natureza. É falso também tomar como inconciliáveis seriedade docente e alegria, como se a alegria fosse inimiga da rigorosidade. Pelo contrário, quanto mais metodicamente rigoroso me torno na minha busca e na minha docência, tanto mais alegre me sinto e esperançoso também. A alegria não chega apenas no encontro do achado, mas faz parte do processo da busca. E ensinar e aprender não podem dar-se fora da procura, fora da boniteza e da alegria." (p. 139)

À SOMBRA DESTA MANGUEIRA[10]

"Minha terra é boniteza de águas que se precipitam, de rios, de praias, de vales, de florestas, de bichos, de aves. Quando penso nela penso no quanto ainda temos de caminhar, lutando, para ultrapassar estruturas perversas de espoliação. Por isso, quando longe dela estive, dela a minha saudade jamais se reduziu a um choro triste, a uma lamentação desesperada. Pensava nela e nela penso como um espaço histórico,

---

10 *Idem, À sombra desta mangueira* 12ª ed., São Paulo, Paz e Terra, 2019.

contraditório, que me exige como a qualquer outro ou outra decisão, tomada de posição, ruptura, opção." (p. 43)

"Se é possível à velhice virar juventude, à juventude virar velhice, se o moço de 22 anos que envelheceu pode recuperar-se e rejuvenescer, o jovem de 65 anos pode, de repente, renunciar à mocidade e, tragicamente, envelhecer. Troca a boniteza pela feiura e recusa seu próprio discurso anterior. Deserta do sonho, sepulta a utopia e conserva o que devia, radicalmente, ser mudado." (p. 99)

"**Não** vejo também por que devam ser os militantes progressistas, homens e mulheres descuidados de seu corpo, inimigos da boniteza, como coisa de burguês. A juventude de hoje não tem nada que ver com isso: pinta sua cara e enche as ruas e as praças com a alegria de que o seu protesto está cheio." (p. 106)

"Interessa-nos aqui a curiosidade ao nível da existência. Esta disposição permanente que tem o ser humano de espantar-se diante das pessoas, do que elas fazem, do que elas dizem, do que elas parecem; diante dos fatos, dos fenômenos, da boniteza, da feiura, esta incontida necessidade de compreender para explicar, de buscar a razão de ser dos fatos sem ou com rigor metódico. Esse desejo sempre vivo de sentir, de viver, de perceber o que se acha no campo de suas 'visões de fundo'." (p. 133)

"Há ainda uma forma curiosa de olhar, de nos entregar ao desafio gostosamente, a curiosidade estética. É esta que me faz parar e admirar o 'pôr do sol' em Brasília por exemplo. É a que me detém como se me perdesse na contemplação,

382 | PAULO FREIRE

observando a rapidez e elegância com que se movem as nuvens no fundo azul do céu. É a que me emociona em face da obra de arte que me centra na boniteza." (p. 135)

CARTAS A CRISTINA: REFLEXÕES SOBRE MINHA VIDA E MINHA PRÁXIS[11]

"Foi dessa época, começos dos anos 1970, que recebi as primeiras cartas de Cristina, adolescente, curiosa em torno não apenas de como vivíamos na Suíça, mas também da renomada beleza do país, do perfil de sua democracia, da proclamada educação de seu povo, dos níveis de sua civilização. Algo de verdade; algo de mítico. Boniteza real: lagos, alpes, campos, paisagens, cidades-postais. Feiura nos e dos preconceitos contra a mulher, contra negros, contra árabes, contra homossexuais, contra trabalhadores imigrantes." (p. 35)

"Moacir de Albuquerque, brilhante e apaixonado pelo que fazia, amoroso não só da literatura que ensinava — se é que se pode ensinar literatura —, mas amoroso também do próprio ato de ensinar, aguçou em mim alguma coisa que Pessoa havia insinuado em suas aulas. Aguçou em quão gostoso e fundamental era perseguir o momento estético, a boniteza da linguagem." (p. 93)

"Na verdade, minha paixão nunca se centrou na gramática pela gramática, daí que não tenha jamais corrido o

---

11 Idem, *Cartas a Cristina: reflexões sobre minha vida e minha práxis*, Ana Maria Araújo Freire (org. e notas), São Paulo, Paz e Terra, 2019.

risco de resvalar para o desgosto da gramatiquice. Minha paixão se moveu sempre na direção dos mistérios da linguagem, na busca, se bem que não angustiada, inquieta, do momento de sua boniteza. Daí o prazer com que me entregava, sem hora marcada para terminar, à leitura de Gilberto Freyre, de Machado de Assis, de Eça de Queiroz, de Lins do Rego, de Graciliano Ramos, de Drummond, de Manuel Bandeira." (p. 130)

"O que Betinho vem fazendo, assistência e não assistencialismo, de tal maneira que a assistência se possa converter num estímulo ou num desafio capaz de transformar o 'assistido' de hoje no sujeito que, tomando amanhã sua história na mão, a refaz plena de justiça, de decência e de boniteza, é um ato de sabedoria e de esperança." (p. 179)

"A escola é que, de modo geral, nos inibe, fazendo-nos copiar modelos ou simplesmente dar cor a desenhos que não fizemos, quando, ao contrário, nos devia desafiar a arriscar-nos em experiências estéticas. Afinal, faz parte da natureza da prática educativa a esteticidade, quer dizer, a qualidade de ser estética, de não ser alheia à boniteza." (p. 186)

"Precisamos conotar o espaço de trabalho com certas qualidades que são, em última análise, prolongamentos nossos. Fazemos o espaço que, se não nos refaz totalmente, nos ajuda ou não nos ajuda no cumprimento de nossa tarefa. É neste sentido que o que há de adverbial, de circunstancial no espaço educativo termina por virar tão fundamental quanto o espaço mesmo. O estético, a necessária boniteza, o cuidado com que se trata o espaço, tudo isso tem que ver com um certo estado de espírito indispensável ao exercício da curiosidade." (p. 195)

"O fato, porém, de não poder ser a prática educativa neutra não pode levar educadora ou educador a pretender ou atentar, por caminhos sub-reptícios ou não, impor aos educandos os seus gostos, não importa quais sejam. Esta é a dimensão ética da natureza da prática educativa [sexto pressuposto]. Dimensão que se alonga à questão da boniteza, da estética, com relação não apenas ao produto da prática mas também ao processo [sétimo pressuposto]." (p. 202)

"Já falei, por exemplo, da valoração das festas populares que enchiam de gente simples o Arraial do Bom Jesus ou sítio Trindade, como é também conhecido, para dançar, para cantar, para brincar, para ser. Já me referi às experiências artísticas de Abelardo da Hora, para quem o gosto da boniteza, que precisa ser desafiado, trabalhado, não é, porém, propriedade de uns poucos." (p. 205)

"O papel do orientador é discutir com o orientando quantas vezes sejam necessárias, no limite de seu tempo, o andamento de sua pesquisa, o desenvolvimento de suas ideias, a agudeza de sua análise, a simplicidade e boniteza de sua linguagem ou as dificuldades com que se defronta o orientando no trato de seu tema, na consulta à bibliografia, no próprio ato de ler e de estudar." (p. 262)

"Para quem quer e precisa escrever, o melhor caminho é ler bem e bastante, a que corresponde escrever com respeito ao tema, com elegância e boniteza." (p. 265)

"Tenho insistido, em trabalhos anteriores, em que não há antagonismo entre escrever com rigor e escrever bonito. Tenho enfatizado que a busca da boniteza na produção de texto não é dever apenas dos artistas da palavra, mas de todos e de todas que escrevemos." (pp. 265-6)

Professora, sim; tia, não[12]

"Não sendo neutro o espaço da escola, não significa porém que deva transformar-se numa espécie de terreiro de um partido no governo. O que, contudo, não é possível é negar ao partido no governo a coerência altamente pedagógica, indispensável, entre suas opções políticas, suas linhas ideológicas e sua prática governamental. Preferências políticas reconhecíveis ou ficando desnudas através das opções de governo, explicitadas desde a fase da campanha eleitoral, reveladas nos planos de governo, na proposta orçamentária, que é uma peça política e não só técnica, nas linhas fundamentais de educação, de saúde, de cultura, de bem-estar social; na política de tributação, no desejo ou não de reorientar a política dos gastos públicos; no gozo com que a administração prioriza a boniteza das áreas já bem-tratadas da cidade em detrimento das áreas enfeiadas [sic] da periferia." (p. 38)

"Como já salientei antes, uma preocupação que não podia deixar de me ter acompanhado durante todo o tempo em que

---

12 *Idem, Professora, sim; tia, não: cartas a quem ousa ensinar*, 30ª ed., São Paulo, Paz e Terra, 2020.

me dediquei à escrita e à leitura simultânea deste texto foi a que me engaja, desde faz muito, na luta em favor de uma escola democrática. De uma escola que, continuando a ser um tempo-espaço de produção de conhecimento, em que se ensina e em que se aprende, entende, contudo, ensinar e aprender de forma diferente. Em que ensinar já não pode ser esse esforço de transmissão do chamado saber acumulado que faz uma geração à outra e aprender, a pura recepção do objeto ou do conteúdo transferido. Pelo contrário, girando em torno da compreensão do mundo, dos objetos, da criação, da boniteza, da exatidão científica, do senso comum, ensinar e aprender giram também em torno da produção daquela compreensão, tão social quanto a produção da linguagem, que é também conhecimento." (pp. 52-3)

"Aos que estudamos, aos que ensinamos e, por isso, estudamos também, se nos impõe, ao lado da necessária leitura de textos, a redação de notas, de fichas de leitura, a redação de pequenos textos sobre as leituras que fazemos. A leitura de bons escritores, de bons romancistas, de bons poetas, dos cientistas, dos filósofos que não temem trabalhar sua linguagem à procura da boniteza, da simplicidade e da clareza." (p. 69)

"Exercício de muita riqueza de que tenho tido notícia, vez ou outra, mesmo que não realizado em escolas, é possibilitar a dois ou três escritores, de ficção ou não, falar a alunos leitores seus, sobre como produziram seus textos. Como lidaram com a temática ou com as tramas que envolvem seus temas, como trabalharam sua linguagem, como perseguiram a boniteza no dizer, no descrever, no deixar algo em suspenso para que o leitor exercite sua imaginação. Como jogam com a passagem de um tempo a outro nas suas estórias. Afinal, como os escritores se leem a si mesmos e como leem a outros escritores." (p. 82)

"Outro testemunho que não nos deve faltar em nossas relações com os alunos é o de nossa permanente disposição em favor da justiça, da liberdade, do direito de ser. A nossa entrega à defesa dos mais fracos, submetidos à exploração dos mais fortes. É importante, também, neste empenho de todos os dias, mostrar aos alunos como há boniteza na luta ética. Ética e estética se dão as mãos." (p. 138)

"Sem intervenção do educador ou da educadora, intervenção democrática, não há educação progressista.

Assim como foi possível a Madalena intervir nas questões ligadas à higiene do corpo que, por sua vez, se estendem à boniteza do corpo e à boniteza do mundo, de que resultou a descoberta de Carlinha e a redescoberta da avó, não há por que não se possa intervir nos problemas a que antes me referia." (p. 140)

"Estou absolutamente convencido de que a prática educativa de que tenho falado tanto ao longo destas páginas e a cuja boniteza e importância tenho me referido tanto também não pode ter para sua preparação as razões de ser ou as motivações referidas. É possível até que muitos ou alguns dos cursos de formação do magistério venham sendo irresponsavelmente puros 'caça-níqueis'. Isto é possível, mas não significa dever ser a prática educativa uma espécie de marquise sob que a gente passa uma chuva. E para passar uma chuva numa marquise não necessitamos de formação. A prática educativa, pelo contrário, é algo muito sério. Lidamos com gente, com crianças, adolescentes ou adultos. Participamos de sua formação." (p. 149)

"Mas, ao reconhecer a responsabilidade política, superemos a politiquice, ao sublinhar a responsabilidade social, digamos não aos interesses puramente individualistas, ao reconhecermos os deveres pedagógicos, deixemos de lado as ilusões pedagogistas, ao demandar a eticidade, fujamos da feiura do puritanismo e nos entreguemos à invenção da boniteza da pureza. Finalmente, ao aceitarmos a responsabilidade científica, recusemos a distorção cientificista." (p. 38)

PEDAGOGIA DA TOLERÂNCIA[13]

"Eu vim aqui hoje porque eu brigo pela boniteza e pela verdade que acho que tenho a dizer. Vim aqui hoje porque me acho no dever, na obrigação, de dizer coisas em que eu acredito e que, se postas em prática, podem contribuir, somadas a outras contribuições, para mudar um pouco a feiura da sociedade brasileira injusta." (p. 182)

"Eu não vim fazer comício partidário. Mas eu não posso, porque vim aqui na universidade, dizer: 'Não digo em quem

---

13 *Idem, Pedagogia da tolerância,* Ana Maria Araújo Freire (org. e notas), 6ª ed., São Paulo, Paz e Terra, 2018.

vou votar, é segredo.' Nada de segredo! Eu vou votar em Luiza Erundina. Eu queria dizer a vocês que eu tenho 'n' razões para dizer como educador e, portanto, como político, que voto em Luiza Erundina é porque ela é uma das pessoas que eu conheço, neste país, que melhor luta no sentido de diminuir a distância entre o que diz e o que faz, quer dizer, o exercício pessoal, ético que Erundina faz de ser coerente é uma obra de arte. Só o exercício de ser coerente com seu discurso é uma boniteza e eu posso dizer isto a vocês, pois eu fui secretário dela durante dois anos e meio." (p. 193)

"A prática educativa como processo de conhecimento e não como processo de transmissão de conhecimento é uma coisa linda, porque, enquanto o educando começa a conhecer o objeto proposto, o educador reconhece o objeto no processo de conhecimento que o educando faz; quer dizer, no fundo é um ciclo de conhecer, que inclusive confirma o conhecimento. Esse processo é de uma indiscutível boniteza." (pp. 216-7)

"A prática educativa é tão necessariamente política quanto é gnosiológica. A prática educativa não pode escapar à produção do conhecimento. É tão necessariamente gnosiológica quanto ética e estética. A prática educativa tem uma boniteza nela mesma, como também uma moralidade indispensável. E é por isso que a prática educativa vai mais além dela mesma, o que vale dizer que não há prática educativa que não gire em torno de sonhos e de utopias." (p. 225)

"Apesar de toda fé verdadeira engendrar sempre esperança e de até não ser possível sem ela, a esperança que, no meu caso, convive com minha fé, poderia, como a entendo e a vivo, prescindir de minha fé. Da mesma forma como homens e mulheres descrentes em Deus, mas profundamente amorosos da vida, se entregam à luta em favor da justiça, da paz e da boniteza do mundo, cheios de esperança." (p. 239)

"Mas aí entra a questão da ética. Eu até sempre digo, ética e estética se dão as mãos toda vez. Não é possível moralidade sem boniteza. Quando você rompe com a boniteza, cedo ou tarde você cai na imoralidade." (p. 313)

"Eu não posso sonhar se eu não estou claro também com a favor de quem eu sonho. Daí que o ato de sonhar seja um ato político, um ato ético e um ato estético. Quer dizer, não é possível sonhar sem boniteza, e sem moralidade e sem opção política. E, quando você me diz, 'Paulo, eu também sonho', eu quero saber com que e a favor de quem você sonha. Qual é o sujeito beneficiário do teu sonho?" (p. 354)

"Preocupa-me o modo como devemos viver a prática educativa. Deve-se entender esta prática como uma experiência política, como um acontecimento estético, portanto como uma certa boniteza em si mesma; a prática educativa como moralidade, portanto como ética. Essas dimensões da natureza do ser da prática educativa precisam ser plenamente vividas na prática docente e discente." (p. 358)

"O primeiro tipo de intelectual, se você para diante de uma lua que começa a pratear o mundo, diz: 'Isso não é rigoroso.' Ele nega a boniteza porque não é rigorosa, mas na verdade tem é medo da boniteza, de modo geral ele é mal-amado, e não se ama também. Já o segundo intelectual atira-se ao desconhecido, curioso para saber o que é, e está sempre disposto a refazer, a reconstruir." (p. 360)

"Vejo a sexualidade como uma boniteza e não só isso; vejo-a como um direito. Lembro-me de que quando fui secretário municipal de Educação em São Paulo pedi a Marta Suplicy, que trabalhava com uma equipe de primeira qualidade, que viesse trabalhar com a gente. Ela ficou radiante e fez um trabalho excepcional, que mudou a cabeça de muitos jovens." (pp. 363-4)

"A sexualidade precisa ser profundamente respeitada, profundamente vivida e ser também uma espécie de expressão artística — por isso falei da sexualidade como boniteza, como direito e, diria também, como dever. Estamos precisando de uma maneira mais humana de ver a sexualidade." (p. 364)

"A boniteza do momento de dar aula independe. Ela faz parte da natureza do ser da prática educativa. Por isso que eu acho tão importante que o educador se assuma fazendo boniteza. No fundo, as quatro dimensões da natureza da prática educativa são: a gnosiológica, a estética, a ética e a política. A prática educativa fecha essas quatro dimensões. Como educador, o professor faz política, então ele tem de se assumir politicamente. Para saber que ele tem um sonho que é político. Qual é a utopia dele? Que modelo da sociedade ele gostaria de provocar, de produzir com outros? Neste momento, independentemente do salário, o professor descobre mais boniteza ainda na sua prática." (p. 384)

"A educação, como formação humana, era um esforço indiscutivelmente ético e estético. Não há como separar também a decência da boniteza. A educação como busca de boniteza, necessariamente, procura a decência também, a decência do ser, e a natureza política dela, da educação, inviabiliza-nos a neutralidade. Você tem de, no fundo, ter uma opção, uma escolha, e depois brigar por ela, brigar pelo seu sonho." (p. 387)

"Assim, a minha crítica, o que chamei de bancarismo na educação, que é exatamente essa prática educativa em que o professor deposita... é como se o professor abrisse a cabeça do educando e metesse lá dentro os pacotes de conteúdos. Isso é uma inconsistência, não tem sentido. Por isso mesmo eu defendia o direito que o alfabetizando tinha e tem de fazer parte da sua capacidade de ler e de escrever. Uma outra coisa, para terminar essa pergunta, era a certeza que eu tinha e continuo tendo de que a prática de ensino e a prática da aprendizagem ocorrem num clima que deve ser, necessariamente, de boniteza e de alegria." (p. 388)

BIBLIOGRAFIA DE E SOBRE PAULO FREIRE EM LÍNGUA PORTUGUESA

FREIRE, Ana Maria Araújo. *Analfabetismo no Brasil: da ideologia da interdição do corpo à ideologia nacionalista, ou de como deixar sem ler e escrever desde as Catarinas (Paraguaçu), Filipas, Madalenas, Anas, Genebras, Apolônias e Gracias até os Severinos.* 3ª ed. São Paulo: INEP-Cortez, 2001.

_____ (org.). *A pedagogia da libertação em Paulo Freire.* 2ª ed. São Paulo: Paz e Terra, 2017.

_____. *Nita e Paulo: crônicas de amor.* Prefácio de Marta Suplicy. São Paulo: Olho D'Água, 1998.

_____. *Paulo Freire: uma história de vida.* 2ª ed. São Paulo: Paz e Terra, 2017.

_____. FREIRE, Paulo. *Nós dois.* Prefácio de Marta Suplicy; posfácio de Mario Sergio Cortella e epílogo de Alípio Casali. São Paulo: Paz e Terra, 2013.

FREIRE, Paulo. *A importância do ato de ler em três artigos que se completam.* Prefácio de Antônio Joaquim Severino. São Paulo: Cortez: Autores Associados, 1982.

_____. *À sombra desta mangueira.* 12ª ed. Prefácio de Ladislau Dowbor; organização e notas de Ana Maria Araújo Freire. São Paulo: Paz e Terra, 2019.

_____. *Ação cultural para a liberdade e outros escritos.* 14ª ed. São Paulo: Paz e Terra, 2011.

_____. *Cartas a Cristina: reflexões sobre minha vida e minha práxis.* 3ª ed. Prefácio de Adriano S. Nogueira; organização e notas de Ana Maria Araújo Freire. São Paulo: Paz e Terra, 2013.

_____. *Cartas a Guiné-Bissau: registros de uma experiência em processo.* 5ª ed. São Paulo: Paz e Terra, 2011.

_____. *Conscientização: teoria e prática da libertação: uma introdução ao pensamento de Paulo Freire.* Apresentação de Cecílio de Lora e prólogo da Equipe INODEP. São Paulo: Moraes, 1980.

_____. *Direitos humanos e educação libertadora: gestão democrática da educação pública na cidade de São Paulo.* 2ª ed. Organização e notas de Ana Maria Araújo Freire e Erasto Fortes Mendonça. São Paulo: Paz e Terra, 2020.

_____. *Educação como prática da liberdade.* 47ª ed. Introdução de Francisco Weffort. São Paulo: Paz e Terra, 2020.

_____. *Educação e atualidade brasileira.* Recife, 1959. Tese (Concurso para a Cadeira de História e Filosofia da Educação) – Escola de Belas Artes de Pernambuco.

_____. *Educação e mudança.* 42ª ed. Prefácio de Moacir Gadotti e tradução de Lílian Lopes Martin. São Paulo: Paz e Terra, 2020.

_____. *Extensão ou comunicação?* 15ª ed. Prefácio de Jacques Chanchol e tradução de Rosisca Darcy de Oliveira. São Paulo: Paz e Terra, 2011.

_____. *Pedagogia da autonomia: saberes necessários à prática educativa.* 66ª ed. Prefácio de Edna Castro de Oliveira. São Paulo: Paz e Terra, 2020.

_____. *Pedagogia da esperança: um reencontro com a Pedagogia do oprimido.* 27ª ed. Notas de Ana Maria Araújo Freire e prefácio de Leonardo Boff. São Paulo: Paz e Terra, 2020.

_____. *Pedagogia da indignação: Cartas pedagógicas e outros escritos*. 3ª ed. Organização e participação de Ana Maria Araújo Freire e carta-prefácio de Balduíno A. Andreola. São Paulo: Paz e Terra, 2016.

_____. *Pedagogia da tolerância*. 7ª ed. Participação, organização e notas de Ana Maria Araújo Freire e prefácio de Lisete R. G. São Paulo: Paz e Terra, 2020.

_____. *Pedagogia do compromisso: América Latina e educação popular*. Prefácio de Pedro Pontual; organização e notas de Ana Maria Araújo Freire. São Paulo: Paz e Terra, 2018.

_____. *Pedagogia do oprimido*. 70ª ed. Prefácio de Ernani Maria Fiori. São Paulo: Paz e Terra, 2019.

_____. *Pedagogia dos sonhos possíveis*. 3ª ed. Organização, apresentação e notas de Ana Maria Araújo Freire; prefácio de Ana Lúcia Souza de Freitas e posfácio de Olgair Gomes. São Paulo: Paz e Terra, 2020.

_____. *Política e educação*. 5ª ed. Notas de Ana Maria Araújo Freire; prefácio de Venício A. de Lima. São Paulo: Paz e Terra, 2020.

_____. *Professora sim, tia não: cartas a quem ousa ensinar*. 30ª ed. Prefácio de Jefferson Ildefonso da Silva; organização de Ana Maria Araújo Freire. São Paulo: Paz e Terra, 2020.

_____; BETTO, Frei; KOTSCHO, Ricardo. *Essa escola chamada vida*. São Paulo: Ática, 1985.

_____; GUIMARÃES, Sérgio. *Partir da infância: diálogos sobre educação*. São Paulo: Paz e Terra, 2020.[1]

_____; GUIMARÃES, Sérgio. *Educar com a mídia*. São Paulo: Paz e Terra, 2012.[2]

---

1 Este livro vinha sendo publicado como *Sobre educação*, volume I. Rio de Janeiro: Paz e Terra, 1982.

2 Este livro vinha sendo publicado como *Sobre educação (diálogos)*, volume II. Rio de Janeiro: Paz e Terra, 1984.

_____; GADOTTI, Moacir; GUIMARÃES, Sérgio. *Pedagogia: diálogo e conflito*. São Paulo: Cortez, 1985.

_____; SHOR, Ira. *Medo e ousadia: o cotidiano do professor*. 13ª ed. São Paulo: Paz e Terra, 2011.

_____; VANNUCCHI. Aldo. *Paulo Freire ao vivo*. São Paulo: Loyola, 1983.

_____; GUIMARÃES, Sérgio. *Aprendendo com a própria história*. São Paulo: Paz e Terra, 2011.[3]

_____ e outros. D'ANTOLA, Arlete (org.). *Disciplina na escola: autoridade versus autoritarismo*. São Paulo: EPU, 1989.

_____; MACEDO, Donaldo. *Alfabetização: leitura do mundo, leitura da palavra*. 6ª ed. Prefácio de Ann E. Berthoff; introdução de Henry A. Giroux e tradução de Lólio Lourenço de Oliveira. São Paulo: Paz e Terra, 2013.

_____; NOGUEIRA, Adriano. *Que fazer: teoria e prática em educação popular*. 13ª ed. Petrópolis: Vozes, 2014.

_____; GUIMARÃES, Sérgio. *Dialogando com a própria história*. Apresentação de Ana Maria Araújo Freire. São Paulo: Paz e Terra, 2011.[4]

_____; HORTON, Myles. *O caminho se faz caminhando: conversas sobre educação e mudança social*. Tradução de Vera Lúcia Mello Josceline; prefácio e notas de Ana Maria Araújo Freire. Petrópolis: Vozes, 2002.

---

3 Este livro vinha sendo publicado como *Aprendendo com a própria história*, volume I, desde o ano de 1987.

4 Este livro vinha sendo publicado como *Aprendendo com a própria história*, volume II, desde o ano de 2002.

_____; GUIMARÃES, Sérgio. *A África ensinando a gente: Angola, Guiné-Bissau, São Tomé e Príncipe*. 2ª ed. Prefácio de Ana Maria Araújo Freire. São Paulo: Paz e Terra, 2011.

_____; GUIMARÃES, Sérgio. *Lições de casa: últimos diálogos sobre educação*. São Paulo: Paz e Terra, 2011.[5]

_____; FREIRE, Nita; OLIVEIRA, Walter Ferreira de. *Pedagogia da solidariedade*. Prefácio de Henri A. Giroux e posfácio de Donaldo Macedo. São Paulo: Paz e Terra, 2014.

---

[5] Este livro vinha sendo publicado como *Sobre educação: lições de casa* desde 2008.

Este livro foi composto na tipografia
Dante MT Std em corpo 12/15,5,
e impresso em papel off-white no
Sistema Cameron da Divisão Gráfica da
Distribuidora Record.